MOURIR D'ENFANCE

DU MÊME AUTEUR

Aux Éditions Le Pré aux Clercs
Les Grands criminels
La Méthode à Mimile
(En collaboration avec Luc Étienne, dessins de Trez)
Faits divers et Châtiments

Aux Éditions de la Table Ronde
L'Hôpital
La Cerise (Prix Sainte-Beuve 1963)
Cinoche
Bleubite
Les Combattants du petit bonheur (Prix Renaudot 1977)
Le Corbillard de Jules
Le Banquet des léopards
La Métamorphose des cloportes
Le Café du pauvre
Théatre : *Les Sales Mômes*

À la librairie Flammarion
Les Enfants de chœur

Collection « Livre de Poche »
Le Café du pauvre
La Métamorphose des cloportes
La Cerise
L'Hôpital
Cinoche
La fermeture
Bleubite
Le Corbillard de Jules
Les Grands Criminels
L'Éducation d'Alphonse

Collection « Folio »
Les Enfants de chœur

Aux Éditions Robert Laffont
La Fermeture
Mourir d'enfance (Grand Prix du Roman de l'Académie française 1995)

Aux Éditions Grasset
L'Éducation d'Alphonse

Aux Éditions Albin Michel
L'Age d'or des maisons closes
(En collaboration avec Romi)

Aux Éditions Presses de la Cité
Hors collection
Sur le bout de la langue
(Illustrations de Dubout)

Aux Éditions Pierre Bordas
Paris la nuit

Aux Éditions du Rocher
Madame... de Saint-Sulpice

Chez Pocket
L'étrange Monsieur Joseph

ALPHONSE BOUDARD

MOURIR D'ENFANCE

ROBERT LAFFONT

ISBN 2-266-07325-7

« – À quoi penses-tu, grand-père ?
– Je me regrette. »

Le père de Frédéric Mistral.

(Cité par Louis Nucera
dans son livre *Mes ports d'attache*.)

À sa mémoire.

1.

La Dezonnière

Qui va se souvenir d'elle sinon moi... le seul, le dernier avec mon petit stylo-feutre. Les êtres s'effacent, on a beau conserver leurs os dans des caisses d'ébène, graver leur nom dans la pierre, ça ne dure que la vie des suivants... des quelques survivants... Le souvenir se garde au cœur, dans un petit coin... le visage, l'image ne durera que ce que va durer votre existence... un passage, une passade de je ne sais quel dieu féroce. Alors, on s'accroche à son papier, on griffonne, on s'efforce de faire revivre. Une entreprise de fou, tout est déjà en charpie, tout s'enfloue, se déforme... une photo qu'on extirpe d'un carton jauni, brûlé par le temps. Le papier ça meurt aussi, ça dure un peu plus que les roses... si peu!

Dans les films, on envoie le flash-back... l'héroïne mourante sort de son lit en toussant, crachotant le reste de ses éponges, une sublime musique accompagne sa frêle... frêle silhouette... elle se glisse, déjà fantôme, vers la porte d'un grand salon et le coup de baguette magique du chef lui redonne l'éclat de ses dix-huit ans. Elle se contemple la jeunesse en robe à panier. Ça virevolte autour, les beaux jeunes gens en officier de hussard, les autres mignonnes... les rires n'est-ce pas, on dit qu'ils fusent! Le tour est joué, Marguerite va revivre son drame, son mélo, re-respirer ses camélias.

Simple fiction. On ne revit jamais rien, on rafistole, on raccroche ceci cela... il faut faire marcher coûte que coûte l'histoire sinon votre lecteur on le baguenauderait dans les déceptions, que le flonflon des froufrous, lui, il s'en fout. Du positif, il veut, elle veut... surtout la lectrice si difficile à satisfaire, capricieuse de nature et romantique au fond du fond, prête à chialer à mesure des pages... des péripéties larme à l'œil.

Je vais donc m'appliquer à retourner au début... à ce fameux bulletin que je n'ai pas encore avalé...

Je retarde l'échéance de mon mieux, j'y peux pas lerche, je fais semblant. Ça veut dire quoi mes vagissements rue de la Convention à l'hosto. Vous les reproduire serait faribole, pourtant je les ai comme tout un chacun poussés, peut-être d'effroi. Qu'on pressent d'un seul coup tout le reste, que la mort est déjà là... que tout ce qu'on va tirer entre-temps ça sera pour la frime... la biographie...

Je m'éveille où ? Au bord d'une route dans le Loiret où ne passaient alors que des charrettes de foin, des chars à banc, des tombereaux de fumier tirés par des chevaux de trait... des percherons aux énormes culs... leurs lourds sabots. J'entendais le charretier, ses gueulements, et puis ça faisait aboyer Marquis, mon cher griffon, peut-être mon premier amour... savoir !

La vie vous rentre par les odeurs d'abord. Des lustres après il me reste dans les naseaux des senteurs de crottin de cheval, des remugles de purin... Le long du fossé dans le jardin y avait les dahlias de maman Blanche. Elle les soignait comme des enfants ses dahlias, elle en était fière et ça la chagrinait un peu d'aller les vendre au marché. À l'œil je les revois les dahlias blancs, bleus, violets, mais au flair, ils ne me reviennent plus. Y avait aussi des œillets dans ce jardin, des roses, des glaïeuls... des chrysanthèmes exprès pour la Toussaint, fleurir nos chers disparus. Ce que je fais moi à ma façon.

Là ? Je commence à vivre sans bien me rendre compte... Je vagis, je biberonne, barbote, trifouille et je braille et je ris. Pas bésef pour vous en tartiner des pages... Je m'extirpe du néant. À quel moment exact tout ça commence-t-il ? On a beau se torturer le ciboulot, on n'arrive pas à fixer, on est trompé par les récits... des uns des autres... On regarde en arrière. Était-ce le même ? On a vécu plusieurs vies comme ça superposées, emmanchées vaille que branle. On naît animal au flair, à la respiration des odeurs du cul, comme ni plus ni moins un clébard, seulement ensuite on veut plus en convenir. On va à l'école, on vous apprend je ne sais quoi... Dieu... la république indivisible... On se figure donc qu'on a échappé à l'âge où l'on se délecte des déjections anales. Bernique !

Reste qu'il ne me revient pas, odeurs mises à part, des choses meurtrières, des peurs de coups, des envies de bouffe insatisfaites. Je pousse comme un champignon, voilà. Autour de moi il y a d'autres marmots qu'on a confiés – leurs parents ou l'Assistance – à Blanche. Mal nommée dans les souvenirs, au demeurant, Blanche. De teint c'était une noiraude, peut-être grillée au soleil dans les champs... mais plutôt prune. Ça se remarque sur la seule photo que j'ai d'elle où je suis dans ses bras. Teint cuivre, vieille indienne et ses yeux n'en sont que plus clairs... d'un bleu porcelaine. Cependant je ne la cible pas dans le domaine de la séduction féminine. Elle n'a pourtant dans ces années de ma prime enfance où elle me fait office de mère qu'une quarantaine d'années... peut-être moins, je ne sais au juste mais pour l'époque, vu le travail des paysannes, ça vous dégageait les femmes du cheptel baisable assez rapide, il me semble. Je me trompe j'espère, mais rien n'est venu atténuer cette impression. Elle porte des gros bas noirs, des grands jupons bleu-gris ou bleu foncé... toujours des épingles de sûreté accrochées à son sarrau. Ses cheveux sont coiffés en chignon sur le dessus de la tête. Celui qu'on voit à toutes les femmes du peuple vers 1900... à Paris ou ailleurs. Elle est en sabots... savoir s'ils sont dondaines c'est une autre histoire ! Seulement lorsqu'elle va à Bellegarde le lundi pour le marché, coquetterie... elle chausse ses charentaises... d'authentiques comme on n'en fabrique plus depuis lurette... à semelle de cuir avec le bout renforcé. Elle les achète au forain qui passe avec sa carriole à cheval. Il vendait des balais, des seaux, des outils... des ustensiles de cuisine, toute une quincaille qui brinquebale et aussi quelques fringues, des pièces de tissu. Il était rouge et moustachu, avantageux de sa personne... conscient du rôle éminent qu'il jouait dans le commerce rural. Il s'arrêtait juste devant la porte, il agitait une clochette et ça rameutait le maigre voisinage... quelques commères, la Popardine, la grosse mère Jourdieux... je ne me rappelle plus les autres... et toute la marmaille aussi, les plus petits accrochés aux jupons de leur vioque. Ça nous faisait un événement comme à présent une vedette à la télévise. On gaffait, nous les mômes, tous ses trésors, au forain. Sans doute ai-je découvert là le monde du commerce, l'embryon de la chose, de la sorte dans les bras de Blanche... Ça sentait le neuf dans la guimbarde... le cuir, le métal... Passait aussi, en attelage à deux chevaux, une épicière. Une femme libérée en un temps où on n'imaginait pas que ce soit possible. Vrai qu'elle avait elle aussi des moustaches mame Bourioux... ça lui donnait une assurance de vieux charretier pour driver ses bourins. Elle donnait de la voix... le coffre conforme aux moustaches. « Hue ! Dia ! Saloperie de bourrin ! » Là, c'était le régal, mame Bourioux elle avait des boules de gomme pour les morveux toujours voraces. Voyez, ça revient, je me remets en jambes. Ça prend du temps à émerger, se rendre compte qu'on était là... que c'est presque le bout du monde, la fin du XIXe siècle qui ne veut pas mourir. À quoi ? Cent dix, cent vingt bornes de

Paris où l'on dansait le charleston. Ma mère sans doute. Mais je n'en ai pas idée de ma véritable mère pendant mes premiers pas sur terre. Blanche me porte dans ses bras tandis qu'elle achète et qu'elle commère près de la carriole. Où trouve-t-elle le temps de s'occuper de toute sa marmaille ? Dans les bonnes années, elle a cinq six lardons dans les pattes... ceux qui rampent sur le carrelage, ceux qui sont dans une voiture d'enfant à grandes roues... ceux qui traînassent parmi les poules, près du tas de fumier... ceux qui déjà s'échappent pour marauder vers le danger..., le père Caillot avec son fusil et son chien.

Roland m'apprend à marcher. Roland c'est un grand, un môme confié à Blanche par l'Assistance, il doit bien avoir sept ans. Longtemps il représentera à mes yeux le symbole de la force. Il me protège des mauvais coups, il m'empêche de tomber, de me brûler à la cuisinière, d'aller sur la route. Sans doute il m'aide à manger ma soupe. C'est du pain, du lait et du beurre, la soupe. Du lait de chèvre. On a des biquettes à l'étable... deux trois quatre, selon. Je vais découvrir la sexualité, enfin l'approcher, l'appréhender en allant avec Blanche, trottinant derrière ses sabots, conduire une de nos chèvres au bouc. Le bouc me paraît bien loin... sa tanière pour mes petites jambes. On se risquait au-delà de chez la Popardine dans un territoire inconnu ! D'autres champs bien sûr, de blé, d'avoine, des prairies... un ruisseau... des bosquets... Et puis la grande ferme des Vigiers. Des riches ceux-là, propriétaires de plus de quarante hectares de bonne terre... avec des vaches, tout un troupeau et des cochons veux-tu voilà. Toutes ces choses bien sûr, je les apprends plus tard... au fil des ans... Comment vous amener ça au naturel ? Nous en sommes tous là à démêler notre enfance. Très rapidement je me suis rendu compte que j'étais un peu à part, un gosse en surnombre, en suspens... en je ne sais quoi. Que ma mère ce n'est pas Blanche, ni son mari Auguste mon père... On était plusieurs dans ce cas, mais pour Roland c'était simple, il était devenu de la famille... en quelque sorte adopté.

Mais que je vous achève mon bouc. Celui-là c'était un féroce qui fonçait les cornes en avant. Son patron c'est le père Calamard... un vieux saligaud on disait, un cradingue aussi malodorant que son animal. Rien à foutre, il vivait presque avec lui... juste une porte branlante de séparation. Loquedu de toute sa personne, rapiécé, hirsute et grippe-sou pas peu de le dire. Les mamans se méfiaient pour leurs bambines qu'elles aillent pas traîner dans son secteur, il était... bon d'la!... à l'affût derrière les buissons, les haies d'aubépine. Retraité de l'armée coloniale, il avait pris de sales habitudes là-bas dans la brousse avec les négresses. On disait, surtout les mémères... qu'il y allait, je peux vous raconter après moult recoupements, sans façon à la main tombée au valseur de tout ce qui s'approchait de trop près... jeunes ou vioques... Celles qui lui avaient cédé, elles s'en vantaient pas, certes. Et il paraît qu'il y en avait. Avec le sexe c'est bien connu, Danton le disait déjà... il faut toujours de l'audace! Quand il allait à la foire, à Bellegarde, qu'il avait poussé sur la chopine, à l'entendre, elles y étaient toutes passées, même la vieille Ratine, une pouliche de soixante-quinze ans. Enfin avec Blanche, il s'avisait plus. Un jour il avait carrément ouvert sa boutique devant elle, alors qu'elle rentrait en poussant une brouettée de luzerne. Avec sa serpe, elle l'avait coursé. Elle en riait encore de cet épisode dans les dernières fois que je l'ai vue, tout de suite après la guerre quand je descendais au ravito... le ravitaillement, l'essentiel de cette époque.

Le bouc c'était une force, une violence... il se précipitait sur notre biquette sans fioriture léchouilleuse propre aux espèces évoluées. Le cochon en particulier qui pratique le cunnilinctus goulu avec sa madame truie. Ce qui vous explique le pourquoi on s'identifie à cet animal lorsqu'on parle de nos fantaisies sexuelles. Petite notation, n'est-ce pas, pour les curieux philologues. Avec le bouc ça ne traînait pas... la prompte saillie... toc ! toc ! deux coups de sabre et l'espèce pouvait poursuivre son destin.

Blanche avait préparé les sous... peut-être un billet d'ailleurs. Ça me paraît difficile de vous chiffrer pareille prestation. Avant d'être satyre, bouc lui-même, le père Calamard, il était surtout Harpagon inimaginable. Pourtant tous ces ploucs, ces croquants alentour ne pensaient tous qu'à ça, aux piécettes d'abord. Le cochon sommeillait derrière le radin. À l'abri peut-être ! En tout cas elle se prélassait pas chez Calamard, Blanche. Le bouc ayant fait son office de bouc, on rebarrait avec notre chèvre prometteuse d'un joli chevreau dans quelques mois. Un animal qui ferait ma joie. Si la pluie nous surprenait en route, Blanche cachait son chignon sous un sac à patates en guise d'imper, de pébroque, et nous les lardons on se blottissait contre elle, on redoublait de nos petites jambes, ça ne nous empêchait pas de prendre des fous rires.

– Saloperie de bon Dieu de merde de temps !

Question jactance, elle s'arrêtait pas en cul de poule sur les mots, Blanche. Ni Auguste d'ailleurs... ça leur sortait en chapelet les bon Dieu de merde ! merde ! Et puis putain et fi de garce... et encore bon Dieu, de bon Dieu de merde ! Sans doute, ça a joué un rôle dans ma créativité littéraire future. Une marque indélébile. On m'en a tenu rigueur au début surtout dans les années soixante, ça m'a valu tout de suite une réputation de grossier personnage qui m'a borduré définitif de tous les journaux féminins. Ça me poursuit encore. Bon Dieu de merde de merde !... Pourtant, si on voulait être équitable, je suis dépassé par les écrivaines elles-mêmes qui nous ouvrent leurs chattes à longueur de chapitre dans leurs ouvrages de réflexions métaphysiques.

On finissait donc de rentrer notre chèvre. On la rattachait à son étable en face des cages à lapins. Tout ça dans la pénombre. Pas question d'électricité chez les Chaminade. Ni gaz ni eau courante, ni rien de ce qui vous facilite à présent le siècle. Lampe à pétrole, bougie... lanterne aux carrioles. Ça vous laisse cependant des souvenirs éclairés en douceur, avec des ombres... des demi-teintes. On voit ça dans les tableaux du XVIIe... les scènes de genre... la paysannerie de Le Nain. La fée Électricité va reléguer cette poésie aux ornières et la peinture va se dépouiller jusqu'à l'os... le plus rien sur que dalle.

Nous voici maintenant de retour. Blanche a trempé la soupe. Elle touille dans ses gamelles. On est dans un coin les mômes... près de l'âtre, nous sommes en automne et Auguste rentre beaucoup plus tôt du labeur. On l'entend se racler la glaise au gratte-pieds devant la porte. Elle est à deux battants horizontaux, la lourde... fermée au loquet. Tout ça n'existe plus non plus. Il entre, il est le patron, le chef, Auguste. En apparence. Je comprendrai plus tard que c'est Blanche qui détient le pouvoir. Elle qui gère toute la cambuse. Auguste est sec... l'image rebattue me vient... le sarment de vigne. Il ne quitte jamais sa casquette, ni ses moustaches. Il a dû, au début, m'impressionner avec ses yeux noirs très vifs. Il a le genre bandit calabrais au tout premier abord mais c'est le plus brave, le plus honnête des hommes.

– Bon d'la de putain de bordel de temps ! merde ! merde !

Lui aussi il embouche dans le rabelaisien. C'est mon premier éducateur, le seul peut-être. Merde ! merde ! Ça irait bien comme épitaphe *Merde ! merde !* sur ma pierre tombale. Mais j'oublie... je n'en veux pas de pierre tombale, je veux rien. Qu'on balance ma carcasse indigne à la voirie, la fosse commune... au moins je ne risque pas d'y retrouver certains de mes confrères écrivains qui se sont réservé une place au Papa-Lachaise après les pompes académiques.

Où est-il Auguste aujourd'hui, ses quelques restes ? Sans doute bien enfouis dans le cimetière, l'ossuaire des pauvres à Bellegarde. Ça servirait à pas grand-chose qu'il ait une sépulture d'empereur romain. Juste votre serviteur avec sa petite pointe feutre qui lui rédige son épitaphe : « Au dernier poilu de la Grande Guerre ». Son seul titre et puis des jours et des jours, des heures et des heures à trimer, triturer la terre... lui faire sortir ses petits légumes, ses farines... ses patates roses...

– Fi de garce de putain de merde, faudra jamais aller à la guerre, petit !

Il m'a répété ça souventes fois, en hochant de la moustache sous sa gapette. À table, il ouvrait un grand couteau qui me fascinait avec sa lame pointue et son manche en corne. J'en ai voulu un pareil plus tard. Un bel outil pour couper dans la miche de pain ou pour tuer son ennemi, au choix.

Lorsqu'il riait Auguste, on apercevait des dents très blanches, très belles sous sa grosse bacchante. Tout son visage s'illuminait. Une chance dont je ne pouvais pas mesurer l'importance d'être tombé comme ça sur un papa de fortune aussi bon que le bon pain blanc qu'il coupait ce soir-là sous la lampe à pétrole. On a repris ces abat-jour aujourd'hui en porcelaine, on y adapte des lampes électriques... là c'était l'original. Il flippait sa soupe Auguste, je dois le dire, je suis formel... question élégance, éducation il était plouc, nulle gourance. Pendant la soupe y causait pas, c'était sérieux. Au début je l'ai découvert comme ça à table de ma haute chaise de bébé... savante menuiserie qui vous rehaussait le marmot au niveau des adultes... un peu au-dessus, je crois même... là on était bien assis et bloqué par une petite tablette. J'ai retrouvé une photo où je suis hilare... amusé d'on ne sait quel hochet. Qui l'a prise cette photo ? C'est dans la cour, en arrière-plan on voit la niche du chien et autour les poules qui picorent.

En dehors de flipper sa soupe, Auguste il était pas des plus causants. Fallait être patient pour l'entendre, il laissait jacter la patronne. Elle, elle avait toujours des choses à dire... elle avait rencontré d'autres paysannes, le facteur était venu porter une lettre... le journal *Le Petit Gâtinais.* Parfois elle en lisait des passages après le repas. Elle savait lire et écrire, lui pas. Il écoutait tout en tirant sur sa pipe, les pieds étendus sur une grosse chaise de paille. Ce que ça pouvait être les nouvelles ? Le prix du blé, des patates... de la volaille.. peut-être des histoires de voleurs dans les clapiers. Il me semble qu'il ne se passait rien hors de Paris. Pour l'amusement, la rigolade, il y avait le Vermot... l'*Almanach.* Ce fut mon premier rapport avec la littérature, comme pour les merde merde, il m'en est resté des traces, une influence indélébile... j'allais écrire indélédébile, peut-être est-ce plus adéquat. Il faut tout de même préciser que pour tous ces croquants isolés, coupés du monde à cent bornes de la capitale, l'*Almanach Vermot* il était plein de renseignements des plus utiles... la nouvelle lune... le lever du soleil... des petites recettes de cuisine... des conseils médicaux... et puis les blagues, les caricatures avec la légende... et toile à matelas ! En somme la télévision de l'époque. Moins bruyante, envahissante. Moins prétentieuse de jouer un rôle culturel. Auguste, il regardait un peu les images, il demandait rarement des explications. Il était surtout fatigué, à midi l'été il allait sur l'herbe, à l'ombre derrière la maison, roupiller une heure au gros de la chaleur. Personne ne se serait risqué de le déranger. Sans doute que Blanche nous mettait aussi au repos, nous les mômes, dans la chambre sur nos matelas de balle d'avoine. Elle avait une autorité évidente, sans élever la voix, sans talocher, elle menait son petit monde où et quand elle voulait. Auguste souvent après la sieste, il bricolait ses outils... il affûtait sa faux... comme ça assis sur un tas de sable, il passait et repassait la pierre sur le vif, le tranchant de la lame. Scènes de cette vie quotidienne des campagnes disparues à tout jamais. Dans son champ de luzerne, il fauchait à la main. Dès que j'ai pu trotter, me faufiler, j'aimais le suivre. L'odeur de l'herbe fraîchement coupée remonte encore dans mes narines. Un délice et puis aussi les senteurs de la terre qui s'ouvre pendant les labours... le soc qui s'enfonce comme la proue d'un bateau dans la mer. Le cheval c'était celui d'Alexis Charpentier, il le louait à la journée et le payait en heures de boulot. Un troc, des arrangements entre fermiers. Mœurs d'avant le déluge de paperasses de la Sécurité sociale... nos organisations perfectionnées du Travail. L'existence de ces gens était d'une dureté impitoyable... La sueur de leur front en énormes gouttes pour le moindre bout de galette... Personne aujourd'hui accepterait de trimer de la sorte. Étrange alors qu'il me reste à la souvenance de tout ça un sentiment de douceur... une impression de liberté. De l'État ne pouvait venir que des catastrophes... la guerre, les réquisitions, les bureaucrates et leurs impôts... les démagogues de tout poil avec leurs discours.

Alexis Charpentier venait traiter ses affaires devant un pichet de piquette. Un moustachu lui aussi, un de je ne sais quelle cote 117... Chemin des Dames... Marais de Saint-Gond. Il était gris lui, de poil, de cheveux... quand il retirait sa casquette... il découvrait une tignasse épaisse, drue. L'œil bleu tout à fait jovial. Un fier luron pour les luronnes à ce qu'on disait. En tout cas si Auguste était du genre silencieux, lui il palabrait. Il me tapotait la tête au passage, il s'asseyait et il se mettait un peu de tabac à priser dans les naseaux. Il s'expliquait pour l'essentiel assez vite avec Auguste. Il amenait lui-même son canasson... un percheron gris pommelé... pour la charrue Auguste avait la sienne, une pièce de musée aujourd'hui, une chose si précieuse que ça ne se prêtait pas. Ils se tapaient dans le creux de la pogne, ça valait tous les contrats de cinéma que j'ai pu signer. Ils trinquaient et ils se buvaient sous leurs moustaches hop ! cul sec. Après ça, j'étais tout ouïe, tout attentif, c'était un événement d'importance, la visite d'Alexis à la Dezonnière. À quel moment ai-je subodoré qu'il racontait des histoires gaillardes Alexis ? Peut-être une fois que Blanche était présente pendant les tractations... qu'elle a dû faire une remarque. On était prude chez nous... Pourquoi dire chez nous ? C'était pour moi nulle part chez nous, j'allais l'apprendre un peu plus tard. Question pruderie, en ces temps, ça venait de la religion. L'Église avait la hantise, la haine de tout ce qui se rapportait au derrière. Tout ça était sale pour les curés. Seulement ceux-là, ils ne venaient pas jusqu'à nous. Ils s'y risquaient pas.

Quand on abordait le sexe ça passait par le bouc et la chevrette, on avait pas de taureaux, ni de vaches, on était pauvre, les plus pauvres. Blanche soupesait les couilles des bestiaux comme elle pesait les légumes, les fruits. Mais enfin, peut-être qu'Alexis poussait le bouchon de la gaudriole un peu trop loin. Il évoquait la *bouèle* à un tel... une qu'avait pas froid au cul, nom de Dieu de merde ! Auguste ça lui éclairait la tronche sous sa deffe, cette *bouèle* qu'avait pas froid au cul. Tout ça se reconstitue dans ma tête comme un puzzle. La silhouette d'Alexis... sa façon de se marrer, de se lisser les moustagaches. L'odeur de la piquette dans la cruche.

Le cheval son nom me revient, Fifi. Dans les environs, les connaisseurs lui enviaient son Fifi à l'Alexis Charpentier. On remettait un verre... peut-être la goutte, il y avait un tonnelet d'eau-de-vie dans le cellier, l'appentis derrière le corps du bâtiment. Rare qu'il se tape la goutte Auguste, juste il sortait la boutanche dans les grandes occases... et elles étaient rares. Ceux qui venaient nous rendre visite c'était la routine, les voisins, le facteur, parfois les gendarmes... qui tournaient dans la région sur leurs gros vélos, l'œil à tout. Nul détail ne leur échappait à ceux-là. Le moindre buisson fraîchement coupé, ils se rencardaient pour savoir le quoi du pour et du qu'est-ce. Le malfaisant qui s'imaginerait, naïf, que la campagne est un lieu de repos pour cézig en cavale, serait vite au fond du cul-de-basse-fosse de la déception. La seule vraie forêt vierge c'est la grande ville, Paris si possible, Lyon, Marseille à la rigueur. Nice c'est déjà la cambrousse, on y pisse difficilement sans que les autochtones vous répèrent la verge à peine sortie de son étui d'amour.

On nous inculquait la sagesse par l'apparition des pandores. Ils étaient pleins de sournoises menaces ces deux bovidés, glaiseux en rupture de betterave. On allait pas jusqu'à les traiter de feignants comme le curé ou les Parisiens qui se hasardaient sur nos chemins, mais tout juste. Comme ils étaient garants de l'ordre, qu'ils traquaient les chemineaux, les clodos de cambrousse, les romanichels voleurs de poules, on les respectait, on leur offrait la goutte, interdite pourtant pendant le service. Même si le patron était aux champs, Blanche sortait la dive bouteille. Instinctif, je me planquais un peu lorsqu'ils arrivaient, je me glissais en lousdoc dans le jardin, au milieu des dahlias. Prémonition sans doute, un diable gardien me soufflait que j'aurais un jour à fuir leurs semblables pour des motifs tout à fait évidents. On a tout de même une ligne de vie faut croire, un destin tracé dans la pogne. Tout enfant j'augurais déjà que j'allais plonger dans la mare aux châtiments... que j'allais m'en sortir, mais que c'était pas une affaire de tout repos. Supposition peut-être gratuite. De ces choses qu'on dit postérieurement. Ce qui est certain c'est que les gendarmes me foutaient déjà la pétoche.

En revanche, j'avais de l'admiration pour Dudule le

facteur des postes. Un échalas tout à fait conforme à celui créé par Jacques Tati dans *Jour de fête*. Miracle du talent, tout de suite, il est arrivé au type Jacques Tati... vélo, képi, les pinces au bas du froc... la superbe que donne l'uniforme à ceux qui n'ont rien d'autre à se foutre sous l'aiguillon de la vanité. Marquis notre clébard, mon pote le griffon, il accueillait pas mieux Dudule que les gendarmes. Tous les chiens de garde à la campagne montraient des crocs, s'excitaient après les uniformes. Je ne sais d'où leur venait cette aversion, elle était, en tout cas, tout à leur honneur. En contrepartie, ils ne manifestaient pas lerche d'affection non plus à l'égard des vagabonds. Carrément furibard, le Marquis, à la vision lointaine sur la route d'un trimardeur quelconque, même un simple journalier à la recherche d'embauche. Comportement à l'image de leurs maîtres français moyens, ennemis aussi bien de la dictature que de l'anarchie.

Toujours est-il que longtemps j'ai rêvé d'être facteur rural. Ce fut ma première vocation, et d'ailleurs je me demande encore si ce ne fut pas la seule... par la suite, j'ai jamais eu de but précis dans l'existence. Facteur, on était reçu partout, en général on vous supposait messager de bonnes nouvelles. On trinquait droite gauche. On colportait les ragots, les petites histoires de gros sous ou de belles fesses. Pour peu qu'il fût prudent, le facteur ne heurtait personne dans ses manies, ses opinions. Il devait rester dubitatif sous sa petite moustache. Dudule l'avait chaplinesque, la moustache, ou hitlérienne selon qu'on la trouve amusante ou agressive. Mon rêve d'entrer aux PTT s'est évanoui après le certif, il s'est même carrément évaporé et puis, par la suite, mon passé judiciaire m'a interdit de toute façon de briguer une place, si modeste soit-elle, dans la fonction publique.

Il était jamais vraiment saoul Dudule, juste il peinait sur les pédales de son vélo à pignon fixe pour retourner à la poste après sa tournée. Il aurait pu, prétendait-il, devenir cycliste... enfin champion cycliste (à quoi bon être cycliste si l'on devient pas champion) mais son père ne l'avait pas autorisé à partir au loin participer à des épreuves sportives. C'était le bâton de maréchal des pauvres de gagner un jour le Tour de France. Ça l'est peut-être encore en dépit de notre américanisation excessive.

Voilà, je vous le largue Dudule, il ne peut guère tenir plus de place dans mon panthéon... il s'en va sur la route, il disparaît à tout jamais. Il tangue, il me semble, mais sur la route il ne passe pas souvent de bagnole, il risque pas grand-chose.

Tout est biaisé, revu, recharmé. Si on pouvait retourner vraiment dans les décors d'autrefois, sûr qu'on serait déçu, qu'on n'y tiendrait pas tellement. L'enfance c'est un paradis perdu qu'on recherche toujours, qu'on ne retrouve jamais, qui n'existe pas. Il faut rester seul avec ses rêves... la sagesse.

C'était pourtant vrai tout ça, Dudule le facteur sur sa vieille bécane, Alexis avec son percheron... le soc de la charrue qui entre dans la terre... les vers de terre coupés en deux qui s'agitent dans les mottes noires. « Hue ! Dia ! »

Sérieux, on va me rétorquer que mon coin de paradis c'était pas grand-chose... tout est dans la façon de s'en souvenir, de s'en émouvoir, de s'en faire de belles images dans la tronche accompagnées d'une musique au cœur. Passé un certain âge, on ne peut tout de même pas attendre le bonheur de l'avenir. Il me semble qu'en cette enfance bien banale, triviale, ras des labours, je retrouve quelque chose de léger, d'impalpable...

J'ai poussé là comme un petit animal. Je m'accroche à ce qui m'entoure comme je peux, mais malgré tout je dois avoir une obscure conscience d'être le fils de personne. Blanche n'est pas ma mère, elle me le fait tout de même comprendre. Des mots, des allusions... des histoires de fric. « Ta maman viendra te chercher un jour », « T'iras à Paris. » Dans ma caboche de marmot c'est un mot, Paris. J'entends dire que les Parisiens ce sont de drôles de gens qui vivent à rien foutre. Des gens aux mains toujours propres, des sortes de riches comme le modèle, le fin du fin de la région, monsieur d'Agrèves, qu'on dit châtelain, mais dont la demeure est tout au plus une gentilhommière assez modeste. J'ai été le voir de près plus tard, le castel, pour me rendre compte. J'ai engagé mes pas d'adolescent dans l'allée bordée de grands arbres, des peupliers je crois. J'ai aperçu le perron de loin, la façade couverte de lierre, ça ne m'a pas paru tout à fait le château de Chambord. Ce qui compte sans doute c'est l'image qu'on suscite. Monsieur d'Agrèves c'était le châtelain, le seigneur, une fois pour toutes. Je ne sais trop comment il était de gueule, je ne l'ai jamais vu, ni lui ni sa dame ni leurs rejetons aristocratiques. Ils vivaient dans un autre monde pourtant à deux pas de notre cagna. À notre niveau, ils étaient « Ceux du château » et nous, nous étions les pauvres, les serfs. Ça aussi je constate, je fus marqué serf définitif. Y a tout un monde qui m'est fermé, où je ne cherche pas à me propulser crainte de percevoir dans l'œil des nantis de toujours le mépris à l'égard du plouc. Je reste dans mon coin, sur mes gardes, ça participe d'une timidité d'ordre social.

En tout cas, ces d'Agrèves n'avaient aucune relation ou même aucun échange par personnes interposées avec les Chaminade. Ils auraient pu faire trimer Auguste dans leur propriété. Nib... Je crois que ça venait de ses détestables relations avec le curé, je vous dirai plus loin.

Il se louait à la journée pour les uns les autres, ses terres étaient trop petites pour le nourrir. Je ne saurais dire ce qu'elles représentaient comme surface, mais ce n'était pas lerche, juste le champ en face la maison où il faisait selon les années du blé, de la luzerne ou de l'avoine. En remontant vers la ligne de chemin de fer, il avait deux autres bouts de terrain à lui où il plantait ses pommes de terre et puis, à deux kilomètres plus loin près du passage à niveau sur la route de Boiscommun, un petit carré de vigne contre la voie ferrée d'un train qui ne passe plus depuis des lustres. Avec ça, il faisait sa piquette, un petit tonneau à consommer dans l'année.

Monter jusqu'à la vigne ça représentait une expédition. Le dab empruntait la carriole aux Jourdieux pour transporter son matériel. Il a dû m'emmener avec lui quand j'avais quatre ou cinq ans. Insigne honneur, un divertissement qui vaut tous les jouets électroniques de nos petits enfants de l'an 2000. Pour récolter il faisait ça avec un vigneron du coin qui, en échange d'heures de travail, lui vendangeait sa vigne. Souvenirs confus, tout ce qui était d'aller traîner derrière Auguste me comblait de joie. Blanche m'apparaissait plus stricte, plus rébarbative, elle représentait en définitive l'autorité. Dans toutes ces fermes, ces familles d'agriculteurs d'alors sans baratin féministe c'était la femme qui gouvernait, qui tenait la bourse, qui donnait les quelques sous à l'homme pour aller boire une chopine et acheter son tabac. Auguste ne fumait que le soir après le travail, mais en revanche il prisait. On a la hâte d'imiter les grands, les adultes au sortir de l'enfance... j'ai fumaillé assez vite des clopes à la communale, dans les chiottes... c'était alors interdit sous peine de punition, de cent lignes à copier... mais la prise, la reniflette de perlot, ça je n'ai même jamais essayé. Une manie qui a disparu.

Pour parvenir à la vigne sur la petite route, on traversait un bois de sapins, de bouleaux, qui me paraissait une forêt, un peu mystérieuse, menaçante. Blanche quand on l'énervait, qu'on lui désobéissait, elle nous menaçait d'aller nous y perdre. Il était question de loup bien sûr. Sans doute n'en avait-on pas vu dans la région depuis belle époque... Ça restait dans le catalogue des menaces pour faire tenir tranquille la marmaille.

Le long de la route, Auguste saluait les rencontres. Le père ceci, la mère cela. Bien poli, malgré ces « Merde ! merde ! » qu'il adressait au ciel menaçant ou au bourrin traînasseur. Une seule chose le mettait vraiment en transe, lui faisait voir rouge... le ratichon... le curé de la paroisse, l'abbé Grenier... ce bon Dieu de feignant de curé ! J'étais pas tombé dans une famille de culs bénis on pouvait dire. L'horreur absolue du cureton... et dans le pays Auguste partageait cette aversion avec bon nombre d'autres cultivateurs. La région était anticléricale, depuis sans doute 1789. D'ailleurs quand Auguste se risquait dans des explications à ce sujet, ça se traduisait par des fi de garce de saloperie qui faisaient travailler pour rien les paysans... qui leur volaient tout, qui mangeaient les meilleures volailles, les plus beaux gigots et qui racontaient que des menteries ! Je vous résume, il développait pas beaucoup plus et sans doute y avait-il une part de vérité dans ses invectives. Lorsqu'un clan, une secte, une religion quelconque tient les rênes du pouvoir elle se régale tout en prêchant aux pauvres l'abstinence.

Après tout nos idéalistes du progrès une fois en place ne font pas autre chose... prêche et contributions directes. Ça s'appelle plus la dîme mais essayez un peu de vous y soustraire, on ne vous entendra pas pleurer sur les ondes... personne ne vous invitera aux télévises pour appeler les populations à s'intéresser à votre triste sort. En tout cas Auguste, il nous engageait dans sa lutte contre la calotte, en nous faisant couaquer le curé lorsqu'il passait sur son grand vélo de femme, qu'il allait sans doute voir monsieur d'Agrèves, « Croa ! croa ! » Là, on y allait de bonne gorge... Croa ! croa ! ça nous réjouissait d'imiter le corbeau. Et malgré tout il nous faisait peur ce grand curé avec son grand chapeau, sa pèlerine. Choisie adéquate la comparaison avec le corbeau. Ils étaient, faut reconnaître, lugubres ces curetons dans leur accoutrement noir. Ils évoquaient la mort, l'hiver, la maladie... toutes choses sinistres. Croa ! croa ! Il passait l'abbé Grenier sans marquer la moindre émotion. Peut-être priait-il pour nous pauvres enfants perdus... afin que les lumières du Seigneur nous parviennent un jour. Mais enfin, croa ! croa ! c'est comme merde ! Merde ! ça m'a tatoué en quelque sorte... je suis resté méfiant à l'égard des radis noirs (encore une façon de les désigner à l'époque). Par la suite j'ai eu un peu d'éducation chrétienne, je vous dirai dans un patronage... dans le XIIIe arrondissement à Paris. De nos jours ils ont jeté leur soutane aux orties, les ratichons... on ne peut plus, je trouve que c'est dommage, les couaquer. Ils sont devenus encore plus hypocrites, ils veulent nous faire oublier qu'ils ne sont que des sortes de croque-morts... que leur véritable mission ou fonction c'est de nous rappeler que nous ne venons sur la terre en somme que pour mourir. Rien d'autre. On naît et puis on va vers Dieu... *Vobiscum !* Ceux qui pensent, s'amusent en route, ce sont les pécheurs... des salopards, des cochons qui forniquent et qui bafrent. Je schématise peut-être... mais enfin plus de croa-croa, plus que dalle, ils s'effacent. Reste plus que *Le Canard enchaîné* pour les couaquer encore. Les évêques devraient le remercier.

Le fait d'être comme ça un infidèle, un croaqueur païen, un bouffe-cureton, Auguste ça l'amenait à bosser encore plus. Nib de messe. On entendait les cloches de l'église au loin, mais lui le dimanche il était déjà au champ quand sonnaient les matines. Il avait flippé sa soupe, essuyé ses moustaches à la manche de sa veste en coutil, rangé son surin dans la petite poche prévue à cet effet sur le côté de son bénard en velours côtelé. Je vous oubliais, il portait aussi été comme hiver une large ceinture de flanelle grise... plusieurs tours autour du bide. Tous les travailleurs à l'époque étaient ceinturés de flanelle, les terrassiers, les charpentiers, les portefaix, tous les pue-la-sueur, les bougnats, maçons. Ça a disparu ainsi que toutes les frusques des corporations. Il paraît que ça retenait les tripes... c'était hygiénique cette ceinture de flanelle. Y a des explications à tout. Mais on en trouve toujours d'inédites pour abandonner les défroques de métier, les soutanes, les porte-jarretelles, les guêpières et les longs jupons. Peu à peu tout s'égalise, se mêle, s'enchevêtre... nos mignonnes elles sont en froc avec des pompes qu'on voyait naguère aux vitrines des magasins de spécialités ecclésiastiques à Saint-Sulpice.

Avec ses croa-croa Auguste m'a privé de découvrir la messe en latin, les cantiques, les petites filles en communiantes, l'église romane de Bellegarde. J'ai abordé les rives du christianisme un peu trop tard pour être marqué par la poésie claudélienne. L'essentiel pour toute l'existence vous rentre dans le trognon, s'installe dans vos fibres les toutes premières années... en barboteuse, quasiment encore la crotte au cul sans complexe.

Blanche, bien sûr, elle était dans les opinions de son homme quant aux prêtres et aux seigneurs, aux gros bonnets... le dimanche était un jour comme les autres. Tous à la tâche, mais il est vrai qu'à la campagne même dans une exploitation minuscule on ne peut s'arrêter de lancer le grain dans la basse-cour, donner aux lapins, traire les chèvres... faire les pluches, aller au jardin cueillir les légumes... tremper la soupe. Plus toute sa smala de lardons. Elle arrêtait pas Blanche, elle était à tout, partout. Elle coupait l'herbe à la faucille le long des talus comme au Moyen Âge. Elle m'a appris, ça m'a pas servi à grand-chose par la suite, un peu comme les départements à l'école ou les formules de chimie. Elle soignait en plus ses fleurs, les arbres fruitiers... les poires, les prunes... un pêcher qui ne donnait que tardivement des pêches jamais vraiment mûres.

Et Auguste toujours à droite à gauche au ramassage des patates, à la faux, la herse avec le cheval d'Alexis... pour lui ou chez les Popardine... chez d'autres dont je n'ai plus souvenance, mais ça lui manquait pas le boulot. Il est mort à la tâche dans les années cinquante... courbé en deux par le dur labeur et la vieillesse. Il aurait pu se demander lui aussi ce qu'il était venu foutre ici sur cette fi de garce de terre.

Hors le turbin, il s'était pas tant offert de divertissements. Pour les voyages... une seule direction, la Marne en 1914, sapé en pantalon rouge et tunique bleue pour la gloire du maréchal Joffre, la barbichette de Poincaré... De Paris, il gardait un coquin souvenir, je l'ai entendu dire à Alexis... qu'à Paris les femmes c'est « des sacrées de fi de garce ! » Il hochait la tête sous sa deffe et l'Alexis y se fendait la terrine. Nul doute qu'il évoquait, Auguste, le souvenir de quelques putes à bottines, modèle Casque d'Or... ce qui rôdait alors autour des casernes... et qui l'avait fait proprement essorer sa solde. À l'époque la République payait ses serviteurs un sou par jour, je crois savoir. Soldat citoyen à la bonne vôtre ! Qu'il ait réussi Auguste à échapper au grand massacre, ça tenait du miracle. Peut-être aussi parce qu'il était tringlot... qu'il servait dans le train des équipages. À l'époque c'était tout ce qui concernait les transports, les chevaux, les convois d'artillerie, les fourgons de vivres, de munitions. C'était moins meurtrier que l'infanterie mais sous l'orage d'acier toutes les unités payaient leur offrande au dieu gourmand de la guerre.

Comme il n'y avait jamais de dimanche, ni de Toussaint, de Pâques ou de Noël, la trêve pour Blanche c'était le lundi, le jour du marché à Bellegarde. Elle mettait ses charentaises propres, rajustait son chignon... peut-être changeait-elle de jupe, de blouse... en tout cas elle nous emmenait tous à pinces sur la route poudreuse. Soit elle poussait un grand landau où elle enfermait deux niards, soit c'était sa *bérouette* quand elle avait des volailles à vendre, des lapins... les jours de foire. Les plus petits mômes restaient alors à la maison. Auguste tout en bricolant dans le jardin les surveillait.

J'ai dû me farcir cette route d'abord en poussette bien sûr, et puis très vite sur mes petites pattes. Tout à fait joisse de cette sortie. Aux approches du canton, c'était l'animation, les charrettes, les commères en fichu, les marchands ventripotents... les piaillements, les meuglements... tout le concert des bestiaux. On s'arrêtait chez la mercière, une vieille pomme ridée au milieu d'un noir magasin. À remarquer, l'obscurité entretenue dans les boutiques d'avant le déluge de la dernière guerre... même en ville la gent petite commerçante restait tapie derrière de gros rayonnages, des amas de camelotes... derrière des vitrines poussiéreuses.

La vieille mercière ne vendait pas que du fil, des boutons, du tissu, des pelotes de laine, elle s'était réservé, on ne sait trop pourquoi, un petit coin pour les enfants où l'on dénichait des trésors de caramels, de sucettes, sucres d'orge, boules de gomme et surtout des rouleaux de réglisse, mon régal. Ça offre tous les avantages du monde la réglisse, ça se triture et ça barbouille. On oublie trop que c'est un plaisir indicible pour les gosses de se dégueulasser aussi bien les fringues que la frimousse. Blanche se fendait de quelques gros sous... il y en avait encore en circulation des en bronze à l'effigie de Napoléon III... pour offrir à sa marmaille quelques douceurs. Rien à comparer avec ce dont se goinfrent à présent nos enfants de la consommation. La rareté, même des plus petites bricoles, leur donne une valeur inestimable. Souvenir de tendre réglisse... il est accompagné des bruits, des odeurs du marché. Pour les bestiaux, la volaille ça se situait, les tractations, près de la vieille église romane. On en parle dans tous les guides touristiques... tout à fait une authentique du XIIe siècle... nous, on passait devant, occupés d'autre chose. Le cadre, les décors ont-ils une influence sur nous à notre insu ? Au premier abord l'éducation « croa ! croa ! » ne vous incite pas à vous extasier devant les beautés de l'art religieux.

Blanche allait vendre ses poulets. Elle se plaignait toujours des prix trop bas qu' « on savait point où on allait à c' t' heure ». Rengaine. Ça finissait par se conclure, elle rangeait soigneux ses sous – ou ses quelques billets – dans son porte-monnaie, glissé dans une grande poche sous son ventre. Quelles courses allait-elle faire ensuite sur le marché ? Elle achetait au minimum, ce qui lui paraissait moins cher que chez mame Bourioux, l'épicière avec sa carriole. On ne voit plus trop ces cabas en toile cirée noire. Peut-être ont-ils à présent une valeur à la brocante ?

On rentre fourbus vers la Dezonnière... Auguste nous regarde au loin, la main sous la visière de sa casquette. « Merde ! merde ! » Il s'étonne invariable qu'on rentre si tôt et ça veut dire que ça n'a pas été si mauvais la vente des volailles et puis que Blanche s'est pas arrêtée chez la culottière, la mère Péguy dans sa maisonnette au bord de la route.

Parfaitement... madame Péguy... ça doit être un nom de la région, le poète des cités charnelles qu'a chanté l'Orléanais dans ses cantates, ses complaintes. Cette vieille qui allait de ferme en ferme faire ses travaux de couture appartenait d'ailleurs à l'univers de son épopée. Depuis combien de temps exerçait-elle ce métier ? Était-elle veuve ? célibataire ? Ne sais ! Elle portait une petite coiffe blanche de paysanne. Une vieille souris elle évoque... menue, pointue, l'œil vif derrière ses lunettes rondes à fines montures comme on en voit sur les photographies, les portraits de Paul Léautaud. Elle venait de temps en temps ouvrager chez nous. Ça se négociait tout ça à la journée. Elle arrivait le matin avec son matériel restreint dans un petit sac. Elle avait son assiettée de soupe prête pour se mettre en train. C'était prévu dans sa rémunération, la soupe et le déjeuner. Elle s'installait dans la salle commune près de la fenêtre ou, en été lorsqu'il faisait beau, elle se mettait sa chaise dehors sur le pas de la porte. Elle ravaudait, reprisait toutes choses que Blanche n'avait pas le temps ni la patience de faire avec ses grosses mains rouges crevassées, plus aptes aux besognes de la terre qu'aux travaux de couture. Elle venait peut-être cinq six fois par an la mère Péguy. Il me semble qu'elle n'avait plus de dents, qu'elle marmonnait entre ses lèvres, on ne sait quoi. Ça lui donnait l'air de mâchonner, de ruminer. Lorsque Blanche s'affairait près d'elle on l'entendait mieux, elle donnait des nouvelles, les ragoteries des environs et comme tous les octogénaires – elle était bien dans ces eaux-là... quatre-vingts et quelques poussières – elle nostalgiquait sur l'ancien temps... sa jeunesse sous le Second Empire. On a tous notre Second Empire, on s'y fixe, on y a appris les afféteries du langage qui améliorent l'instinct de reproduction. Elle me semble, et ce n'est pas l'effet de son nom, à me remémorer avec mes lambeaux de souvenirs, qu'elle appartenait à une catégorie un peu au-dessus des gens que je voyais autour de moi... quant à l'esprit, au raffinement. Auguste, Blanche, Alexis... les autres bouseux étaient en matière brute avec, bien entendu, un savoir presque inné de la terre, une science de la nature instinctive, mais cette vioque avec son bonnet blanc, ses hochements de tête, elle avait dû frotter ses jupes ailleurs, justement sous ce Napoléon barbichu qu'elle évoquait avec vénération.

– Ah ! s'il était encore là !

Ça je l'ai bien retenu dans ma petite tête de môme. Toujours la même chanson, aujourd'hui c'est le tour de De Gaulle de s'enfoncer dans les radotages de viocards. Le général aurait dit, le général penserait que... Hélas on s'en contrefout du général, de l'empereur, du président ceci Coty tutti Pétain ! La mère Péguy avait-elle connu des joies intenses, le grand frisson de la chagatte dans la couche d'un sous-préfet du second Empire... Savoir ? C'était pas le genre à nous raconter des choses pareilles ! Quelques étreintes inoubliables suffisent parfois à vous donner une position politique – la trente-troisième de l'amour.

Je vous parle de cette culottière à titre d'illustration pour cet album que je feuillette pour vous. Plus personne ne l'évoquerait sans moi et pourtant comme tout un chacun, elle aurait voulu dire un mot qui reste avant de rendre l'âme... un petit témoignage de rien pour marquer son passage sur terre. Qui voudra, pourra l'entendre ? On ne sait.

Comment se douter, pressentir qu'un jour on sera à tartiner du porte-plume ? Ça ne m'est venu que bien plus tard, revenu de tout, acculé par les désastres de ma vie, cette manie de rechercher le passé, mon enfance sur le papier quadrillé. Si j'avais su je me serais approché plus près de la mère Péguy. Un blaze pareil bien d'autres ne l'auraient pas laissé s'échapper. Je récupère tout de même une espèce de vieille photo... un tableautin où elle ravaude sur le pas de la porte de notre maisonnette blanche parmi les poules qui picorent, les chats qui passent... le chien qui rôde autour de ses jupes. Y a un rayon de soleil tardif sur sa coiffe... et Blanche sort avec une bassine, elle va éplucher, écosser des légumes. Elles vont bavarder un peu. Moi j'irai de temps en temps chiper quelques petits pois pour les manger crus... un régal !

Sans fête pour vous ponctuer la vie, elle se déroule avec les saisons et c'est marre... le gel, le froid, la pluie, la canicule, la neige. Les enfants aiment la neige pour faire des boules, se les lancer... se faire une petite guerre. Elle est comme le reste la neige, source de plaisir pour certains, catastrophe pour d'autres. Les soirs d'hiver, il restait devant l'âtre Auguste... il bricolait des outils, il réparait... tailladait, collait, tressait. Là, il prenait un peu le temps de vivre... il se bourrait deux trois bouffardes. Il parlait un peu.

Avec des bribes, des bouts de phrase que je récolte... de ce qui me revient, de ce que j'ai appris ensuite, je reconstitue un peu sa vie. Il venait d'une paysannerie prolétaire... des parents sans doute dans la valetaille de ferme. Lui-même domestique dès son plus jeune âge. Pas d'école... probable que les lois de Jules Ferry ne s'appliquaient pas encore partout dans son enfance. À quel âge, quel moment a-t-il rencontré Blanche ? Je crois comprendre qu'ils se sont connus dans la même ferme, au service du même patron. Ça se passait au début du siècle, vers Montargis. Ils étaient déjà mariés en tout cas avant qu'il aille à la rencontre des armées de Guillaume II. Entre son service militaire et son rappel sous les drapeaux.

Depuis quand étaient-ils à la Dezonnière ? Je pourrais aller me rencarder dans les archives de la mairie. N'importe, ça me paraît se situer juste après la guerre. Comment avaient-ils pu acquérir cette fermette ? Un bout d'héritage de l'un ou l'autre... une accumulation d'économies pour enfin s'affranchir du joug patronal ? Relative liberté, le travail on ne s'en débarrasse pas comme ça lorsqu'on débarque dans l'existence sans nurse qui vous extirpe du berceau. Enfin c'était à eux ces murs... ces quelques champs... ces poules et ces chèvres. Ils étaient propriétaires, ils pouvaient presque se suffire à eux-mêmes. Le mystère... pourquoi n'avaient-ils pas de mômes à eux? Sans doute que l'un des deux était stérile. Ça arrive même chez les ruraux. Si Blanche prenait en nourrice des mômes de toute sorte, c'était bien sûr pour le petit bénef qu'elle en tirait des parents ou de l'Assistance, mais elle devait aussi de cette façon combler un vide. Plus les êtres sont simples, plus ils réagissent en fonction de lois très animales. Certaines penseuses affirment que l'instinct maternel n'existe pas, que c'est la société machiste qui fabrique, de toutes pièces pour son plus grand profit, ce mythe. Hasardeux comme théorie... les exemples autour de nous n'en apportent pas souvent la preuve.

Ça leur avait fait un but après leur mariage de s'installer à leur compte... un espoir d'un peu plus de liberté. En tout cas de rien devoir à personne. Illusion bien sûr. Si la société de ce temps n'était pas tendre aux loquedus, au moins ne s'occupait-elle pas de faire leur bonheur, elle les laissait se dépatouiller sans trop contrôler leur moindre geste. Mis à part en période de guerre où là il n'y a plus d'échappatoire. Celle qui venait de se dérouler en Europe avant ma naissance, dans le genre on n'avait fait guère mieux. Une boucherie sans nom, un holocauste de paysans. On a beau chercher aujourd'hui le pourquoi de cette fraîche et joyeuse étripade, on n'y comprend goutte. Même l'explication des marchands de canons ayant besoin de faire fonctionner leurs hauts fourneaux ne peut être que parcellaire. Au plus profond ça devait être une façon de régulariser les naissances, de faire descendre la démographie galopante. Autant alors l'avortement laïc et obligatoire remboursé par la Sécurité sociale. J'ai l'air encore philosophe de bastringue mais jusqu'ici, mis à part le gros bon sens du populo, on ne voit aucune explication satisfaisante.

Les combattants, les rescapés, les éclopés, amputés de toutes sortes... les gueules fracassées au retour de l'abattoir, on les a canalisées vers les cérémonies, les remises de médailles... On est arrivé à leur faire célébrer le dieu qui avait dévoré leurs copains... meurtri leur jeunesse à jamais. Le culte de la patrie, ça enrobe un peu la vérité, toute crue, sanglante. L'inanité, la bêtise de ces massacres. Ceux qui, d'une façon ou d'une autre, ont fait preuve d'un peu de lucidité, lorsque la folie est repartie pour un autre tour vingt ans plus tard, on leur a fait passer le goût de réfléchir... d'ouvrir leur gueule à contre-temps. Faut pas gamberger... entrevoir la poloche et se prendre la fantaisie de le dire tout haut ou de l'écrire. Vous faussez le concert. De toute façon on vous fera boucler la gueule. Demain tout peut à nouveau s'embraser. Qu'on reparte dans le délire... c'est comme une tornade, une épidémie. On peut tout juste se planquer... essayer.

Auguste tout illettré, tout fruste il se laissait pas trop musiquer par les charmeurs de médailles. Jamais il s'est dérangé pour les cérémonies du 11 novembre, il se servait juste de son titre d'ancien combattant et d'une blessure à l'omoplate pour toucher je ne sais quels quatre sous... la charité de la République, mais il n'avait aucune décoration, breloques comme beaucoup dans les sous-verres sur la cheminée. Son portrait en griveton non plus, il n'en avait jamais fait tirer. Il ne jurait pas non plus ses merde ! merde ! contre les généraux, les gradés comme il couaquait la curaille... il n'en disait rien. Simplement, il maudissait cette « fi de garce de guerre... cette saloperie de bordel de Dieu ! ». Avec Alexis il évoquait, invariable, les marais de Saint-Gond, la cote 117, Souchez... un certain *Cabaret Rouge* et puis la pluie, la boue toujours de la boue... les rats dans les tranchées... les obus, le marmitage.

Certes les boches c'était que des boches, des bon Dieu de putain de boches ! mais ça n'allait pas plus loin dans la haine de l'ennemi héréditaire. Ce que je retiens fugitivement de sa guerre c'est des histoires de chevaux embourbés, de charrois, de caissons... tout ça avec encore les rats et la mort. Des rats, je n'en voyais qu'au grenier... les mulots que les chats mettaient à mal... d'instinct je les aimais pas les rats, mais la mort est une notion abstraite pour les mômes. On parlait de temps en temps d'un qui venait de décéder... un habitant des environs. Ça ne me disait pas lerche. Des morts je n'en avais jamais vu de près. Ça m'est venu par le chien, par Marquis lorsqu'il est canné sans doute de vieillesse et que j'ai accompagné Auguste pour lui faire son trou en bas du jardin, tout près de la rivière qui longeait la propriété de monsieur d'Agrèves. Ça m'est entré d'un seul coup la mort, avec ce petit clebs si gentil, le compagnon de mes premiers jeux. J'ai pleuré beaucoup, un véritable gros chagrin, quand Auguste après l'avoir posé dans la petite fosse s'est mis à le recouvrir de pelletées de terre. Larmes de gosse comme oraison funèbre d'un chien. L'autre qui s'appelait Médor, comme tout un chaque chien..., celui qui lui a succédé, n'avait pas le même charme, il se réservait pour sa fonction de gardien. Fallait même pas trop s'aventurer dans les gentillesses, les amusettes avec cézig, il pouvait mordre et c'est d'ailleurs à cette époque que je me suis fait attaquer par le molosse de chez Popardine... en allant avec Blanche chercher du beurre je crois ou du fromage... pendant une période où ses chèvres ne donnaient pas assez de lait pour toute la marmaille. Ce cador sournois m'a bondi dessus, renversé... mordu au bras, à la jambe. De tout ça je n'ai qu'un souvenir de seconde pogne... ce que m'a raconté Blanche plus tard. Ce clébard le père Popardine l'a maîtrisé à coups de gourdin. On m'a ramené à la maison, pansé, soigné... le médecin est venu à bicyclette... le docteur Besson, un grand maigre à tête d'oiseau. Piquouse, je suppose. Un conflit a éclaté avec les Popardine... le patron, son chien furieux, il l'avait abattu le soir même. On s'est demandé s'il n'avait pas des fois la rage. Il ne l'avait pas puisque j'écris aujourd'hui l'œil à peu près clair, les idées encore en place... mais ça présentait un risque... Ce clebs, on aurait dû l'examiner, les Popardine en le bousillant, ils s'évitaient des ennuis... bref des salades qui ont déclenché un conflit sournois. Une haine qui durait encore quinze ans plus tard, d'autant plus que les Popardine à ce moment s'étaient enrichis au marché noir avec ou sans les boches, c'était pas bien clair.

Ma première blessure physique, longtemps j'en ai gardé quelques cicatrices et puis elles-mêmes ont disparu. Longtemps aussi je me suis tenu à distance respectueuse des clebs. Peut-être m'étais-je approché trop près du molosse des Popardine. En tout cas j'ai retrouvé la raison. Il m'est arrivé plus tard d'affronter des cadors dénués de bonnes intentions. Faut se maîtriser... les attendre sans montrer sa trouille. Comme les hommes qui vous veulent du mal. En taule, je laissais les matons aboyer... ne bronchais ! Ça les empêchait de mordre.

2.

La jolie dame parfumée

Ça devient comme une lumière, quelque chose de curieux à se replacer en mémoire, à vous rapporter comme ça. Blanche me parlait parfois de ma mère et je ne saurais dire exact comment ça s'est passé. En tout cas ça a traversé ma petite existence de bouseux d'une façon qui m'a marqué pour toujours. C'est confus mais davantage comme la révélation de la féminité que de la maternité.

Blanche suffisait tant bien que mal à cet office. Ma mère ç'a été quelque chose de tout à fait inattendu, une image de beauté, de grâce... un personnage qui ne correspondait en rien à ceux que je pouvais rencontrer dans ma petite sphère paysanne. Il y a aussi une voiture, une automobile décapotable liée à ce souvenir. Quelle marque ? Ça plairait mieux que je vous dise une Hispano, une Citroën cul-de-poule, mais ça serait de la triche. L'homme au volant je n'en retiens même pas la silhouette. En tout cas cette bagnole, torpédo ou autre, aujourd'hui si je la possédais en état de marche, je pourrais me pointer dans les concours, on me primerait sans doute.

Cette apparition, cette jolie dame qui sort de la bagnole, ça a commencé par me faire peur... enfin m'effaroucher. Logique. Ça m'en fout plein les châsses, mais dans le bon sens... n'empêche que c'est tellement inattendu... ça doit se confondre avec du rêve. La jeune dame sort de l'auto devant la maison. Le chien aboie, c'est encore Marquis à cette époque. Ma mère doit être comme sur cette photo... sapée années folles, jupe courte... et les cheveux à la garçonne. Tout à fait mode. Ça me change de Blanche avec son gros chignon, ses bas noirs et ses charentaises. Ce qui se passe alors ?... ne me souviens ! La dame m'embrasse, me cajole. Ça fait tout un remue-ménage autour, les autres mômes, les animaux... toute la basse-cour. On m'embarque, c'est prévu je ne sais comment. Blanche m'a sans doute préparé, mis à neuf, elle m'a lavé dans la bassine toujours devant la porte quand il fait beau. Savonné de marseille, rincé... sou neuf. On va chercher l'eau au puits au milieu des fleurs. Je suis blond comme la paille des bottes en tas dans le champ de l'autre côté de la route. Ça, je peux le rapporter grâce à une photo où je suis au milieu des poules dans la cour près du tas de fumier... « Embrasse ta maman... voyons ! »

Sans doute la dame, que Blanche dit être ma mère m'emmène-t-elle dans cette auto, avec ce bonhomme, qui lui peut-être n'est pas excessif enchanté de mon intrusion dans sa sortie avec la dame. Est-il, vieux, jeune, gros, athlétique ? Barbu ?... non ça, ça m'aurait frappé, je n'aurais rien vu d'autre. Ces barbes rescapées de l'affaire Landru, celles qui persistaient encore au début des années trente, ça vous masquait tout le reste d'un personnage, ses yeux, sa bouche, s'il avait de la bonhomie dans le regard... de l'affabilité dans le sourire... on ne voyait pourtant que la barbouse. Aux gosses elle imposait le respect... la crainte. C'était sans doute une façon de se protéger qu'ils avaient les mecs... de se dissimuler les sentiments qui vous arrivent sur la tronche dès qu'on se voudrait impassible.

Je ferme ma parenthèse. Il était pas barbu le jules – ou un des jules – à maman. Et il devait avoir du fric puisqu'il roulait en torpédo ou en autre chose du même genre et qu'à l'époque les bagnoles ne roulaient pas en troupeau sur les routes, à la portée de tous les crédits possibles et par voie de conséquence devenues calamité. Au bout du compte c'est le nombre, la multiplication des objets aussi bien que des bipèdes qui rend la vie impossible. Un petit lapin c'est du délice à caresser, à peloter. Vingt millions de petits lapins, on leur souhaite la myxomatose.

Je pourrais inventer la petite balade, sans doute un déjeuner au restaurant, je ne sais quelle promenade dans la forêt voisine d'Orléans. Sous le ciel d'été ou d'automne, elle est admirable la forêt d'Orléans, c'est une symphonie de couleurs, d'odeurs, de chants d'oiseaux. On est dans le berceau de la douce France, là où veulent venir s'installer, couper, becter, boire tous les envahisseurs de l'univers qui nous rappliquent des toundras, des steppes glacées, des marais insalubres, des jungles tropicales, des déserts les plus arides d'Asie ou d'Afrique. C'est le Val de Loire qui les attire, je n'ai pas conscience de mon bonheur enfantin à pousser dans cette région à l'abri des ouragans, des ours et des anthropophages.

Ça ne m'a laissé aucune trace dans la souvenance cette première sortie avec la dame parfumée... mademoiselle ma mère. Ça, ça va revenir cette appellation... que c'est pas une dame... c'est une demoiselle. En ces temps du président Doumergue ou Doumer, ça se fait pas pour une demoiselle d'avoir un petit. C'est un péché, une faute, un drame. Je suis donc un péché vivant. Ou plutôt le fruit du péché, ce qui n'arrange rien au contraire. Sur l'instant j'ai fini par dominer mon émotion sans doute avec des sucreries, des gâteaux. Et il y a le parfum de la dame en robe courte qui m'a pris sur ses genoux et qui m'embrasse. Le péché, ça a de bons côtés... c'est même si agréable que le commun des mortels vous en veut s'il ne peut pas partager votre félicité.

Par toutes sortes de moyens on va me le faire savoir...

petit à petit... que je suis pas tout à fait comme les autres... enfant de la honte... ça va sans doute déterminer ma carrière encore pire que les croa ! croa ! du père Chaminade. Je cherche pas tant des circonstances atténuantes à ma longue période malfaisante, mes exploits hors la loi... c'est pas mon style, mon genre... les circonstances atténuatrices, j'assume et surtout je m'en bats les testicules. C'est ma défense, ma carapace. Me viendra, plus tard, l'indifférence à un point tel que je lutte contre ce penchant... ça devient une facilité comme une autre. Mais, je n'y peux rien, mes premiers pas ils étaient faux en quelque sorte. On le voulait ainsi, c'était écrit dans le grand livre des mœurs de ce temps. Je pouvais tout prendre en pleine gueule, me faire écorcher la frime, me brûler à toutes les perfidies, les sévérités de jugement derrière les barbes (tiens les revoici) et les persiennes... les ragoteries. Je me suis défendu avec un autre péché, bien pratique celui-là, le mensonge. Il m'a servi à me planquer, à me défiler, à prendre toutes les tangentes imaginables. Nul besoin de leçon, de démonstration, j'ai fonctionné au mieux... c'est-à-dire à l'instinct.

Ce que ça a eu de répercussion dans ma minuscule existence cette visite, cette apparition de la jolie dame brune ? Je ne sais pas... le soir même je regagnais l'étable... j'allais derrière Blanche qui trayait ses chèvres, je retrouvais toutes mes odeurs de cambrousse... On m'en parlait plus ou alors par des allusions... L'idée qu'un jour je quitterai la Dezonnière pour suivre cette nouvelle maman, ça ne me paraissait pas bien concevable... peut-être même convenable. Je ne m'imaginais pas ailleurs que là, avec Marquis... Auguste, les autres mômes... Roland, Momone, Cécel et puis la Bébête, diminutif d'Élisabeth une plus âgée... une grande qui nous avait rejoints... que ses parents avaient placée depuis quelque temps. Des drôles ceux-là d'après ce que m'en disait Blanche plus tard. Que ça devait être un couple de poissons d'eau trouble... un hareng et une morue. Par la suite il était en cabane ce papa. Je reficelle tout ça... tout ce que j'ai entravé à mi-mot... méli-mélo... à distance des années plus tard lorsque je fus un peu affranchi des choses de l'existence.

Elle est réapparue la dame parfumée de la ville. Elle m'a apprivoisé un peu, c'était de la vraie douceur ses mains aux ongles vernis... sa poudre de riz, ses lèvres maquillées... Je n'arrive plus à dire si elle est revenue en voiture ou autrement. Autrement, ça ne pouvait être que par le train à Bellegarde... deux bornes ou trois à se taper à pinces jusqu'à la Dezonnière. Affrontait-elle ce parcours sur ses menus escarpins ? Ça me semble difficile à concevoir. Alors quelle carriole allait la chercher ? On n'en avait pas nous autres. On empruntait celle des voisins que pour les grandes occases... la vendange de la petite vigne près de la maison de la garde-barrière. Je n'arrive pas à éclaircir ce petit mystère... il n'a pas grande importance mais c'est avec les petits détails qu'on raconte les belles histoires.

Elle ne couchait pas dans la maison en tout cas... c'était pas possible. En dehors de la grande salle, il n'y avait qu'une chambre où l'on s'entassait Auguste et Blanche dans leur grand lit de campagne à grosses montures en noyer et puis toute la marmaille dans des petits lits en fer, deux par deux ou dans leurs landaus. On vivait comme ça, en nichée. L'hiver on était sous de gros édredons en plume. Je ne vois pas ma belle dame de mère se glissant dans ce chenil. Peut-être revenait-elle en automobile, le monsieur chauffeur la déposait puis venait la rechercher un peu plus tard lorsqu'elle avait accompli son devoir maternel. Ça devait être quelque chose comme ça la solution de ce problème... elle rebarrait dans la tire. S'il faisait jour, s'il faisait beau, on la regardait repartir sur la route, s'éloigner. On lui faisait des signes de la main.

Dans leurs cagnas des alentours si ça devait y aller

chez les pécores des suppositions, perfidies... On devait le lendemain me zyeuter drôlement. Simple déduction qui me paraît logique. Tous ces croquants (surtout croquantes) ils avaient pas lerche à se foutre dans la turbine à ragots en leur fin fond de cambrousse à chèvres... Alors pensez une demoiselle mère, chapeautée cloche, avec des bas de soie... le saint-frusquin de séductions... qui vous débarque d'une automobile conduite par dieu sait quel drôle de type, sans doute encore un qui se salissait jamais les pognes... ça leur faisait un épisode de feuilleton... la suite au prochain voyage, ça me ciblait à part... ça ne faisait que commencer.

Maintenant ma petite existence de mouflet était ponctuée par les apparitions de ma mère. Parfois elle prévenait, Blanche me lavait sérieux pour la circonstance, j'étais sur mon trente et un pour cette sortie. C'était quoi ce trente et un ?... des fringues que la dame avait apportées pour moi et qui me plaisaient pas beaucoup... des chaussures blanches... des choses qu'il ne fallait pas salir... que c'était un véritable supplice alors que j'étais habitué à barboter dans toutes les flaques, tous les sentiers boueux comme un canard. Elle devait me considérer, ma mère, comme une sorte de jouet en peluche... Je ne sais au juste dire si j'étais content de la voir... Ça me troublait dans mes habitudes de péquenot tout en me séduisant. Drôle de soupe. En fin de compte j'étais hâtif de me retrouver dans la cagna des Chaminade, l'écurie aux chèvres... l'appentis où Auguste sciait son bois. J'étais pas à même de poser des questions, ni à ma mère ni à Blanche.

D'ailleurs ça m'est jamais venu l'idée de demander quoi que ce soit sur mes origines, d'où je sortais exactement. Par la suite j'aurais pu, tout à fait à la finale de cet itinéraire lorsque ma mère est devenue une pauvre femme malade en attente de la mort. Aujourd'hui c'est plutôt cette image de sa jeunesse que je préfère garder... les quelques photos... les frusques 1925... le chapeau cloche qui cache sa frange à la garçonne comme c'était la mode après le roman de Victor Margueritte... le style Poiret qui révolutionna la silhouette féminine.

Elle est souriante, resplendissante de jeunesse. C'est peut-être des clichés d'avant ma naissance... elle avait quoi... dix-sept berges ? À ce moment-là, les filles ont quelques années devant elles prodigieuses. C'est peut-être là toute leur raison d'exister. L'âge où elles pondent bien sûr... je ne suis qu'un de ces œufs. Un de plus. On en casse des milliers, des centaines de milliers plus tard pour faire les omelettes guerrières. On est venu pour ça, l'amour et la guerre... et après on attend la fin du film qui se traîne en des travellings de plus en plus lugubres... des séquences de cinéma d'avant-garde. Je pense qu'elle profitait de ses meilleures années avec des fringues, des mecs, des virées en auto. Tout à coup elle pensait à son poussin n'est-ce pas... elle revenait un peu le bécoter et puif ! rebarrée !

Avec qui m'avait-elle fabriqué... où ça ? Où était-il ce dab fantôme ? Un coup malheureux... une passade ? Tout ça restera pour toujours dans les limbes. De toute façon, on est toujours le fruit du hasard mais sûrement pas d'une nécessité. Ne croyez pas qu'avec ces lignes je me triture, torture sur mes origines... que je souffre de ne pas avoir d'arbre généalogique. L'amusant c'est ce puzzle à reconstituer... trouver les morceaux qui s'imbriquent... les remonter au petit bonheur... Mon épopée rustique, mes histoires d'enfant perdu. Le mot est trop fort. Je n'étais perdu que pour les bonnes mœurs de ce temps. De nos jours la moitié des mères sont célibataires. On n'y attache plus grande importance. Pour bien me suivre il faut se replonger plus d'un demi-siècle en arrière. Un enfant sans père, sans nom c'était celui par qui le scandale arrive. Que se passait-il dans mon cas ? Ma mère n'osait pas me sortir de mon trou glaiseux. Elle avait dû avoir une passe difficile et elle s'en sortait avec ce qu'elle avait de mieux à vendre... sa fraîcheur, sa jeunesse.

Je verrai défiler plus tard dans sa vie des tas de lascars de toutes sortes, jeunes ou vieux, des distingués à col dur, des douteux, des bourgeois en cachotterie de boudoir, des avec ou sans automobile. Je les entreverrai surtout ou alors on me dira de les appeler tonton, parrain, m'sieur Raoul, m'sieur Georges. Je vais apprendre les bonnes manières... toucher des sortes de pourliches. Je regrette presque de n'avoir pas été plus attentif à tout ça, plus curieux... c'était comme une sorte de pudeur de ne pas m'occuper des affaires de ma daronne. Et surtout j'avais la rue qui appelait, la rue avec les petits potes mal embouchés, la rue d'autrefois dans un Paris populaire qui s'estompe à présent à la lueur des néons et du Coca-Cola. Ma mère ne faisait que passer, aller et venir... toujours parfumée, sapée élégante. Elle revenait du champ de courses d'Auteuil... elle repartait pour, je ne demandais pas où, je me serais pas permis. Elle s'en foutait des boches, de Pétain, de De Gaulle ! Elle poursuivait son chemin bordé d'hommes. Ça la faisait vivre...

C'est vers sept ans qu'elle est venue me chercher, m'extirper de ma Dezonnière. Une tragédie. J'ai ce souvenir comme d'un pansement qu'on vous arrache. Je suis dans un train. Le train avec ses compartiments en bois qu'on prenait pour Orléans-Les Aubrais où l'on changeait direction gare d'Austerlitz à Paris. Elle essayait de me consoler la jolie dame. Elle me promettait que je retournerais bientôt à la Dezonnière... que c'était juste un voyage pour me faire connaître Paris... que c'était important de connaître la capitale de la France.

Longtemps j'ai eu la bouse des chemins collée à mes pompes. Ça m'avait conditionné plouc une bonne fois pour toutes ces premières années. J'y reste encore pour l'essentiel... du mal à me supporter dans certains endroits, avec certaines gens. Ma plouquerie me remonte, elle a joué un rôle peut-être plus essentiel que ma naissance clandestine... mes origines inavouables. Dans le fond de l'âme je réagis, comme Auguste... une certaine méfiance de ceux qui veulent me vendre du sentiment, des bonnes paroles... toujours en écho un petit croa ! croa ! Entre-temps il s'est déroulé la fraîche et joyeuse guerre maquisarde, les amours tumultueuses, les heures grande chouraverie avec leurs conséquences judiciaires. L'achèvement de mon indignité.

Une certaine façon de me mouvoir avec une bonne dose d'indifférence, de lâcheté aussi sans doute. Voilà, maintenant que la boucle est bouclée, on revient au coin de l'âtre... les belles flammes qui vous chauffent les genoux... le vieil Auguste qui gratte sa pipe. On n'a pas eu le temps de se dire grand-chose... j'ai quelques regrets de ce genre. Une petite séquence de vie qui vous reste accrochée en attendant de disparaître.

3.

Parisien tête de chien

J'en finissais plus de m'étirer... échalas... je quittais peu à peu ma dépouille d'enfant. On a au début de l'existence une grâce infinie, aussi bien les chats et les chiens que les hommes. Ce qu'on ne peut pas retenir, qui fout le camp à l'âge ingrat, l'âge incertain des acnés. On se hâte d'aller vers une forme qu'on croit définitive mais qui sera elle aussi bien passagère, bien illusoire. Je passe sur les dernières métamorphoses, elles sont d'une bien sale tristesse, d'une épouvantable odeur.

Fallait donc que je devienne un Parisien. On disait à la campagne : « Parisien tête de chien !... Parigot tête de veau ! » Ça se voulait d'une ironie féroce. Tous les cercles, les clans, les bourgades, les corporations se réconfortent dans leur connerie, de la sorte. Tête de chien... tête de veau ! Pas trop eu notion de tout ça, mais enfin je désertais la glaise pour le bitume. Tous les Parisiens viennent d'ailleurs... les meilleurs Parisiens... boulevardiers ou gavroches. Je dis *viennent* il faut se résigner à dire venaient... ils n'existent plus les Parisiens... les paysans non plus. Tout ça s'unifie aux télévisés, à l'HLM... au béton, au McDonald's, à la drogue... Y a plus de Pantruche que dans les films en noir et blanc. Parfois, en prêtant bien l'esgourde, on l'entend encore lorsque Jo Privat respire à l'accordéon. C'est plus que de la nostalgie, des chansons qui volent au-dessus des rues où s'éloignent des couples cacochymes qui mâchonnent le pain sec du regret. Finish Paris, la sérénade en argot. On fait encore semblant d'y croire mais ça ne passe plus... Le siècle approche... le XXIe... celui qui va vous anéantir, truffes molles qui croyez encore au Papa Noël de Tino Rossi. Ça va être la fête aux clones, aux robots, à l'image seconde simultanée... la zizique sérielle... les farandoles électroniques... virtuelles... on va vous en fabriquer à la chaîne... des divinités spéciales pour l'homoconsommateur.

Voilà... je retourne cette fois en 1932, j'en suis certain, j'ai débarqué avenue de La Motte-Picquet tandis que les vendeurs de journaux criaient qu'on avait assassiné le président de la République... Ça me fait ma première rencontre avec l'histoire. Le président de la République dans ma petite tête c'était sans doute comme une sorte de bon Dieu. Celui-là c'était Paul Doumer, sa photographie s'étalait à la une de tous les journaux avec sa barbe blanche. Il s'était pris quelques bastos d'un louf nommé Gorgulov. Un Russe blanc qui s'était glissé dans une vente signature de livres... comme quoi on devrait jamais aller dédicacer ses bouquins. L'événement était considérable mais sans conséquence. Ce président était soliveau et son meurtrier délirant. Reste de ce m'sieu Doumer comme l'image la plus achevée, l'incarnation de la IIIe République, je l'ai appris plus tard dans les livres d'histoire, un homme d'une probité inconcevable de nos jours.

J'ai logé quelque temps avec ma grand-mère dans un petit hôtel près du Village-Suisse. Je me découvrais une grand-mère, une douce femme qui m'arrivait dans la vie pour me consoler d'avoir perdu mon pauvre paradis d'enfance parmi les poules et les lapins. Pauvre, bien sûr, si je considère nos conditions de vie à la Dezonnière où le confort n'existait pas, mais où j'allais mordre les fruits à même l'arbre... boire à l'eau du puits... m'ébattre en toute liberté avec les bestiaux. Mis à part ce chien qui m'avait mordu, il me reste surtout de bons souvenirs de ces premières années. Ça m'a peut-être donné des forces pour la suite.

Avec ma grand-mère on était au quatrième étage, dans une chambre minuscule où s'entassaient un lit en fer avec quatre boules de cuivre, une commode-toilette avec une cuvette et un broc en faïence... deux chaises... un placard mural. Notre petite fenêtre donnait au coin du boulevard de Grenelle où passait le métro aérien. Ça m'a captivé un temps comme un gros jouet ce métro aérien, le fracas des rames qui passaient dans un grondement de tonnerre qui faisait tout trembler dans la carrée. Ç'aurait pu être le luxe en comparaison de ma cambrousse, n'était l'exiguïté des lieux.

On avait les gogues dans le couloir, sur le palier avec le robinet d'eau courante. Pour se faire cuire nos repas, un petit réchaud à pétrole qu'on mettait sur la commode-toilette. Ça c'était une chance, une veine insensée, paraît-il, de pouvoir se mitonner quelques petits plats dans une chambre d'hôtel, partout ailleurs c'était strictement interdit. On devait cette faveur aux Juifs qui composaient la plus grande partie des locataires de ce meublé. La proprio madame Brodovitch favorisait ainsi ces coreligionnaires en difficulté de logement. Ils avaient tous des boutiques de nippes dans le Village-Suisse voisin... des rez-de-chaussée sans étage... sortes de baraquements, uniquement réservés au petit commerce. Sans doute étaient-ils fraîchement débarqués... D'où exactement, je ne saurais dire... de Turquie, j'ai su pour certains qui ont échappé plus tard à la déportation grâce à la protection de leur ambassade... En tout cas de l'Europe orientale, c'était plutôt des gens à poil noir, au type méditerranéen prononcé. Ma gand-mère dans l'ensemble pouvait se confondre, c'était une Auvergnate brune, le nez assez proéminent et ça l'arrangeait plutôt en la circonstance. Ça lui arrivait de se faire aborder par d'autres mémères en yiddish... hébreu... je ne sais quelle langue. Bien obligée de les détromper, mais ça ne provoquait que des rires... rien de grave. Mais dans le quartier elle entendait prononcer youpine à son endroit (ou plutôt derrière son dos). Ça ne portait pas encore à conséquence. Ce vocable que les Juifs employaient eux-mêmes n'était pas beaucoup plus péjoratif que ritals ou popofs ou english. Tous les étrangers avaient leur désignation argotique, sans oublier les provinciaux : auverpins, alsacos, brezounecs, ch'timis, etc. Enfin là ça se passait bien la cohabitation. On était logés à la même enseigne, rassemblés par la crise du logement qui fut aiguë dans ces années-là.

Ma mère avait disparu. Elle m'avait déposé là et elle était repartie le diable seul savait où. Elle voyageait, je m'en suis aperçu en retrouvant de la correspondance, tout un paquet de lettres, de cartes postales dans les débris du naufrage de mon existence. Au début je n'ai pas eu ni l'envie ni le courage de fouillasser là-dedans mais y avait des timbres, les dates... le cachet de la poste... elle avait été se traîner en Espagne, en Autriche, en Hollande... sur la Côte d'Azur... Elle recevait aussi des lettres de mecs qui trafiquaient je ne sais quoi, aux quatre coins du monde, Bogota... Santiago... Hanoi... Nous étions à l'apogée de l'Empire colonial français. À l'école sur la carte, il était en rose, je me souviens. Y avait intérêt à le connaître sous toutes ses latitudes, sinon on se prenait des coups de règle sur les doigts. En 1931 l'exposition de la porte de Vincennes avait éclaté de tous ses feux. On y allait voir danser les Cambodgiennes, les nègres bariolés... les Marocaines voilées tortiller du bide. Bon temps où les chômeurs pouvaient s'engager dans l'Infanterie de marine ou la Légion pour voir du pays aux frais de princesse Marianne.

Elle réapparaissait de temps en temps ma maman nouvelle... toujours fringante... coquette... toujours les jupes courtes... les petits bibis à la mode. Elle nous amenait le nerf de la guerre, le petit pognon pour qu'on survive, qu'on se sustente. Ma grand-mère je l'entendais se plaindre de la vie chère... que les commerçants lui faisaient pas de cadeaux... un refrain qu'on entend partout depuis toujours... c'est pas les cartes de crédit, le paiement à puce qui peuvent y changer grand-chose. Elle restait parfois deux trois jours, elle couchait dans le même lit que sa mère. Moi j'étais sur une sorte de divan, qu'on repliait dans la journée. J'avais du mal à me faire à cette nouvelle vie... je ne pouvais plus ouvrir la porte et me retrouver en plein air avec Marquis le clébard, aller de l'autre côté de la route barboter dans le fossé... me rouler dans la luzerne.

Ma grand-mère était si brave, si gentille qu'elle m'avait vite sinon consolé, du moins apprivoisé. J'allais dans le couloir, sur le palier où ça grouillait de petits David, Isaac, Simon, Jacob et les petites Rachel, Sarah, Rébecca ou Ruth... Ils ne m'ont pas trop fait sentir que j'étais un étranger en quelque sorte avec ma tignasse blonde comme un petit boche. Il est vrai qu'on n'en était pas encore à l'époque d'Hitler et puis mon accent c'était celui d'un cul-terreux des bords de la Louaire... je roulais les r... ça la fout mal à Paris. Très rapidos je me suis laissé entraîner sur la jactance en savate, à devenir gros bec, comme on disait alors pour cibler l'accent des parigots. Les petits David et les Rachel et les Jacob, eux ils avaient déjà plus le même accent que leurs parents, ils étaient devenus têtes de chien parisiens. Plus tard au cours d'un voyage en Israël, dans un bus à Tel-Aviv, j'ai repéré comme ça à l'accent deux Juifs natifs de Paris, ils s'étaient pas débarrassés de l'accent de Pantruche. Ça nous a permis de fraterniser.

On jouait à quoi ? Aux billes, à des bricolages... les

jouets n'étaient pas débordants, variés, envahissants comme aujourd'hui où ils sont devenus une pièce essentielle de notre économie. À la Dezonnière on se les fabriquait nous-mêmes, nos jeux, avec des planches, des branches, des ficelles. En était-on moins heureux? je ne saurais dire. En tout cas ce qui nous rend malheureux, c'est surtout l'envie. Nos vitrines, nos écrans de télé, nos magazines nous offrent de quoi se gorger de haine lorsqu'on ne peut pas satisfaire à la sollicitation.

Dans mes tiroirs à souvenirs, ces petits Juifs, je ne les distingue plus très bien les uns des autres. Ils sont noirauds, crépus, chamailleurs, braillards. Je me débrouille avec eux comme je me débrouillerai plus tard avec tous les autres... les ploucs, les voyous, les malades et même les gens de lettres. Après la guerre, ma grand-mère a appris par une des vieilles de l'hôtel avec laquelle elle était restée en relation, que certains d'entre eux... le petit David, tu te rappelles?... les boches l'ont emmené et il est jamais revenu... la famille de Sarah non plus... le père... le gros qui reniflait tout le temps, la mère qui faisait des gâteaux... tous leurs gosses eux aussi étaient devenus de la nuit et du brouillard. Je les avais déjà oubliés moi, on ne s'était pas fréquentés assez longtemps pour qu'ils se gravent dans ma mémoire.

J'ai été aussi à l'école près de la caserne Dupleix. Il ne m'en reste rien, mis à part le b.a.-ba... Je me rappelle surtout les cavaliers qui passaient sur la place... le bruit des sabots des chevaux sur le pavé. Il arrivait qu'ils jouent en même temps de la trompette. Tout ça se mêle avec des odeurs de crottin, d'encrier, de craie... des images un peu floues... un instituteur barbichu avec des lorgnons... Un gros nez avec une verrue. De ma fenêtre je regardais l'avenue... le tramway... les chanteurs qui vendaient leurs petits formats accompagnés de l'accordéoniste. Les badauds les entouraient, reprenaient en chœur.

Si l'on ne s'était pas connu l'amour ne serait pas venu.

Simple à retenir et d'une évidence que le plus obtus pouvait s'offrir dans sa petite cervelle. On me posait des questions : « Qu'est-ce qu'il fait ton papa ? » J'avais bien un papa, n'est-ce pas, comme les petits Juifs de l'immeuble... comme tous les petits garçons bien sûr. À l'école on m'interrogeait. Il me semble que je me suis tout de suite défendu en racontant que mon papa il était à la campagne. Ça me paraissait logique, mon dab faisait pousser le blé, l'avoine et les pommes de terre dans le Loiret. Je sentais d'instinct que ça ne collait pas ma réponse... que Blanche n'était pas ma mère, qu'Auguste n'était pas mon père. Mais je préférais répondre ça, un mensonge dont je n'avais pas bien conscience... peut-être simplement déjà pour qu'on me foute la paix.

J'étais tout de même secret de nature, replié d'une certaine façon. Ne m'est pas venue l'idée de demander à ma grand-mère ce qu'il fallait répondre. De mon poste d'observation à la fenêtre, il m'arrivait d'apercevoir ma mère qui sortait d'une voiture, qui faisait des adieux, des petites bises à l'homme au volant. Je savais aussi que ça pouvait pas être mon paternel, sinon il serait tout de même monté pour voir comment j'étais, voir un peu ma frimousse. Virevolte, maman trottinait vers l'hôtel, elle avait des sacs, des paquets, surtout ça qui m'intéressait, savoir s'il y avait un quelque chose pour moi dans un de ces paquets... des bonbons, un jouet... le dernier numéro de *L'Épatant* où je m'initiais à l'arnaque avec mes premiers directeurs de conscience... Filochard, Ribouldingue et Croquignol... mes chers Pieds nickelés. Ça restait pourtant comme une étrangère cette jeune femme qui venait me voir en coup de vent. La différence d'âge y faisait, elle ressemblait plus à une grande sœur, elle n'avait guère que dix-sept ans de plus que moi, ça existe dans bien des familles des différences de cet ordre entre frères et sœurs.

Chez les Juifs la tribu des Ephraïm au bout du couloir, qui s'entassait à six ou sept dans une piaule, il y avait un grand frère qui venait... un moustachu déjà marié alors que la plus jeune de ses frangines têtait l'énorme nichon de sa mère. J'allais aussi voir Ruth à l'étage au-dessous. Y avait un phonographe chez elle... un Paul Beuscher avec un pavillon et la manivelle pour remonter la mécanique. Disques à saphir. Ses parents invitaient parfois ma grand-mère pour écouter André Baugé, le chanteur lyrique alors en renom... devenu aussi vedette du Châtelet... coqueluche de ces dames...

Ce matin le ciel est en fête... le gai soleil brille pour nous!

Ça c'était bien avant Tino... quand il est apparu cézig, quelques années plus tard, avec sa guitare d'amour, André Baugé n'eut plus qu'à aller se rhabiller chez Plumeau. C'était ce qu'on disait alors. Allez chez les Grecs c'était autre chose... tout est nuancé, les mots, les expressions, les blagues verbales vous arrivent avant qu'on ne les comprenne exactement, qu'on les décortique. Elles font rire, elles font tilt, on les repère à plaisir. Tout le reste n'est que philologie.

Ma grand-mère n'avait pas pu s'occuper de moi plus tôt parce qu'elle était employée de maison comme on ne disait pas encore... elle faisait la femme de chambre, la bonniche, la gardeuse de mômes chez des bourgeois. Elle arrivait vers la vieillesse comme ça dans cet hôtel, en bout d'un parcours assez difficile. La retraite, je crois que ça n'existait pas encore dans cette profession. Et d'ailleurs elle ne s'était placée *chez les autres* qu'après qu'Alphonse mon grand-dab eut déserté le foyer conjugal. Il s'était évaporé celui-là avec des dettes au cul en compagnie d'une créature... une putasse quelconque. Question de cet Alphonse Ier (je ne suis que le deuxième de la dynastie), je vais tenter de vous reconstituer sa carrière là encore petit à petit... avec ce qui me revient dans la tête, ce que j'entendais la Mémé dire à ses copines, les allusions qu'elle balançait à sa fille et puis par la suite ce qu'elle a bien voulu me raconter. Ça la prenait avec les reproches quand je me suis mis à déconner à l'école... un peu partout... que j'étais le portrait craché de mon grand-père... aussi instable, fantasque, déroutant que lui.

Son truc c'était les inventions, l'époque était propice dans les débuts du siècle, ça carburait de tous les côtés, la mode était à la science qui devait nous apporter le bonheur sur terre, nous délivrer du dieu « travail ». Elle a si bien réussi que ça se transforme peu à peu en l'univers du chômage pour tous. Il avait bricolé Alphonse Ier un tas de machins, de machines... des supports chaussettes révolutionnaires, des combustibles de remplacement pendant l'intelligente guerre 14-18... des presse-purée, des boutons de manchettes, des coupe-ongles lumineux, des jouets mécaniques. En tout dernier il avait mis au point ce plan lumineux du métro qui est toujours utilisé. L'astuce... qu'on appuie sur le bouton correspondant à la station où l'on veut se rendre et immédiatement des petites lampes de couleurs diverses vous donnent la marche à suivre, les stations où il faut changer.

Un monde lui aussi d'une grande férocité celui de l'invention. Les grosses boîtes écrasant les malheureux qui se pointent avec leur brevet. On les étudie, on les refuse et il ne reste plus ensuite qu'à les confier à leurs bureaux d'études qui apportent de quoi le modifier... une petite astuce, une amélioration quelconque qui permet de s'approprier la découverte. Le tour est joué. Le minablos, il peut bien sûr faire appel à notre bonne maman la justice. Il y laissera jusqu'à sa dernière chemise, son calcif et son dentier. La firme, la grosse boîte... n'est-ce pas... elle peut par des artifices de procédure faire durer le différend *ad vitam aeternam*. Elle a le nerf de la guerre, tout le fric qu'il faut pour payer tous les avocats, les appels, les cassations...

rejet de ceci-cela, les conclusions. Elle peut remettre la gomme, intenter un autre procès pour abus de tout ce qu'on veut... Mise en demeure. S'il est sage et tout résigné d'avance, le petit génie des new casseroles, des bretelles à musique, il accepte... il se contente d'un chéqueton qui ressemble à une aumône. Rare pourtant qu'il aille à Canossa... c'est une race de têtus les inventeurs, sûre de ses droits. Il est fier... il ne baisse son froc que si c'est grâce à un système extraordinaire qu'il a mis au point pendant des jours, des nuits, des mois en se privant de café au lait. Perdu d'avance, on va le retrouver sous les ponts de Paris cézig... ou de la Loire s'il est tourangeau... vaticinant sur sa géniale découverte, devenu tellement loquedu que plus personne ne voudra le croire. Au mieux il deviendra un camelot de la rigolade, un personnage folklorique... Nestor... Dudule ou Nonosse... dont se souviendront plus tard les potaches dans leurs radoteries de viocards.

L'Alphonse Ier, je ne l'ai vu que sur une photographie qui a disparu je ne sais quand... envolée... comme tout s'envole au vent du temps... les robes de mariée, les pucelages, les plus beaux serments, tous les discours de nos grands hommes !... En tout cas, il avait une barbe en pointe mon aïeul, il était grand puisque sur cette photo de groupe, il dominait les autres d'une demi-tête. Les hommes avaient tous des cols durs... cellulo... cravate... moustaches en pointe, les cheveux coupés court avec la raie au milieu... tous endimanchés pour se faire tirer le portrait... les dames avec des chapeaux imposants. Je n'ai pas idée de l'endroit où on avait pris ce cliché... Y avait, il me semble, rien derrière le groupe, aucun décor identifiable. Je ne savais pas pourquoi, non plus, ils étaient là, groupés... ce qu'ils célébraient... un mariage, un anniversaire sans doute... pas un enterrement, à ce que je me souviens... ils avaient pas des mines d'obsèques.

Alphonse Ier avait eu des ambitions. D'après ce que

j'ai cru comprendre il avait travaillé comme dessinateur industriel. À Montceau-les-Mines... une situasse enviable pour l'époque et la région où la misère ouvrière était à peu près celle dépeinte par Zola dans *Germinal*. Il était devenu grâce à son travail, son ingéniosité, ses compétences ce qu'on appelait alors un Monsieur. C'est-à-dire un homme qui ne s'esquintait pas les pognes dans le cambouis ou dans la glaise. Costard, chemise blanche, pieds propres. Une promotion.

« On avait tout pour être heureux », disait ma grand-mère en soupirant. Seulement le hic, Phonphonse il avait la bougeotte, des ambitions excessives. Je crois qu'il s'est heurté avec la direction de son entreprise, son usine à propos d'une innovation qu'il avait mise au point et qu'on lui a refusée. Claqué la lourde. On se reverra, il allait tous les faire ramper ces minables ! On s'est pas revus. Lutte du poids plume contre le poids lourd. Il a monté je ne sais quoi, des bureaux d'études à lui. Il s'est lancé dans des affaires et il n'avait pas les épaules pour soutenir tout seul les mille concurrences. Pour prendre son envol il était monté à Paris où il n'est *bon bec que de...* avec femme et enfant puisque je me suis aperçu sur les paperasses officielles que ma mère était née à Montceau-les-Mines. Ce qui s'est passé exact, les détails de cette galère... j'ai pas pu les reconstituer. L'essentiel est de savoir qu'il n'était pas seulement inventeur le grand-dab. Ç'aurait suffi pour le ruiner, mais quand les affaires ne tournaient pas, qu'il était à sec, il avait mis au point dans ses diverses cogitations une martingale, ou des martingales pour domestiquer le hasard... alors il allait se refaire la cerise sur les champs de courses ou dans je ne sais quel cercle de flambe.

Ça lui arrivait de gagner comme à tous les joueurs. Là c'était la joie, la foiridon. Mais pas forcément pour sa chère et douce épouse, il était paraît-il plutôt séduisant, l'œil enjôleur... bien sanglé dans ses costumes *sur mesure,* ça lui offrait de divines occases pour trousser les grands cotillons de la Belle Époque. Champagne pour tout le monde ! Il tenait aussi sérieux sa place à la biberonnade mais tant va la coupe aux lèvres, ça vous perturbe l'esprit... ça ruine les ménages... les enfants trinquent... l'État nous gronde sur les affiches mais ça ne l'empêche pas d'empocher sur les alcools la part du chacal. C'était la pente savonneuse... il glissait ce grand-père Alphonse peu à peu... Tout de même il se raccrochait, il avait des ressources d'imagination, longtemps il a trouvé le moyen, les forces pour repartir... de remettre la gomme, réinventer, projeter... emprunter du fric, se couper en six... bondir à droite à gauche.

– Même des femmes lui ont prêté de l'argent !

Preuve, effectivement, qu'il avait du charme et du répondant dans les hauteurs de son pantalon. Prêter à cézig, c'était pure perte, en hommage probable à ses dons amoureux. Les belles personnes – ou moins belles je ne sais – ne pouvaient pas se bercer d'illusions. Les bagatelles du plumard, ça n'a pas de prix. On se rembourse parfois très longtemps après avec des souvenirs. Après tout dans notre vallée larmoyante, au bout du rouleau, il ne nous restera de positif... le pourquoi on est venu là... que ces instants de plaisir... de magiques obscénités. On n'a que des instants sur terre... plus ou moins courts de bonheur – appelez ça comme vous voulez –, de douleur aussi... de courage... de honte... de cruauté... de tout ce qu'on veut. Mais juste des passages, des séquences, des moments, on est jamais en continuité. Ça n'existe pas... le courageux, le lâche... l'heureux, le connard. Il a ses périodes, les bonnes il s'en pourlèche, s'en vante, se les photographie en Technicolor... les mauvaises, il se les planque comme il va aux chiottes se soulager... peut-être vice suprême se repaître de ses mauvaises odeurs.

Me revoici rebarré en philosophade. Ça ne devrait pas m'être autorisé, j'ai pas fait les études pour. Ceux qui les ont faites, ils vous retapissent vite fait, vous n'avez le genre, le jargon approprié, les tics, les tacs de la coterie... alors comment qu'ils vont vous bordurer, vous jeter aux chiens, aux ténèbres extérieures !

Ça a duré des années ces pérégrinations d'Alphonse 1er... Des hauts des bas... plus en plus de bas bien entendu. Pas être grand clerc romancier, Balzac réincarné pour vous bâtir la trame de ce scénario. Le dernier épisode c'est la créature, la putasse qui lui est montée à la tête, qui lui est devenue sans doute indispensable pour ses érections fléchissantes. Jusque-là il avait surtout fait des frasques... des aventures fugitives de quelques semaines, quelques mois au maximum et voilà, arrive mademoiselle Pétasse... Nini Poufiasse. Elle tombe sûrement au bon moment, puisqu'il va disparaître en laissant des dettes, des ardoises partout qui frisent l'escroquerie. Pfuit ! évaporé l'ancêtre... ! Par lâcheté, folie, désespoir peut-être.

Comment le juger aujourd'hui soixante-dix ou quatre-vingts ans plus tard. Les éléments du dossier je ne les ai pas et ce n'est pas à moi de tirer une morale de tout ça. Enfin je suppose que c'était un faible, bien sûr... la faiblesse vous conduit au pire plus certainement que la méchanceté ou la violence.

Elle a su, ma grand-mère, juste avant la nouvelle guerre fraîche et joyeuse de 1939, qu'il était décédé à Montevideo je crois... enfin dans une ville d'Amérique latine. Ce qu'il avait été foutre là-bas ? J'imagine qu'il a clamsé de dénuement... la pire mistouille peut-être, comment aurait-il pu en être autrement ? Même vioquissant il avait conservé au chaud de son âme ses petits vices mignons. Le pire de tous : le flambe. Devenu clodo, le joueur va risquer le produit de sa mendicité aux courtines ou à même le trottoir sur un coup de dés. Je vous mets ça en scène, bien sûr, aujourd'hui comment pourrait-on lancer les bobs sur un trottoir à Paris ? On serait tôt fait réduit bouillie sous les roues d'un de ces camions qui ne s'arrêteront jamais.

Bref sur les trottoirs de Buenos Aires ou de Montevideo, il a été rendre son âme le bel Alphonse, cet ancêtre que j'aurais bien voulu connaître pour vous le portraiturer grand format... vous reproduire sa jactance, sa petite zizique, tâter un peu de son pouvoir maléfique. Ça ressortait des propos de ma grand-mère qu'il en jetait, qu'il n'avait qu'à se pointer quelque part, un café, un salon, un compartiment de train, pour mettre du gibier dans son carnier. On l'invitait un peu partout because sa conversation paraît-il brillante... qu'il savait tout, tranchait tout (en attendant l'opportunité de trancher les mignonnes en des couches clandestines), qu'il valsait aussi comme personne. En définitive ma pauvre Mémé, elle l'a bien pleuré quand elle a appris sa mort. Elle s'est demandé s'il n'avait pas trop souffert. Tout était possible à imaginer... toutes les maladies..., en ces terres quasi sauvages, on attrape le choléra, la lèpre, la tuberculose... plus certainement la vérole avec ces femmes de mauvaise vie qui pullulent.

– Il a peut-être été mangé par une bête... un crocodile...

Ça c'était une suggestion d'une bonne amie, une petite femme maigrichonne, Alice elle s'appelait... des yeux globuleux, une tignasse tirant sur le roux, un pauvre sourire dans un visage émacié. Presque toutes les relations de la Mémé lui venaient de sa période ancillaire... d'anciennes cuisinières, femmes de chambre... quelques larbins mâles aussi... Je vous les présenterai dans la mesure des possibilités de ma mémoire.

En tout cas cette hypothèse d'Alice que le grand dab se soit fait dévorer par un alligator, ça la révulsait... les larmes lui venaient. Son Alphonse, par-delà la mort, les années passées depuis sa disparition, il continuait le salopard à lui en faire verser. Et ça ne changerait pas jusqu'à son dernier souffle. Il l'avait trahie pourtant, bafouée de toutes les façons imaginables... maintes fois il lui avait retourné son sac à main, embarqué les économies mensuelles du ménage pour aller les placer sur l'outsider qui devait gagner in the pocket à Longchamp.

Ça lui revenait un peu au fur et à mesure des années, les anecdotes... les récits de ses coups fourrés... elle en avait une collection de quoi remplir une épaisse biographie de ce valeureux inventeur. Pusillanime je n'écoutais que d'une oreille inattentive...ça me paraissait du radotage, ces histoires flétries, des renvois d'existence meurtrie. J'étais déjà depuis plusieurs années, depuis qu'on était dans le XIIIe, à autre chose... mes copains, nos entreprises glandilleuses, nos conflits avec les mômes de la rue voisine, des sales dégueulasses de ritals qu'on allait dérouiller très prochainement. Ça occupe, la guerre, les grands comme les petits... Ça vous bouffe toute la tronche.

Si j'avais pu me douter qu'un jour je gagnerais mon steack-frites en tartinant des pages d'écriture, je serais resté plus souvent à bien écouter les récits en mode lamento de ma grand-mère. Je pourrais à présent en confectionner un véritable roman comme on en fait plus... avec des amours, des gonzesses enlevées, encoïtées dans des garçonnières Art déco. Alphonse 1er diable et archange à la fois comme tous les suborneurs. Ça me poserait enfin dans la presse féminine. Elle se dévergonde sec depuis quelque temps... « Êtes-vous salopes ? » « Comment pratiquez-vous la fellation ? » « Éprouvez-vous du plaisir pendant la sodomie ? » Des questions qui se posent pleine page... avec des graphiques, des pourcentages... les conseils du professeur Braquemart... témoignages de nos top modèles à soixante-cinq mille dollars... les confessions de nos vedettes du petit et grand écran, de nos écrivaines renommées. On se demande jusqu'où iront-elles trop loin nos compagnes ? Reste tout de même que les affaires de sentiment poursuivent comme si de rien n'était leur bonne femme de chemin. On fourgue tout, même les vieilles histoires en romans-photos... rien n'est perdu pour qui sait attendrir les cœurs.

Pendant mon enfance ça babillait plutôt dans les nuances, les dames, les mémères... On usait ses fonds de jupe sur les banquettes des métaphores. Un chat c'était un minou dans les périodes audacieuses. On parlait des *avantages* d'un monsieur, de sa beauté cachée... ce qui voulait dire son zob en jargon de caserne et se dit aujourd'hui pénis chez le psy.

Probable qu'Alphonse 1er avait trempé le sien en moult connasses. Comment lui donner tort, à présent réduit charogne et osselets je ne sais où, ça l'avancerait à pas lerche d'avoir mené une vie ascétique.

Après la disparition de son mari, ma grand-mère sa fillette sur les bras, sans aucune ressource, endettée jusqu'au trognon, elle a été se placer comme domestique. Visage avenant, maintien modeste, excellente présentation... sachant coudre, cuisiner, cirer, blanchir et repasser... l'éducation des jeunes filles d'autrefois, sous la férule d'un papa barbu à deux branches qui fut chef de gare d'une petite station auvergnate sous le Second Empire, elle a trouvé du travail, tout d'abord comme aide chambrière chez je ne sais quelle dame du monde, puis quelque temps plus tard chez un général célèbre... un glorieux de la Grande Guerre. De réputation c'était un sanglant, un louchébem en quelque sorte... son infanterie fallait qu'elle passe... et puis trépasse. Il entassait les pantalons rouges sur les tuniques bleues... avec le sang qui coulait à flots, les tuniques rougissaient aussi. Coûte que coûte il avait pour mission de bouter le boche hors de nos frontières et il s'y employait sans trop se fatiguer la stratégie. Il attaquait... une vague... deux vagues... les morts s'entassaient et les survivants parvenaient jusqu'à la tranchée que les ennemis avaient abandonnée pour limiter les pertes.

À remarquer comme ces ennemis sont très souvent moins stupides que les Français réputés pourtant le peuple le plus intelligent du monde. Nous sommes plutôt cocorico va-t-en-guerre, on la ramène, on sort dehors et on se fait dérouiller salement comme à la der des ders. On en arrive pourtant, par la suite, à souffler dans les trompettes de la victoire dans le camp des vainqueurs.

Celui-là ce général Z... mettons... il a des statues partout, des avenues et des boulevards dans tout l'Hexagone. On ne le célèbre plus autant aujourd'hui... à la longue il a rejoint Faidherbe, Gouvion-Saint-Cyr, le beau Masséna, Ney l'Enfant sacré de la Victoire et la casquette du père Bugeaud... Ça ne dit plus grand-chose aux adolescents du rock... au baccalauréat ils les confondent avec Bayard, Du Guesclin et Roland à Roncevaux. Toujours est-il qu'à cette époque – celle où ma grand-mère était à son service – c'était une culotte de peau de première bourre. Il se pavanait un peu partout... jambes arquées, stick... kébour au ras des sourcils... le menton en avant, la moustagache en furie... caricature rêvée pour les amateurs de gueules de vache.

Beau s'escrimer du crayon nos caricaturistes d'à présent, ils sont obligés d'inventer... de forcer le trait, nos militaires actuels de haut rang sont devenus à peu près ENA de tronche, d'allure, de propos. À la guerre du Golfe on aurait dit précisément qu'ils en revenaient du golf, de faire leurs dix-huit trous. Le style de Z... est bien lointain... tout à fait dans la ringardise, comme disent les gens à la page. Dans le privé il était pire si possible que dans le service. Il menait son monde à la baguette (et pas de pain)...

sa moitié la générale Z... née Crosse d'Aubin, et toute sa marmaille. Jusqu'à un âge fort avancé il l'engrossait régulièrement. Un de pondu... à peine remise de ses couches, hop ! sabre au clair. « Gabrielle écartez vos cuisses nom de petit bonhomme ! » Et il refaisait un carton... une marmote, un autre petit Z... il préférait les garçons, ça devient un jour des soldats. Ça lui faisait une progéniture dans les dix douze descendants. Pour cela que je me méfie, il doit en rester... des petits-enfants et des arrière qui portent encore la casaque et qui ont hérité de leur ancêtre sa hargne, ils m'enverraient du papier bleu si je révélais le blase de leur bel aïeul.

Cette nombreuse famille vivait à Marly-le-Roy dans une coquette résidence, allait à l'école chrétienne, à la messe, et personne n'ouvrait son claque-merde lorsque le général revenait de mission. Depuis la fin des hostilités, il s'ennuyait le général Z... L'état-major ou le gouvernement l'avait un peu mis sur la touche. En dehors de commander les massacres, il était bon à nib... il inspectait les casernements, il faisait des rapports, il traînait ses bottes dans les garnisons. Verdun lui manquait comme la Villa Médicis aux artistes.

La domesticité n'existait pas pour lui. Juste un coup d'œil en passant... larbins et larbines le saluaient sans trop oser lever les yeux sur sa glorieuse poitrine constellée de décorations. N'empêche les valets, les femmes de chambre, les chauffeurs de maître, ils gaffent sévère, ils savent petit à petit tout sur leurs patrons. C'est la rançon de se faire servir, on est épié, on ne fait pas le moindre écart de geste ou de langage sans qu'il soit enregistré. Les paroles ne s'envolent jamais, la valetaille enregistre tout... se garde des meilleurs morceaux dans sa mémoire servile. En voie d'extinction aussi la gent domestique. Au début du siècle le moindre petit bourgeois se payait une bonniche qu'il nourrissait de ses restes et faisait dormir dans une mansarde glacée.

Ma grand-mère, il me semble, n'avait travaillé que chez des vrais riches, dans des grandes maisons où le sort des employés était un peu plus enviable. Mais le général Z... avait des oursins dans la giberne. Gabrielle était d'une famille fortunée, elle lui avait amené une dot confortable, seulement pas question de dilapider son avoir, en gueuletons et fanfreluches. Les larbins, il les traitait comme des recrues de caserne... l'horaire strict et la tambouille des roulantes.

Restait Baboulou, l'ordonnance... un Gabonais de fière allure... toutes dents blanches hors de sa face noire. Il arrivait dans les décors pour les brusquer, tout mettre sens dessus dessous. Tous les droits il avait cézig. Le général lui passait tout. Dès qu'ils n'étaient plus en public, il lui parlait plus suavement qu'à son épouse.

On a déjà entravé la poloche et les domestiques aussi... que ce preux guerrier, dans ses débuts de carrière aux colonies, il avait attrapé des drôles de mœurs... tout à fait contre nature... que son régal de braguette, ou de fion ou des deux, c'était le gourdin en peau de réglisse. Ça se murmurait dans les cantines, les mess, les réunions d'état-major. Chez les gens bien on ne s'appesantissait pas là-dessus, on faisait semblant d'ignorer ce petit travers comme on occultait sciemment la pédophilie de nombreux ecclésiastiques.

« Le général adore son ordonnance ! » Que c'était la planque pour celui-là parce que habituellement notre héros étoilé les consommait plutôt dans les batailles, les nègres à chéchia. « Y a bon général ! » Lorsqu'ils arrivaient, les quelques veinards rescapés jusqu'à la tranchée ennemie, ils achevaient leur besogne patriotique au coupe-coupe. C'était une espèce de grosse serpe, bien aiguisée... d'une dimension prévue pour cisailler une tête. Le soldat éduqué comme il faut, vous coupait cabèche d'un seul coup. Slaf ! Et il se l'attachait au ceinturon comme trophée... ça lui valait des médailles, des félicitations du colonel. « Nos vaillants Sénégalais à la reconquête de l'Alsace-Lorraine. » Ça faisait des titres élogieux dans la presse.

Enfin Baboulou, il avait pas besoin de coupe-coupe pour être honoré de son chef. Quand il venait à Marly, il avait sa propre chambre et le général, bottes retirées, sur la pointe des panards, en robe de chambre allait le rejoindre. Beau être ultra-précautionneux, les larbinos, ils étaient au coup... les portes qui s'entrebaîllaient, les esgourdes se tendaient... La sodomie n'est jamais tout à fait muette. En propos, ragots de cuistances, ils jugeaient que c'était dégueulasse, une honte... des dépravations pareilles, surtout avec un négro ! N'empêche qu'ils s'en pourléchaient de cette situation. Ils en parlaient encore bien longtemps après lorsque le général était enterré avec tous les honneurs dus à son passé glorieux... le président Lebrun en tête du cortège avec le maréchal Pétain et peut-être même le colonel de Gaulle parmi les militaires qui suivaient le convoi funèbre aux Invalides.

Alice qui n'avait pas servi, elle, chez le général Z..., ça l'intéressait au plus haut point les récits de ma grand-mère. Elle se posait la question de savoir comment la comtesse née Crosse d'Aubin avait pu supporter pareilles turpitudes sous son toit. Là, l'explication est toute limpide... « Gabrielle, écartez vos cuisses, nom de Dieu ! » point si sotte s'apercevait bien que le général lui faisait des infidélités, mais, restant dans le schéma classique, elle supputait qu'il allait s'offrir les bonniches... et ça, ça ne tirait (si j'ose dire) pas à conséquence. Dans les couples bourgeois pourvus de domesticité, monsieur avait une sorte de droit de cuissage. C'était inscrit dans le grand livre des meilleurs usages. Si la femme de chambre ou la nurse était accorte... n'est-ce pas... ça lui était duraille de refuser le don de la bibite à papa... quasi impossible si elle voulait garder sa place. Quand c'était le grand fils de la maison, l'adolescent boutonneux, elle pouvait y trouver son compte de plaisir... d'amour... à s'entretenir dans les spleens... les illusions d'une mésalliance.

Ça s'est retourné contre ma grand-mère, les frasques pédaleuses du général. La comtesse s'est petit à petit persuadée que c'était elle que son cher et tendre époux allait retrouver la nuit en lousdoc. Pas question qu'elle s'abaisse à aller les surprendre. Ça ne se faisait pas... tant que les bonniches n'étaient pas en cloque on fermait les yeux. En cas d'accident, elles prenaient la lourde d'autor. Ça n'avait donc pas eu de conséquences immédiates pour Anne, ma grand-mère, simplement la taulière est devenue acerbe, un peu plus mesquine, soupçonneuse sur les morceaux de sucre. Un aspect habituel de la condition ancillaire... on la soupçonne de trop bâfrer, de s'arsouiller la glotte aux frais de la princesse. J'ai entendu moult anecdotes à ce sujet... les anciennes qui venaient en visite un peu plus tard lorsque nous fûmes dans le XIIIe à la porte d'Italie. Elle évoquait telle ou telle patronne qui chinait sur la nourriture, qui pesait elle-même la viande, le beurre, qui triait la camelote pour laisser aux esclaves les poires blettes, les résidus, les moisissures.

On ne peut pas généraliser, mais dans l'ensemble c'était pas un univers de générosité et de joie.

Par les autres larbins, leurs confidences, la Mémé a appris que le général et le fier Baboulou se faisaient des gâteries interdites... Ce n'était pas une femme à concevoir des choses pareilles, elle en avait vu ou plutôt subodoré de sévères avec son Alphonse, mais ces histoires « contre nature » ça dépassait son entendement. Elle avait reçu une éducation d'une sévérité dont on n'a plus idée, chez des frangines, des dames de l'Assomption où son papa le chef de gare l'avait placée en internat. Le peu qu'elle en disait ne donne pas l'envie rétrospective d'y aller voir.

On se pose la question, le pourquoi d'une telle façon

de traiter les enfants au nom du Christ et de la Sainte Mère l'Église. Nos curetons actuels renient tout ça d'un trait de plume comme nos bons professeurs marxistes renient saint Staline et ses œuvres. Ça paraîtrait plus équitable que tous ces gens assument l'héritage de la secte. Ça serait demander aux hommes d'avoir la mémoire pas trop sélective... Le Pérou !

Cette belle époque dont on nous serine le french cancan, si on n'était pas du côté du manche fallait se la transpirer, à la glèbe, l'usine, la mine ou en de multiples larbineries. Les nantis s'en donnaient dans des proportions incroyables fallait donc que les autres, la sordide populace, on la dresse dès son plus jeune âge. Toute une curaillerie s'y employait. Auguste il avait tort de nous faire couaquer le curé de la Dezonnière. Il ne pouvait se douter qu'on ne se débarrasse de curés qu'avec d'autres curés sous de nouveaux déguisements mais d'une virulence accrue précisément par la nouveauté... On a toujours Tartuffe au premier rang, au sommet de la pyramide. Il est si bien travesti, la peau tirée, l'œil et la bouche en crispation de philanthropie... il dissimule si bien son jeu qu'il faut vraiment être en quart depuis toujours pour détecter l'imposteur, se le visionner sans fioriture.

Je vais vous lâcher les escarpins avec le général Z..., sa gloire et ses œuvres de chair. Plus grand lerche à ajouter. On trouve son portrait dans les enclyclopédies, les livres d'histoire de la Grande Guerre. Combien de temps ma grand-mère est-elle restée à son service ? Rien ne permet d'avancer un chiffre, mais d'après la densité de ses évocations, ce que je grappillais dans mes esgourdes ça tourne autour de quatre ou cinq longues années... n'est-ce pas... sans trêve, sans vacances. Juste quelques minuscules congés pour aller à Trappes voir sa fillette, elle aussi placée comme sa maman autrefois chez des religieuses. Une institution dont ma mère restera marquée toute son existence. Oh ! pas dans le sens de la sainteté. La discipline des frangines avait provoqué l'effet contraire... le rejet total ! Dès qu'elle avait pu se faire la levure à seize ans si je calcule bien, ç'avait été pour vivre enfin... respirer autre chose que l'odeur d'encens et de soupes aigres. On lui apprenait m'a-t-elle raconté, une prière du soir où il fallait comparer son lit à un cercueil, ses draps à un linceul. Déjà que les dortoirs n'étaient pas chauffés ça vous plongeait les enfants de dix ou treize ans dans l'effroi... de quoi s'encafarder pour le restant de leurs jours.

Ceci explique sans doute la suite... qu'elle ait voulu s'offrir tout ce qu'elle pouvait attraper de bon le plus rapidement possible. Pas si facile, le chemin là encore est semé d'embûches... D'après des paperasses que j'ai retrouvées, elle a travaillé comme vendeuse dans un magasin de confection... quartier de la Chaussée-d'Antin. Certificat jauni de bons et loyaux services. C'est daté de 1924. Après que dalle, plus aucune trace de boulot. Je suis parvenu sur la planète juste après... la date est dans le *Quid*, ça me fait une belle bite ! Y a un tournant, là, une période où quelque chose d'important s'est joué. Faut se remettre dans le bain de l'époque, ce qui était un affreux drame naguère aujourd'hui n'a plus d'objet. Sans l'accent, le folklore, les comédiens, les pièces et les films de Marcel Pagnol sombreraient dans le ridicule. Faut bien les cibler dans les mœurs du temps. Avec la pilule ou l'avortement légal, je n'aurais certainement pas le loisir de vous orner l'esprit avec mes œuvres quasi complètes. Mais était-ce bien nécessaire ?

Ça reste toujours un mystère ma conception, ma naissance. Si ma mère n'a jamais voulu m'en parler c'est que ça lui pesait. Pourquoi ? Je ne sais... et je ne fais aucune supposition dans un bon ou mauvais sens. Au bout presque de ma trajectoire je trouve ça plutôt positif ; je n'ai pas eu à me conformer à quoi que ce soit et je n'avais aucune disposition pour rougir de honte ou de mépris. Ma devise : Je m'en fous !

Mon dab c'est peut-être n'importe qui, n'importe quel passant... c'est peut-être un truand, un marlou quelconque. Ou alors un aristocrate, un *monsieur* bien sous tous rapports. Un homme connu... un grossium et qu'il fallait pas importuner avec ses calembredaines de jeunesse. Ce que ça cache ? Tous les cas de figures sont possibles et je ne m'en suis fabriqué aucune comme certains mômes de l'Assistance, certains enfants naturels qui se font des pères en Espagne, si possible dans un château.

On lance – qui ? – les dés sur le tapis du destin, ç'aurait pu tourner plus mal. J'avais ouvert les yeux à la Dezonnière et c'était une chance. Tombé chez des loquedus péquenots ivrognes et sadiques tout eût été différent... bien pire sans doute.

4.

Mademoiselle ma mère

Me voilà donc à l'hôtel meublé avec les Juifs... avenue de La Motte-Picquet au coin du boulevard de Grenelle. J'allais pas avoir bien le temps de m'y accoutumer, d'emmagasiner beaucoup de souvenirs. Ça reste dans le vague ces petits potes, David, Simon... Les révélations du cul vous marquent davantage. Une nommée Sarah nous montrait sa petite fente, pendant qu'elle était aux gogues pour pisser. Elle ne fermait pas la porte et avec ses frères on venait l'ouvrir, rigoler... elle nous engueulait, menaçait de tout rapporter à ses parents... mais s'en gardait bien, la petite salope... elle attendait la fois suivante, elle prenait son temps c'était devenu une espièglerie dont on ne se lassait pas. Preuve qu'on était dans la bonne direction, qu'on aurait des mœurs tout à fait naturelles.

Me reviennent aussi des invitations sans doute à prendre le thé chez les uns et les autres, j'y accompagnais ma grand-mère et il me reste comme papa Proust des odeurs, des arrière-goûts de sucreries orientales dans le fond de la gorge. Habitué à mes nourritures de terroir... le lard, les soupes au chou... les civets de lapin de Blanche, je ne suis jamais parvenu à m'en extirper, je garde une méfiance olfactive pour les explorations culinaires, les plats parfumés aux herbes exotiques. Les savants de la nouvelle cuisine n'arrivent pas à me décrocher du calendos et du sifflard. Parenthèse encore. À vrai dire on ne vit peut-être qu'entre parenthèses.

Il me reste aussi la rue du Commerce avec ses marchandes de quatre-saisons... toutes images qu'on retrouve dans les albums de nostalgie. Le chevrier qui promenait ses biquettes dans la rue... qui rameutait les clients au flutiau pour vendre ses fromages. Ça paraît lointain... lointain mais je le revois, je l'aimais bien, il me ramenait dans ma cambrousse. La fête foraine s'installait sous le métro aérien boulevard de Grenelle. Ma mère en visite m'y emmenait. On gagnait des kilos de sucre à la loterie, ce qui vous donne une petite idée du niveau de vie dans le populo en casquette qui se pressait autour des baraques. Significatif aussi, dans une cage on nous présentait un authentique anthropophage de l'Afrique centrale. Un nègre qui gagnait sa vie en s'exhibant en pagne tout bariolé de blanc et de rouge et qui poussait des cris, des grognements, si on s'approchait trop près des barreaux, pour faire peur aux enfants. Je fus témoin de ce genre de spectacle... j'ai sans doute eu les jetons comme les autres.

Il me restait plus maintenant qu'à plonger dans le XIIIe, vers la porte de Choisy où les sirènes de l'usine Panhard et Levassor ponctuaient la vie des habitants.

Ce quartier était le plus prolétaire de la capitale, un secteur où le parti communiste au moment du Front populaire avait récolté aux élections le plus fort pourcentage de voix de toute la France. Notre député André Marty était une célébrité de la IIIe Internationale. Il s'était mutiné sur un bateau de guerre en mer Noire en 1918 et ça, ça lui servait d'oriflamme, d'affiche, de titre de gloire. Par la suite le Parti ne lui a pas été très reconnaissant d'avoir si bien servi la cause, la défense des travailleurs... on l'a bien oublié ce Marty... son procès de Moscou en plein Paris en 1952. Il aurait pu comme bien d'autres se couler en lousdoc vers une mort paisible, entouré de l'affection de tous les militants, avec la couronne du Général-président à ses obsèques. Sans doute s'était-il permis de mauvaises réflexions au comité central. On disait qu'il était un peu foldingue, d'un abord difficile, un caractère lunatique... qu'en Espagne pendant la guerre civile où il commandait les Brigades internationales, il avait fait liquider tous ceux qui lui déplaisaient... anarchistes, trotskistes et même ceux qu'il envoyait dans les lignes franquistes en mission de repérage. Au retour il les faisait fusiller, sous prétexte qu'ils avaient pu être contaminés par la peste fasciste. En définitive il avait le culot, lui, de réaliser les phantasmes qui trottent dans la plupart des têtes politiques qui veulent nous conduire vers un monde meilleur. Leur idéal c'est toujours le Père Ubu.

Je devais encore avoir mon accent du Loiret, d'autant que je venais d'y passer deux mois de vacances l'été précédent. Ça allait être ma récompense, la façon de me faire travailler à l'école... que si mes notes étaient mauvaises je n'irais pas à la Dezonnière. Les mômes du quartier, eux ils jaspinaient déjà l'argot, ils traînassaient de la savate le long des phrases. Au début, à l'école avenue de Choisy, ils se foutaient de ma gueule quand je récitais « Le Corbeau et le Renard »... je les faisais marrer. On se gausse toujours de ce qui n'est pas conforme et quoi de plus conformiste que les enfants. Contrairement à une idée reçue, c'est en vieillissant qu'on devient parfois un peu original... qu'on se construit dans sa tête un univers un peu différent, qu'on baise les idées en levrette. Et d'ailleurs y a pas tellement à en faire état, ça ne peut que vous valoir des désagréments, des crachats de la foule, des quolibets radiophoniques. L'hypocrite de base doit simplement être attentif à suivre les évolutions de la mode.

En ce temps où je vous remonte, le conformisme n'était pas tout à fait le même qu'aujourd'hui... On était machiste, raciste, sexiste... et, en toute liberté, en toute candeur. Même dans le quartier où il valait mieux être sinon communiste tout du moins socialiste SFIO... les propos dans les troquets, sur les marchés, dans les cours et les loges de concepige, si on avait pu les enregistrer et se les passer aujourd'hui au magnétophone ça surprendrait les sociologues, les psy en tout genre, mâles et femelles.

Fissa je me suis défargué de mes tics de langage bouseux. « J'en voulons point... bouère un coup... la bouèle à la Marie... Fi de garce d'enfant de putain ! » Toutes ces expressions me venaient d'Auguste. « Merde ! merde merde ! » Je me faisais taper sur les doigts lorsqu'elles me sortaient de la bouche et c'était pas une image, mademoiselle Picard qui nous apprenait à lire au cours préparatoire, quand on éructait des gros mots on se récoltait des coups de règle et on allait au piquet, au coin de classe, les mains sur la nuque comme des prisonniers de guerre.

C'était une fille de forte corpulence, aux traits épais à la voix rauque. À me la remémorer, je la cible un peu chez les goudous avec ses cheveux courts, sa façon de se fringuer hommasse... Pas impossible qu'elle ait croqué de la gousse d'ail (expression argotique pour définir les dames ayant le goût des autres dames), mais nous n'avions pas encore, les morveux, notion de toutes ces nuances de la sexualité au cours élémentaire. On avait des blouses noires qui se boutonnaient dans le dos... des cartables en carton bouilli... de l'encre plein les doigts... des chandelles qui nous sortaient des narines et qu'on faisait remonter en reniflant. Les récrés étaient une succession de cris stridents... une volière de petits piafs qui couraient dans tous les sens. Sans mobile apparent... juste le besoin de s'ébattre, se battre aussi. C'était parmi nos meilleures distractions se foutre sur la gueule. C'était l'école du peuple... la communale... où on allait s'éduquer à devenir de bonnes pommes d'électeurs, de bons travailleurs pour nos usines... les plus doués, les plus méritants aux chemins de fer ou aux PTT. Ma grand-mère ça lui paraissait l'idéal ça que j'entre un jour aux chemins de fer, aux postes ou dans la gendarmerie pourquoi pas. Celle-ci m'a paru très vite une carrière plutôt révulsive à envisager. Aux jeux dans la cour de l'école ou dans la rue, je me préférais dans le camp des voleurs que dans celui de la maréchaussée, ça me paraissait plus marrant.

Nous étions maintenant dans un logis moins précaire que l'hôtel meublé de l'avenue de La Motte-Picquet. On avait deux pièces... une chambre et une salle à manger-cuisine. Ça paraissait grand au début et puis ça s'est rempli d'un mobilier Galeries Barbès, d'un tas de fournitments... bibelots 1900 qu'affectionnait ma grand-mère, et puis aussi une cuisinière comac... pour se faire la tortore et se chauffer. Luxe suprême, le sol était recouvert de linoléum bariolé. Pas question de salle de bains, ni de chauffage central. On avait cependant déjà l'électricité. Pas si mal dans cette petite rue près de la voie de chemin de fer de la Petite Ceinture où bien des gens s'éclairaient encore au gaz.

Voilà, les pavés ronds sur la chaussée, le bistrot d'Anatole en bas, les petits commerces d'épicerie, charcuterie, boucherie... la marchande de parapluies en face. Au bout de la rue une bâtisse en démolition entourée d'une palissade qui nous servait, à nous les mômes, de refuge, PC de guerre, planque idéale pour nos trésors... pour nos jeux parfois scabreux lorsqu'on y entraînait les filles. Enfin du scabreux d'avant-guerre, du touche-pipi, de la bébête à s'admirer quand elle commençait à grossir, durcir, se redresser vers le ciel pour remercier le dieu Éros.

Au-dessus de tout ça, l'usine Panhard et Levassor où les papas allaient au turbin pour faire becter tous ces oiseaux, oiselles toujours la gueule ouverte et les fringues en lambeaux.

Les fins de mois étaient difficiles, les commerçants

faisaient du croume, du crédit, bien forcé. Et puis il y avait la vinasse, les troquets s'enrichissaient à entretenir le vice du pauvre... Je vais pas revenir sur mon pote Musique, aujourd'hui dix pieds sous terre, son daron le célèbre Tataouine. J'en ai parlé ailleurs.

Ici je veux souligner un autre aspect des choses. Ce qui se tramait, se superposait dans ma petite vie... s'imbriquait et dont jusqu'ici je n'avais pas bien cherché à démêler l'écheveau.

Ça leur a paru bizarre ma situation aux voisins avec cette maman qui venait comme ça sans coup férir... qui laissait des traces de parfum dans les escaliers où habituellement ça reniflait plutôt le chou-fleur. On était au premier étage... n'empêche... elle passait pas inaperçue. C'était, je vous ai dit, la fête quand elle s'amenait... surtout si elle avait gagné aux courtines à Auteuil ou à Vincennes. Là, elle faisait le plein de victuailles, de confiseries, d'illustrés et de fringues. Ma grand-mère ça la désolait ces incursions dans les hippodromes... ça lui rappelait trop Alphonse Ier... la ruine que ça représente ce péché qui n'est pas répertorié parmi les sept capitaux on se demande pourquoi !

Tous les loquedus des environs, les pue-la-sueur... les électeurs du camarade Marty et surtout leurs épouses, les mamans de mes petits camarades de classe, ils ont eu vite fait de cataloguer ma jolie daronne. On me posait des questions vicelardes à l'occase : « Mais qu'est-ce qu'elle fait ta maman ? » au début je disais je sais pas et puis elle m'a dit de répondre qu'elle était modiste... qu'elle travaillait du chapeau. Ça expliquait le pourquoi elle mettait des bibis sur la tronche et qu'elle virevoltait dans des robes, des jupes de bonne coupe sur des guibolles gainées de soie. Et les pompes... les talons... les sacs à main... je vous dis pas !

– Ça marche bien dans son métier à votre fille...

On ne disait pas votre demoiselle... on se retenait, mais il parvenait du courrier, des paperasses officielles où elle était pas désignée madame, ma mère. Beau être en milieu ouvrier, les préjugés étaient les mêmes, aussi tenaces que partout. Pour les us et coutumes, les prolétaires femelles elles étaient aussi coinçaresses que des bourgeoises de Passy.

Comment dire... je ressentais la situation plus difficile, compliquée... d'une façon plus aiguë qu'à la Dezonnière. Que j'étais pas tout à fait pareil que les autres garnements du coin! Bah!... Heureux je vous ai dit que je n'avais pas trop de dispositions pour souffrir de ça... de ma *différence* comme on rabâche aujourd'hui.

À l'école, on m'a demandé, la maîtresse ou le direlo, je ne sais... ce que faisait mon papa. Je savais pas encore me protéger efficacement avec le mensonge, j'ai répondu qu'il était mort à la guerre. Comme j'étais né en 1925, ça a dû le laisser pantois le directeur (ou la maîtresse). On ne m'a plus rien demandé dans ce domaine et ça n'a pas eu de conséquence. Côté école on m'a foutu une paix de rentier. Sans doute les enseignants avaient-ils eu des cas semblables et qu'ils avaient pour consigne de ne pas trop touiller dans la marmite infernale.

Ma grand-mère, elle... elle s'est fait admettre un peu partout, chez les commères, les boutiquiers... les pipelettes du voisinage. Elle était tellement polie, gracieuse avec tout le monde, elle payait ses commissions sans rechigner, pas rubis mais piécette sur l'ongle... on ne pouvait donc pas lui balancer les vannes méchants. Le fiel était en réserve pour les conversations de derrière le dos. Ça devait y aller... on devait la plaindre d'avoir une fille pareille qui vivait d'expédients. Et quels expédients... je ne vous dis pas, madame Bertrand!

Ça a dû se corser davantage lorsque monsieur Émile

est venu à la maison. Un homme que j'ai classé dans les vieux, les pépères dès que je l'ai aperçu avec ses cheveux gris en brosse. Maintenant que je suis devenu bien plus blanc de la chevelure, je ne le trouve plus si blet ce m'sieu Émile. Il avait peut-être cinquante piges... un gilet, une chaîne de montre, costard bleu rayé. Il se mettait des lunettes sur le bout du nez lorsqu'il voulait lire. Pourquoi celui-là venait-il jusqu'ici. C'était le premier. C'était quoi comme mec ? Une sorte de chef de bureau, chef de rayon... un fonctionnaire.

– Dis bonjour à m'sieu Émile.

Il m'a embrassé cet Émile. Moi, ça me plaisait pas tellement les baisers d'homme, ça me piquait, ils puaient le tabac en général. Papa Auguste, ça lui arrivait rarement... quand j'avais quitté la Dezonnière, il m'avait gratifié sur les joues, de sa moustache affectueuse, et il était resté longtemps sur le seuil de la maison à me regarder m'éloigner avec ma mère qui traînait ma valoche.

M'sieu Émile, bien sûr je le trouvai antipathique d'emblée... j'ai cherché un prétexte pour filer dans la rue où m'attendait ma bande, c'est-à-dire quelques garnements, les plus avancés dans la voyouterie auxquels j'avais fini par imposer mes quatre volontés. Par la suite, on me le reprochera toujours cet ascendant sur mes potes... que je les entraînais aux larcins, aux coups pendables et beaucoup plus tard chez les juges, ça me désignera comme le principal responsable, chef de bande, principal instigateur des malfaisances... J'anticipe... M'sieu Émile il est revenu prendre le café, chercher ma mère. Il avait pas d'automobile, lui... À comparer il me semblait moins rutilant que les autres bonshommes qui se pointaient en torpédo à la Dezonnière. Ceux-là je ne les revois qu'en silhouette dans la brume de ma mémoire enfantine. Peut-être suis-je influencé, abusé par des clichetons que j'ai vus dans les films, les photographies des albums consacrés aux années folles.

Du temps déjà avait passé. Deux ans, trois ans ?... On était, à ce moment où apparaît m'sieu Émile, déjà implanté dans le quartier. J'y avais déjà mes habitudes, je jaspinais comme un vrai petit Parisien. Je me voulais à présent parigot tête de veau... sans pour autant dans le fond de mon cœur renier ma bouse du Gâtinais. Je cloisonnais... je redevenais plouc sitôt en vacances. Même au bout de plusieurs visites, il me mettait toujours mal à l'aise m'sieu Émile, il est vrai qu'il était embarrassé de ses gestes... Sans doute que je le gênais aussi, avec mon regard de môme un peu farouche. Il a essayé de m'apprivoiser en me refilant une petite pièce pour ma tirelire. « Dis merci à m'sieu Émile ! » Bien forcé de le gratifier d'une bise. Il venait déjeuner parfois, ma grand-mère mettait ses petits plats dans les grands. Pour la circonstance, on faisait rôtir un poulet. Vu l'époque c'était le fin du fin, le luxe de se taper un poulet dans nos quartiers. Moi ça me surprenait. Blanche à la Dezonnière, elle achetait rarement de la viande, mais en revanche elle puisait dans les volailles de sa basse-cour et puis les lapins dans leur cage. J'avais jamais jusqu'alors becté à la table qui recule. La soupe était toujours épaisse, les tartines larges, avec le fromage de nos chèvres, les fruits et les légumes du jardin. Depuis que je vivais avec ma grand-mère, elle, elle faisait des miracles de pain perdu, panade, de ces recettes qu'elle avait apprises dans sa jeunesse en Auvergne. Elle savait utiliser au mieux tous les restes, mais l'un dans l'autre, ma dabe ramenait de quoi subvenir à nos besoins.

Voilà qui cisaille tous les jugements de la morale. Eût-il mieux valu une mère vertueuse qui nous aurait laissés claquer de la dalle ? Peu à peu j'ai entravé le système. À m'sieu Émile, ont succédé m'sieu Marcel, m'sieu Édouard... plus ou moins vioques, moins gris, moins gros... moins gras du bide, moins déplumés. Elle faisait pas dans les super-grossiums mais c'étaient des hommes assez à l'aise dans leurs godasses. J'ai compris sans qu'on ait besoin de me faire la leçon qu'il ne fallait pas parler de l'un devant l'autre... que je devais être poli, me débarbouiller un peu la tronche, me laver les pognes lors de leurs visites.

Je ne sais trop ce que les commères déduisaient de tout ça. De moi-même j'ai dit que m'sieu Émile était mon tonton à la teinturière madame Delème. Celle-là elle tranchait dans le lot des commères du secteur... C'était une veuve quadragénaire aux formes opulentes, l'œil vif... une épaisse toison brune. Visible qu'elle savait capter elle aussi la gent masculine... Elle était toujours maquillée, pimpante, bien attifée de robes aux couleurs seyantes à son teint. J'aimais son odeur quand elle m'agrafait sur le pas de sa porte. Elle avait une fille, un peu plus âgée que moi, dans les douze treize ans. En grandissant elle est devenue superbe Marie-Louise... une réelle beauté qui m'a poussé à mes premières branlettes le soir dans mon lit dépliant... Elle avait toujours des jupes amples, gonflantes, je m'imaginais qu'elle me les soulevait pour moi tout seul. J'étais alors beaucoup trop mignard pour l'intéresser cette jolie môme quand elle avoisinait les dix-huit berges. Sa mère la couvait d'autant plus qu'elle était de santé fragile. Au début de la guerre elle a disparu. Madame Delème a raconté qu'elle était à la campagne pour être mieux nourrie... échapper aux restrictions. La réalité... elle était tubarde, l'adorable Marie-Louise. On disait poitrinaire comme dans les romans. Dans le petit peuple ça se cachait la tuberculose... ça faisait peur comme le sida d'aujourd'hui. Toujours est-il qu'elle en a calanché de sa tubardise, la fille de la teinturière. Pendant l'Occupation c'était préférable d'attraper d'autres microbes que le bacille de Koch... celui du patriotisme par exemple. On en réchappait parfois et après on recevait des récompenses, des médailles qui ne veulent plus rien dire... qu'on nous les aurait données en chocolat nous en eussions eu au moins un peu de plaisir sur le bout de la langue.

Madame Delème, en tout cas, ça l'a fait gracieusement sourire ce tonton. Elle, elle était pas malveillante. On colportait d'ailleurs, de loge en escalier et en fond de cour, qu'elle s'envoyait parfois en l'air avec un bien nommé, fournisseur, un jeune homme qui venait avec une serviette en cuir lui proposer des détachants. Elle retirait le bec-de-cane pour mieux apprécier sans doute l'efficacité de ce que lui proposait cet aimable représentant.

Tout ça, j'en ai tiré les grands traits quand je fus en âge de comprendre les us et coutumes du quartier... ses petits mystères... les ragots cuits à l'étouffée... les rires de derrière les rideaux.

Madame Delème, elle balançait des petits vannes mais elle s'amusait plutôt de la situation... les mémères des alentours la blâmaient sans doute d'être si désinvolte, de prendre la vie sans se la coincer comme elles-mêmes avec des préjugés imbéciles. Après la mort de sa fille, elle a vieilli d'un seul coup... La teinturerie ne marchait plus pendant la guerre... elle est partie un jour sans qu'on s'en aperçoive. Il ne reste d'elle qu'un gentil sourire et la silhouette gracieuse de Marie-Louise.

S'est posé alors le problème de mon éducation chrétienne. Ma grand-mère, malgré tout ce qu'elle avait enduré des frangines, elle était restée croyante, elle allait le dimanche à la messe. Dans son sac à main elle avait toujours un chapelet. La miséricorde divine ne l'avait pas tellement gâtée. N'empêche le pli était pris depuis son enfance. Que je ne sois pas encore baptisé ça la tracassait, elle trouvait ça dangereux... au cas où il m'arriverait quelque chose, n'est-ce pas... nib de Paradis ! Mon âme encore bien pure pourtant serait allée je ne sais où... dans les limbes subir une punition tout à fait inique.

Ma mère se préoccupait moins de mon âme, mais elle voyait pas d'inconvénient à ce que j'aille au cathéchisme pour faire ma première communion.

– Ça ne peut pas lui faire de mal.

Voire. À première vue bien sûr les curetons ne vous inculquent pas des principes qui peuvent vous conduire à l'abbaye de Monte-à-Regrets (...la guillotine en langage académique...) ... mais les esprits timorés, malléables ça les coince sérieux... surtout que l'essentiel de cette éducation chrétienne consistait principalement à contrôler nos mauvais penchants. C'est-à-dire... les sexuels... le grand péché c'était la chair. Curieuse aberration que de vouloir empêcher l'instinct le plus impérieux de s'épanouir. À moins que ce ne soit d'un point de vue plus élevé, plus politique, pour favoriser la régularisation de la vie sociale, nous empêcher dès la plus tendre adolescence de procréer tous azimuts.

L'église à côté c'était Saint-Hippolyte. Elle dominait le quartier avec son clocheton. Une bâtisse pas très attrayante, du gothique revu par le XIXe siècle... On dirait une sorte d'église anglicane. Elle existe toujours, mais à présent elle est perdue dans les tours, les buildings pleins de chinetoques. Faut vraiment avoir envie de prier pour la dégauchir.

Derrière, il y avait le patronage. Il exerçait une certaine fascination sur les jeunots... on y jouait au basket-ball et l'équipe des grands était championne de Paris. Ça fabriquait des chrétiens plus que le vieil harmonium de l'église. Les parents ça les arrangeait de refiler leur marmaille au patronage les jeudis et les dimanches. Pour être équitable, faut reconnaître que les vicaires de la paroisse nous foutaient une paix quasi totale... quelques moniteurs choisis parmi les plus âgés nous organisaient des jeux, des parties de foulard, des concours où l'on gagnait des illustrés bien pensants... des livres d'images... quelquefois des coupes, des médailles en bronze.

Moi, ce qui me bottait le plus c'était la séance de cinoche organisée par le vicaire avec son appareil Pathé Baby. Il nous passait des Charlot, Laurel et Hardy... les meilleurs, ceux du cinéma muet. Question rigolade, humour on n'a pas encore fait mieux. J'en revois parfois aux télévises, ça me fait une bouffée d'enfance à me respirer. La pelloche a vieilli, on a ajouté à ces courts métrages des musiques plus ou moins appropriées, elles n'arrivent pas à en abîmer le charme.

Reste qu'avant d'accéder aux joies du patronage fallait que je passe à la rincette des fonts baptismaux. Le curé de la paroisse lorsqu'il a appris qu'un petit garçon de neuf ans n'était pas encore baptisé, il a voulu voir ma mère... lui demander des explications, la chapitrer sur son inconscience. Ma dabuche fine mouche, qui connaissait l'engeance curetonne, pour la circonstance, elle a dû se modérer dans la toilette, choisir des fringues qui ne pavoisent pas dans le style pécheresse. Vite fait, elle l'a jaugé libidineux ce digne ecclésiastique... son regard appuyé... son sourire doucereux.

– On devrait vous fouetter sur la place publique, pour avoir laissé cet enfant dans les ténèbres extérieures.

Là, elle s'est pas démontée... bien plus tard elle m'a rapporté sa réplique texto : « Si y a que ça pour vous faire plaisir, monsieur le curé. » Elle ajoutait que c'était peut-être lui, ce vicelard, qui aurait voulu goûter un peu de chat à neuf queues. Comment s'était terminé leur entretien ?... Ça, elle ne me l'a pas dit... Résultat c'est que je fus admis à une espèce de cours de rattrapage. À dix ans, quand on vous baptise, il faut avoir quelques rudiments de la doctrine chrétienne, savoir que Dieu est infiniment bon, qu'il est divisé en trois personnes, et qu'il a laissé son Fils aller se faire clouer sur la croix pour nous sauver d'aller nous masturber dans les chiottes.

Le lecteur doit s'interroger sur mes réactions lorsque je fus conduit, confronté de près avec ces personnages en noir, ces affreux ratichons qu'Auguste nous faisait croaquer lorsqu'ils passaient sur la route juchés sur leur bécane. Ça me remontait comme des renvois d'hachis Parmentier les croa ! Il me foutait les grelots, le prêtre, j'en menais pas excessif lorsque je me suis glissé dans la salle du catéchisme, je me suis fait le plus minuscule possible. Difficile, j'étais déjà un grand au milieu des plus petits qui apprenaient les rudiments de la Bonne Parole. Fort heureux j'avais une mémoire d'éléphanteau et je pigeais assez vite ce qu'on attendait de moi. Une aptitude naturelle, je vous ai déjà dit *à faire semblant*, je m'y suis très vite appliqué. Ça s'est enregistré bien net tout ce que nous bonimentait le cureton... le catéchisme... l'Histoire sainte, j'ai assimilé tout ça un peu comme les tables de multiplication qui conduisent rarement au mysticisme. Par la suite on m'a sélectionné pour la chorale... chanter la messe, les cantiques. J'avais alors une jolie voix à ce qu'il paraît. À la messe, on s'ennuie, la chorale c'est divertissant, ça me déplaisait pas de chanter l'*Agnus Dei*... d'autant qu'on glanait ensuite des petits gâteaux, bonbons ou piécettes. Quant à mon baptême, il ne m'a pas laissé un souvenir intense, il a fallu que je réponde moi-même aux questions que le prêtre pose en général aux parrain et marraine qui étaient tout de même indispensables. Ma mère avait quelques amies... des dames à professions indéterminées qui venaient parfois à la maison pour papoter, se faire des confidences... jouer à la belote... L'une d'elles se prénommait Paulette, une blonde un peu rondouillarde, l'œil clair... toujours des frisettes fraîches, sapée dans le genre tapageur. Dans la rue, elle avait tout de suite fait florès avec son renard, son galure à voilette... se tordant les guibolles entre les pavés juchée sur ses hauts talons. C'est elle qui devait devenir ma marraine, veiller théoriquement sur mon éducation chrétienne.

Un après-midi, un dimanche ma mère m'a emmené chez Paulette, dans le Ve vers le Jardin des Plantes. Un curieux endroit, une sorte de petit pavillon au fond d'une courette fleurie... un ensemble genre XVIIIe... Y avait comme du mystère dans l'air avant même de parvenir à la maisonnette. Et là-dedans, c'était tout feutré, coussins, couffins, du rose et du bleu tendre. Une sorte de petit salon mignon. Paulette était là avec deux amies tout à fait fringuées de fanfreluches quasi transparentes... de la soie, des choses vaporeuses et parfumées. L'accueil alors dans l'affection débordante. Paulette présentait son futur filleul à ses amies... qui devaient se prénommer Mimi ou Loulou ou Cathou... diminutifs prometteurs de volupté.

Elles m'ont trouvé tout à fait beau, mignon, elles ont gloussé pas mal à mon sujet. Elles, elles me voyaient un bel avenir, pas comme à l'école où m'sieur Morel l'instituteur de ma nouvelle classe me prédisait la prison pour quelques peccadilles et aussi pour ma paresse, dont je parlerai plus loin puisque j'en suis aux confessions. Paulette et ses louloutes voyaient les choses autrement. Que je pouvais me défendre sans connaître les verbes irréguliers, ni la géométrie dans l'espace. J'éprouvais des sensations bizarres. Je me trouvais bien là, j'étais dans de suaves odeurs... au plein du plein de la chatterie.

– Faut pas être timide comme ça... on va pas te manger.

Certes je n'étais pas encore en âge d'être sucé, mais j'étais bien gêné à mes entournures de petit petzouille. Je me suis assis près de maman sur un sofa. Sur une table basse on servait le thé, les petits gâteaux. Paulette a été me faire du chocolat et on m'a gavé de confiture.

Je me rendais bien compte que j'étais là dans un univers tout à fait à part... qu'il flottait dans l'air des vapeurs de ce que les curés appelaient le péché contre le VIe commandement. Que faisaient-elles ces aimables personnes, là, dans ce boudoir ? Le point d'interrogation c'est celui du gosse que j'étais. C'était encore dans le vague tout ça... vague mais agréable... attirant, d'un mystère fascinant. Elles me caressaient dans le sens du poil. Elles me posaient des questions et mes réponses les faisaient pouffer, glousser. Au bout d'un moment, bien sûr, j'en ai eu ma claque. Je regrettai déjà la rue, mes petits potes ou je ne sais quelle séance de cinoche au patronage.

Voilà, on avait présenté le petit Alphonse aux employées de Paulette. On disait pour être bien élevé madame Paulette. Elles aussi, elles étaient toutes modistes. C'était en somme leur atelier. Y avait pas beaucoup de chapeaux, de plumes, de formes, d'outils de travail, repassage... etc. dans cet endroit. Un chat, je l'oubliais, un superbe siamois qui se faisait peloter de main en main. Un petit escalier au fond encagé... un colimaçon... Où conduisait-il ? Je me posais pas trop la question. Par la suite, j'ai déduit qu'il aboutissait aux chambres. Ça devait être là qu'elles travaillaient ces mignonnes... du chapeau... à moins que...

Le dimanche, elles faisaient relâche probablement. Quand j'ai eu bien entravé la coupure quelques années plus tard, ça ne m'a pas tant torturé mais je ne sais pourquoi j'ai gommé tout ça... comme des choses qui ne me regardaient pas. J'y suis revenu quelquefois... les employées de madame Paulette, ma marraine, changeaient souvent mais j'étais reçu toujours dans les grâces, les plus aimables compliments... « Ce qu'il a grandi ! Il est encore plus beau que la dernière fois ! Plus tard tu vas toutes les tomber ! » Pour me préparer à mon avenir, on me glissait quelques biffetons dans la poche. La pente fatale qui pouvait me conduire à faire un métier peu fatigant et tout de même assez lucratif. Je regimbais... dans le fond, j'avais besoin de quoi au juste ?... d'aller jeter ma gourme autrement... me casser les dents sur des morceaux plus coriaces... me confirmer en des combats sûrement douteux mais plus exaltants.

Mon parrain je ne l'avais vu que deux ou trois fois, monsieur André, un homme d'un certain âge aussi. Duraille de le cerner, il était dans les affaires. Ça pose, mais ça peut recouvrir bien des activités. Il me semble que ma mère à ce moment-là a délaissé quelques messieurs pour se consacrer uniquement à lui.

Bien soigné, brossé de sa personne... des costards bonne coupe avec des gilets de couleur, une frime un peu dure dans la mâchoire... le fond de l'œil. Pourquoi ce fut-il lui mon parrain ? Il avait pas l'air spécialement, non plus, porté sur la religion. Pas très loquace, il observait les gens, les choses autour de lui avec une attention soutenue. Autre détail il fumait le cigare, ça le posait plutôt genre mec à l'aise dans ses pompes. Pour mon baptême, il avait retenu une salle au premier, chez Marty en bas des Gobelins. C'était le seul restaurant luxueux du quartier. Paulette ma marraine avait amené ses pouliches. Une véritable volière. Caquetages, petits cris... une rigolade joyeuse. Ça fusait de plaisanteries que je n'étais pas à même d'apprécier dans les entournures mais c'était pas dans la tonalité de la cérémonie à l'église... du sacrement qui faisait de mézig un petit chrétien. Ma grand-mère s'est presque mise au diapason avec son amie Alice la couturière... la Berthe Ploernec... quelques autres. En réfléchissant aujourd'hui, je reste encore perplexe de ce curieux mélange entre la religion et les activités de ce qu'il faut bien appeler la débauche.

Ça me paraissait poser aucun problème à personne dans cet aréopage. Ma grand-mère classait les gens surtout selon leur bonne ou mauvaise présentation. Elle en était arrivée à une complicité totale avec sa fille qui se prénommait sur l'état civil « Thérèse », mais se faisait appeler « Micheline ». Ça devait être un nom à la mode de l'époque. On en est arrivé maintenant à un complet renversement. Les bonniches de 1920, c'était des Julie, des Sophie, Charlotte, Amélie... qui sont à présent des patronymes quasi smarts. Pour les prénoms masculins... même mouvement ; Arthur affuble de gentils petits garçons de la bonne bourgeoisie. C'était dans mon enfance du Loiret, Arthur, un blase de croquant... Tutur, le commis du boucher... le poivrot du canton. J'espère bien qu'avant d'aller régaler les asticots de ma triste carcasse, j'aurai le bonheur de voir Alphonse réhabilité, remis au bon goût sur les plages réservées de Saint-Trop !

Monsieur André, était le seul homme avec moi dans cette assemblée, visible il trônait, on lui adressait la parole avec une certaine déférence. Beau être mignard, je respirais la vape. Je commençais bien à tout comprendre dans les grandes lignes et surtout que j'avais intérêt à être le plus discret possible, à bien fermer ma petite gueule... à répéter juste ce qu'on me disait de dire. Il a dû compter un peu dans la vie de ma daronne, ce m'sieur André. J'ai retrouvé une correspondance que je ne me suis permis de lire que bien plus tard, lorsque tout ça était devenu des fleurs séchées entre les pages du livre de la vie. Et encore par simple curiosité, sans que j'en sois spécialement ému. Question style épistolaire amoureux, il était pas à classer dans les romantiques éperdus, m'sieur André, il se contentait d'une formule en fin de bafouille... Je pense à toi... à ton corps merveilleux... à nos nuits... etc. Tendres baisers et bonne santé...

Il voyageait pas mal, ce qui explique dans cette correspondance des cartes postales d'Espagne, de Grèce, de Londres, de Berlin. Parfois ma mère devait l'accompagner et c'était à nous d'en recevoir. Je m'étais mis à les collectionner dans un bel album à reliure en cuir. Ça me faisait rêver les cartes postales en couleurs. Longtemps je n'ai eu de Nice, de la Côte d'Azur que ces images comme références, avec quelques films où l'on entendait les cigales. Ma mère d'ailleurs n'en recevait pas que de monsieur André des cartes postales. Ses amants, ses jules, ils bagottaient certains jusqu'en Argentine, au Venezuela... ça m'apprenait la géographie.

Elle recevait son courrier à la maison, mais la plupart du temps elle n'était pas là. Où vivait-elle exactement? J'ai jamais su comment ma grand-mère pouvait la joindre. On pouvait parfois lui téléphoner, fallait descendre chez Anatole, le troquet d'en bas, dans son arrière-boutique. Parmi les caisses de limonade, de bière, deux ou trois tonneaux de pinard, il avait, comble du progrès, un appareil téléphonique. Lorsqu'un locataire de l'immeuble recevait une communication... dans les cas d'urgence, Anatole lui-même, la visière de sa casquette penchée sur le devant de la tronche, peut-être pour ne pas trop pavoiser de son pif d'alcoolique... le tablier bleu autour du bide... il nous appelait du milieu de la rue.

– Mame Pélissier... téléphone!

Pélissier c'était le nom de jeune fille de ma grand-mère, elle l'avait repris depuis que le bel Alphonse s'était fait la levure. Pélissier dans les années trente, ça résonnait bicyclette chez tous les aficionados du Tour de France. Un trio de champions... les trois frères: Francis, Henri et Charles. Pour se faire une idée de leur renommée, il faudrait pour notre époque tripler Hinault... qu'il ait eu deux frangins aussi doués que lui. Ça rejaillissait sur la Mémé, on la croyait apparentée, elle avait beau démentir, ça rôdait dans les propos, dans les boutiques. Ça l'influençait tout de même. Les courses de vélo ne l'intéressaient que lorsque les Pélissier... Charles ou Francis étaient en course.

Je m'éloigne du sujet initial, les frères Pélissier ne font que passer... au sprint... voilà. Pour en revenir à ma dabuche, je restais en retrait à son égard, je n'arrivais pas à m'en faire une véritable mère comme celle de mes copains. Me revenait constamment l'image de Blanche avec son gros chignon de campagne qui se superposait. Je restais un peu à la godille dans mes sentiments... pas très expansif, caressant, bécoteur... Mon cœur, mon cœur où était-il? Je rôdais, je bagottais. Ma grand-mère me faisait plus office de daronne que ma véritable mère. Dans les représentations de l'époque, les livres scolaires, les mamans étaient asexuées... toujours vêtues de grandes jupes, de corsages sombres. J'arrivais pas à faire coller la mienne avec ces iconographies. Je m'introspecte à ce sujet, là, aujourd'hui sur mon papier quadrillé, sur le moment je vivais en clébard... jour le jour... Comme tous les gosses j'étais surtout attiré par la bande... les petites meutes, on y joue un rôle... on se fabrique un monde qui sort de nos illustrés, de nos bouquins... on s'y sent plus à l'aise, le monde des adultes nous rebute. On a raison, on y sera bien trop tôt et d'ailleurs bientôt, à l'adolescence, on va rejeter toutes nos défroques d'enfance pour se donner des airs... se hâter de vieillir. Ça semble aberrant mais ça doit surtout s'expliquer par le cul. Dès qu'on commence à se la sentir raide dans le calcif on n'a de cesse que d'aller le promener là où il a quelque chance de s'exprimer comme disent nos psy, nos savants. Ce qui implique de jouer pour de bon à l'homme... de s'y exercer.

Chaotique mon éducation... ça allait va je te pousse. La guerre est arrivée plus tard pour tout compliquer, fausser un peu plus les brèmes. J'étais destiné à quoi?... je me le demande encore. Les sages perspectives de ma grand-mère vers les postes, la gendarmerie, la SNCF, j'étais pas tout à fait sur les bons rails. À l'école je me prélassais dans les fonds de classes... une flemme qui me valait moult punitions. Il est vrai que très tôt je fus insomniaque... je restais des heures dans mon plumard à rêvasser, le lendemain je m'effondrais sur mon pupitre, j'étais dans les vapes. Personne ne se doutait de ça, je n'en parlais pas... toujours mon tempérament secret... rien dire... endurer... ça passera. Oui ça passe... ça vogue vers des tempêtes sans doute. Je me rattrapais en classe grâce à ma mémoire, je retenais les leçons, les récitations à toute vibure... les tables de multiplication, les problèmes... en quelques jours j'assimilais ce que les autres mettaient des semaines à se fourrer dans leur caboche. Lièvre de la fable j'étais... souvent pour faire mentir La Fontaine j'ai coiffé quelques tortues sur la ligne d'arrivée. La plupart du temps tout de même, j'avais trop de retard, je me retrouvais dans les arrières du classement en compagnie de bovidés coriaces.... des redoublants, retriplants... des ahuris... Cro-Magnons destinés aux plus bas travaux manuels. Parmi eux, on trouve bien sûr les graines de voyou, les futurs gibiers de correctionnelle, de cour d'assises...

Souvent je me suis souvenu de mes classes à la communale. Elles étaient l'exacte ébauche de nos places futures dans la société. Les bons élèves, les studieux on les retrouverait dans les placards de fonctionnaires, les chefs, les sous-chefs de bureau. L'ensemble était promis à l'usine et les derniers, les cancres, fort probable que parmi ceux-là j'ai retrouvé quelques spécimens de bandits de grand chemin. Avec des surprises puisque je me suis permis de passer des grands chemins, de la rubrique des faits divers, aux pages des belles lettres.

Premières armes dans ce domaine, je me suis mis vers dix, onze ans à fabriquer des petites bandes dessinées sur des cahiers de brouillon de cent pages. Histoires de brigands, d'explorateurs avec des personnages qui s'exprimaient dans les ballons, les petites bulles qui sortent de la bouche exactement à l'imitation des illustrés qui circulaient parmi nous. *Hop-là*! *L'Aventureux*! *Robinson!* Comme toute littérature commence par le plagiat, je m'inspirais de nos héros... Tarzan, Guy l'Éclair, Jim-la-Jungle... J'ai obtenu comme ça mes premiers succès d'estime... j'échangeais mes œuvres contre des billes, un pistolet Eurêka... de la réglisse en rouleau. C'était ça ma seule vocation, mon don de la nature...

De vive voix je racontais déjà des histoires et les copains m'écoutaient, m'en redemandaient. J'inventais ou je brodais en partant d'anecdotes plus ou moins véridiques. Le schéma était là... le même, il suffisait que je le perfectionne... passer de l'oral à l'écrit... et attendre que le temps ait fait son œuvre.

J'ai du mal à cerner le petit être que j'étais. J'écoutais, je retenais... j'avais un fond de gaieté et de tristesse à la fois. C'était plutôt la nuit quand je dormais pas que je mâchonnais dans la grisaille, l'intuition que la vie ne me réservait pas que de la rigolade. Superficiel je me le suis voulu... c'est une parade... un masque. Il faut rire, affronter les mauvais coups avec un certain détachement... une certaine dose d'ironie. Pas toujours commode... je m'y efforce... Ne pas donner prise aux mauvais sorts, à ceux qui ne vous veulent que des misères.

Je ne me sentais pas malheureux avec ma grand-mère qui était la gentillesse, la douceur mêmes. Une femme tout en indulgence, avec de la grâce... une façon de dire les choses qui vous aide. Je me reproche aujourd'hui... quarante ans après sa mort... de ne pas l'avoir aimée comme j'aurais dû, ne pas avoir été assez attentif à bien me la garder en mémoire comme une personne tout à fait exceptionnelle. Voilà. Je ne suis pas le seul à mâchonner pareilles réflexions au souvenir d'un parent. Ça doit être un lot un peu commun, couvrant cette carapace d'indifférence que se fabriquent les gosses. L'animal est là, au fond de nous... sitôt qu'on prend des ailes on se dépêche d'aller voler, voir un peu ailleurs ce qui se passe.

Le goût de l'aventure?... Diffus... on s'inventait des jungles, des savanes vagues avec mes petits potes. J'étais indien, j'étais cow-boy... j'étais Mandrin... déjà un certain penchant pour les bandits... Ça m'avait frappé ce nom-là, Mandrin... j'avais lu son épopée dans un illustré... et Cartouche aussi. Il y a des blases prédestinés, Cartouche difficile qu'il soit savant ou évêque... Comme plus tard... ceux que j'ai côtoyés au gnouf... Jo Attia, Feufeu, Boucheseiche... comment voulez-vous qu'ils agrémentent les rubriques de la vie mondaine?

Je n'ai pas tendance à croire à grand-chose... la prédestination, les lignes de la main... qu'on est venu au monde pour ceci... celle-là... Force m'est tout de même de constater que j'avais une curieuse trajectoire tracée d'avance... *Inch'Allah!* Je n'étais rien, même pas bouseux, c'était un premier accident de parcours la Dezonnière. Inconcevable que je retourne un jour là-bas pour herser, labourer, biner, ensemencer, moissonner avec Auguste. Aujourd'hui d'ailleurs c'est fini tout ça... tout ce petit monde autour d'une basse-cour, d'un tas de fumier, le coq qui vous réveille matin. Fini d'aller se barbouiller de mûres, de pêcher la grenouille avec un petit chiffon rouge. Dans ces premières années parisiennes pourtant, j'étais encore très imbibé de glaise... il m'en restait sur les galoches... Je retournais au comble du bonheur en juillet retrouver toutes les odeurs de mes premières années. C'était le moment où l'on coupait le blé, l'avoine... où la batteuse venait s'installer une journée dans le champ en face après la moisson. Je ne détaille pas, ça se trouve ce genre de tableautins dans des centaines de récits et mieux que je ne pourrais vous les brosser... Je garde de ces jours des rayons de soleil, de la poussière de balle d'avoine... et ça s'envole comme le reste.

5.

Larbins et tontons

Les relations de ma grand-mère je vous ai dit c'était presque exclusivement des anciens larbins et larbines... je dis anciens, mais certains étaient encore en place. Ils venaient la voir après lui avoir passé un petit mot, alors elle se mettait en frais, elle fabriquait un gâteau. Ça buvait je crois du café au lait... enfin les dames. Je les fuyais plutôt, c'est une race servile forcément... un peu haineuse, ça va de pair, et ragoteuse éperdument... Dès que j'en apercevais une, du bout de la rue... une femme de chambre de ceci, une ancienne cuisinière de maison... la mère Berthe, la Bretonne à tête de granit... je m'esbignais vite fait, j'avais des issues partout dans le secteur... j'allais me réfugier *aux planches*... on appelait comme ça la palissade qui entourait une maison en démolition au bout de la rue. Dans l'après-guerre je l'ai toujours vue dans le même état, jusqu'à ce que tout le pâté d'habitations soit rasé. Plus rien aujourd'hui... il n'y passe plus que des Chinois, encore des Chinois, toujours des chinetoques. Tout est devenu jaune dans ce quartier... même les Algériens se sont cassés. « On n'est plus chez nous », ils ont dit.

J'aurais dû – encore le refrain des regrets – aller me fourrer dans un coin de notre salle à manger-salon-cuisine pour bien m'engouffrer dans les esgourdes, dans la tronche, toutes ces histoires de patrons plus ou moins riches qui faisaient la trame du récit de ces dames. Oui, c'était de la mémère la plupart. Elles se soignaient la toilette pour sortir, prendre le tramway, le métro... la porte de Choisy c'était encore le bout galeux du monde. La couleur rouge des électeurs donnait le frisson, communiqué par leurs maîtres, à ces gens de maison. Ils auraient dû pourtant être réceptifs aux chants des sirènes communistes... le grand partage des biens de ce monde... placés qu'ils étaient aux premières loges pour voir, dans toute son horreur la bourgeoisie profiteuse assoiffée de la sueur des prolétaires. Ils ne se privaient d'ailleurs pas de la décrire, de la décrier, de détailler menu toutes ses petitesses, ses vices, ses saloperies. Curieusement ils calquaient leurs opinions politiques sur celles de leurs exploiteurs. Ils restaient bloqués dans le schéma séparant les gens bien des malotrus... Lorsque la classe possédante comprendra peu à peu qu'il est prudent, pour conserver ses biens et prérogatives, d'afficher des idées ouvertes, progressistes... d'ouvrir la porte de ses salons à l'avant-garde des arts et des lettres, seule la valetaille restera toujours conservatrice.

En plus de nos électeurs de gauche, le quartier gardait de la fin du XIXᵉ siècle une réputation de malfaisance. Les Gobelins jusqu'aux années trente étaient encore mal famés selon l'expression usuelle, on y croisait le soir des apaches en gapette. Apache était un vocable qu'employaient surtout les bourgeois, les journalistes de la presse bien pensante... en référence aux Indiens d'Amérique, réputés féroces, sournois... insoumis... à liquider (ce qui fut accompli par les soldats yankees du général Custer et autres brutes galonnées). Autour de la place d'Italie dans certaines ruelles quelques malheureuses tapinaient pour le compte de certains de ces apaches un peu plus affûtés que les autres dans la voyouterie. Ça gambillait la java, la valse à l'envers à *la Valence* en bas de l'avenue, au *Bal des Fleurs* boulevard de l'Hôpital... dans un guinche aussi rue Fagon où un flic était de permanence à l'entrée pour intervenir en cas de bagarre. Je n'ai connu tout ça que tout à fait sur la fin que, par ouï-dire... les frangins aînés de mes petits potes frayaient là-dedans, ça leur donnait à nos yeux un prestige en acier inoxydable.

Ma mère avait trouvé ce logement où nous étions, près de la Petite Ceinture, précisément parce que le quartier était plutôt discrédité sur le marché des locations. Période de crise... on se demande d'ailleurs quelle période n'est pas de crise ? Toujours est-il qu'aller percher dans le XIIIe ça vous classait chez les loquedus. L'adage bourgeois c'était : « Tous les ouvriers ne sont pas des voyous mais tous les voyous sont des ouvriers. » Les ouvriers, tels qu'en ces temps pas si lointains on n'en voit plus lerche, ils ont disparu eux aussi... tous les tourneurs, fraiseurs, ceux des chaînes de montage qui déboulaient de chez Panhard en bleu de travail, en salopette... les papas, les grands frangins de mes copains de classe et de la rue. Là aussi se jouait une drôle de farce... les mômes n'avaient qu'une hâte, entrer à l'usine, porter les harnais, la tenue de l'esclavage moderne.

Nos gens de maison, eux, ils s'estimaient tout à fait à part dans le monde du travail. Ils singeaient leurs maîtres, ils se voulaient distingués, chicos... fallait les observer attentif pour s'apercevoir que leurs origines plébéiennes remontaient à la surface, à l'impromptu d'une expression, d'une tournure de phrase paysanne. J'ai attrapé ces choses au vol, tout à fait sans le vouloir. Ça m'est revenu longtemps après, quand je me suis mis à gamberger dans mes longues nuits encellulées... mes stations de cure de tubardise. Vous revient un mot, un rire... un regard. Toutes ces compagnes ancillaires de la Mémé, je suis incapable de les décrire... leurs visages se confondent. M'est restée Berthe Ploernec... sans doute parce qu'elle avait une personnalité très forte, très à part avec ses superstitions et surtout sa gueule de mongole bretonne. Je vous parlerai d'Alice plus loin... Mais elle n'était pas à proprement dit de la même engeance, c'était une indépendante couturière à domicile un peu comme la mère Péguy à Bellegarde.

Bien entendu dans leurs papotages ça y allait invariable autour des histoires de fesses. Celles des patrons et patronnes... des fils de famille qui se permettaient de les lutiner à l'office. Toutes ces soubrettes, caméristes, lingères vieillissantes avaient leur collection de grandes amours ratées, de liaisons sinon dangereuses du moins frelatées. Une tierce de coquins virevoltent autour des jeunettes qui arrivent de leur trou de province pour prendre le tablier... Ça leur fait un vivier idéal où pêcher leurs futures gagneuses. Tombent dans la nasse, les moins futées... les rainettes hypnotisées par le regard du beau serpent. Chez ma grand-mère je ne rencontrais que celles qui avaient su raison garder, avec assez de méfiance pour échapper à une condition encore plus avilissante, plus périlleuse que celle de la domesticité bourgeoise. Il me semble que c'était des femmes restées seules, en tout cas celles qui venaient nous rendre visite, les autres peut-être qu'elles ne sortaient pas, que leurs époux trop avertis de l'inconstance féminine les cloîtraient comme font les émirs en leurs émirats.

Fur et à mesure des années les relations de la Mémé ont disparu peu à peu, les unes sont mortes... Adèle est retournée en Bourgogne... Cécile est entrée dans une maison de retraite chez les sœurs de Cluny... Nanette depuis qu'elle s'est trouvé un pensionné des colonies, elle ne veut plus voir personne.

– Tout à son bonheur, dit ma grand-mère ironique.

Cette phrase me revient, je l'ai attrapée au vol, je passais par là prendre mon goûter, une tablette de chocolat Menier avec une tranche de gros pain... Les deux mémères qui sont là, qui goûtent elles aussi mais autour de la table avec des tasses, des petites assiettes, se marrent carrément. Elles doivent le connaître le colonial de Nanette, quelque scrogneugneu, imbibé d'alcool. Les histoires d'amour y a que la jeunesse qui peut s'y ébattre sans ridicule... avec le temps, l'habitude elles tournent grotesques. Faudrait se masquer passé un certain âge pour employer certains mots. Sans suivre toutes ces salades à la vinaigrette du cul... ces histoires de coups de foudre dans les bureaux de placement... de maître d'hôtel plus distingué que Monsieur.... du chauffeur si beau, si viril qu'il tombe jusqu'aux amies de Madame... quand ce n'est pas Madame elle-même, cette vicieuse qui va pourtant à la messe... tout ça me paraissait assez indéchiffrable pour ma comprenette de gamin. Tout de même troublant, l'instinct s'éveille à ces choses plus vite que les poils vous poussent.

Ma mère aussi les évitait plutôt les anciennes collègues de la Mémé. Elle, elle était au plein feu de l'action si je puis dire, elle ne s'intéressait pas trop à l'histoire ancienne. Toute une période on ne l'a pas vue souvent. Après mon baptême, elle vivait avec m'sieur André mon parrain... dans le XVIIe vers les Batignolles. Elle revenait lorsqu'il était en voyage... quel voyage ? Pourquoi ? Il était dans les affaires... l'import-export... difficile de me rappeler, me rendre compte. Lui, en tout cas, il était plutôt à l'aise... il se sapait de tissu anglais chez les bons tailleurs, il prenait des taxis, il bectait au restaurant. Vu l'époque, les conditions chiches dans lesquelles nous vivions, c'était des signes de richesse. Il venait rarement se paumer chez les pue-la-sueur du XIIIe. Quelquefois il débarquait pour déjeuner. Ma grand-mère l'entourait de petits soins. Maintenant j'ai assez de recul pour cerner la situasse, les saynètes où m'sieur André était là, à table, servi comme un nabab... la mère et la fille à sa dévotion. Il me mettait un peu plus mal à l'aise... un peu plus que les autres... ces divers tontons qui se succédaient. Ça venait sans doute que c'était pas tant un jovial, cézig... un affectueux spontané. Il souriait d'une drôle de façon. Sans doute qu'il n'aimait pas faire des confidences. Par la suite j'ai pu faire un rapprochement instructif avec quelques gros poissons de la truanderie qu'il m'a été donné de rencontrer ici ou là dans nos collèges pénitentiaires.

Mon rôle à moi était d'être bien gentil, poli et tout. Je faisais un effort, il me portait toujours m'sieur André une babiole quelconque... un jouet... un jeu... ou encore mieux il me glissait la pièce, le petit fafiot pour ma tirelire.

– Dis merci à ton parrain... embrasse-le.

Fallait qu'on insiste... les bisous ça a jamais fait partie de ma panoplie de sociabilité. Pas appris à la Dezonnière où Blanche ne se répandait pas en fricassées de museau. Instinctif aussi je me sentais à l'étroit dans mes lattes en jouant ce rôle de petit lèche-train. M'sieur André je l'intéressais que dans la mesure où j'étais dans la corbeille de ma maman. Les psy expliqueraient mieux ça que votre humble serviteur plumitif. L'histoire du père. L'image. Le rejet. L'image pour moi c'était Auguste et rien ne pouvait le remplacer... sa gapette un peu crasseuse, ses moustaches gauloises... son œil noir... ses merde ! merde ! Je n'ai pas eu ensuite à le rejeter, il ne m'a jamais gêné aux entournures de mon *ego*... mon *moi*... quelque chose comme ça. Je me suis aperçu plus tard en essayant de faire le point sur ma vie, que je n'avais pas eu beaucoup d'entraves éducatives. Était-ce un bien, un mal ? J'aurais pu bien sûr avoir un dab sérieux comme mes copains du quartier, un vrai, à table chaque soir... sortant de l'usine, du bureau qui m'aurait mis au pli à la moindre incartade. Je serais peut-être alors devenu un honnête travailleur... Question de me déhotter du page le matin ça m'a jamais coûté, je suis réveillé au chant du coq... habitude de pedzouille. Mauvaise habitude... le monde n'appartient pas à ceux qui se lèvent tôt. Ce que disent les nantis pour mieux nous envoyer au charbon.

6.

Retour à la Dezonnière

Quand est-ce que ça m'a pris de voler pendant les vacances à la Dezonnière ? Comme beaucoup de mômes à la campagne dans les jardins du voisinage. Les prunes ou les poires y sont-elles meilleures ? Elles ont la saveur du fruit défendu... un tout petit goût de risque... de péché, oh celui-là bien véniel ! Dans notre cas avec Roland et la Bébête Genoux on frôlait presque la mort. Le voisin qu'on allait pirater c'était le père Caillot. Un redoutable qui ne s'expliquait qu'au fusil de chasse à deux coups. Pan ! pan ! Sans sommation, il tirait sur tous ceux qui pénétraient sur ses terres, enjambaient ses clôtures... chiens, chats, enfants... les femmes aussi sans doute, mais elles, elles ne s'y risquaient pas. Chez lui c'était chez lui, qu'on ne vienne pas faire dans ses bottes ! « L'étain fou ! » disait Blanche avec son accent du Loiret, et elle nous a toujours mis en garde de ne pas aller traîner sur ses plates-bandes. On racontait aussi qu'il avait crevé les yeux d'un de ses chiens... comme ça pour rigoler un peu. Était-ce vrai ? Tout ça me revient verbal dans le tiroir-caisse des souvenirs. Je l'ai jamais vu de mes yeux vu, ce chien aveugle et le père Caillot, on ne l'apercevait que de loin. Un moustachu comme les autres... toujours la barbe de trois quatre jours... une gapette, des grands frocs de velours qui lui tombaient sur les sabots. Sans la réputation qui le poursuivait, il serait passé inaperçu parmi les culs-terreux du Gâtinais.

Roland, je vous ai dit, c'était un peu mon aîné, celui qui me protégeait, me gardait lorsque Blanche s'éloignait, et Bébête, Élisabeth Genoux, devait avoir un ou deux ans de plus que moi. Repère : quelques années plus tard elle a plus voulu nous montrer sa petite boutique, elle avait des poils qui lui poussaient et, de ça, elle en avait une espèce de honte, ça la gênait beaucoup au début... N'anticipons pas... On arrivait tout de même à lui secouer ses pruniers au père Caillot... on se glissait à la bonne saison jusqu'à ses fraises qu'il avait magnifiques. Celles de Blanche aussi étaient magnifiques... enfin les fraises... des fruits pareils à c't'heure on n'en trouve que dans les restaurants d'haut luxe !... là où vont se goinfrer nos élites ministérielles.

On ne se risquait dans son domaine à l'Aristide Caillot que lorsqu'on l'apercevait au loin qui partait avec une charrette ou parfois sur un cheval juché de côté avec son fouet. Il vivait seul, sa femme était au cimetière depuis longtemps. Elle était morte de la poitrine, chose assez banale en ces temps d'avant les antibiotiques, seulement avec un bonhomme comme Aristide on pouvait tout supposer... qu'il lui avait mis dans son potage ce qu'on appelait sous Louis XIII, de la poudre à succession... un peu de taupicide, de mort-aux-rats. C'est un genre d'homicide qui se pratiquait couramment dans les campagnes. En général c'était plutôt le sens contraire... la femelle qui se débarrassait de son mâle de la sorte.

Mariole il nous a baisés un bel après-midi le sale con ! Il est revenu catimini, on se régalait dans un pommier. On bouffait parfois les fruits avant qu'ils soient mûrs, ça vous provoque d'aimables chiasses. J'ai omis de vous dire qu'à la Dezonnière, la nuit on caguait, pissait dans des pots de chambre et le jour, s'il ne pleuvait pas trop, on allait poser notre engrais à même la terre du jardin... chacun creusait son petit trou avec une binette toujours près de la porte à côté du gratte-pieds.

Il nous est tombé sur la soie, alors qu'on s'y attendait le moins... il avait sans doute rampé dans l'herbe... brusque, il a fait claquer son fouet... slac ! J'ai morflé sur les cuisses, une sacrée zébrure. Roland était un peu en retrait, ça lui a permis de mettre les adjas... de se carapater le plus loin possible.

– Petits salopards !

La Bébête, cette idiote, avait voulu carrément monter dans l'arbre, on lui avait fait la courte échelle. Maintenant elle était bloquée, elle chialait de toutes ses larmes, ses sanglots. Le vieux, il s'est tourné vers elle en ricanant :

– Petite putain de femelle !

Ça m'a laissé le temps de m'esbigner, filer à une allure dont j'ai aujourd'hui le regret. La jeunesse c'est ça aussi, courir vite, pousser des sprints... jusqu'à ce que mes éponges se mitent, je ne redoutais pas non plus les courses de fond... les dix mille mètres.

J'ai rejoint Roland qui m'attendait près de la grande haie de mûriers. On entendait Bébête brailler et l'autre ordure qui l'injuriait. Heureux qu'il ait pas son flingue, sinon on aurait tous pris du plomb dans les miches. Bien le temps de se mordre les doigts de nos conneries. Blanche nous avait pourtant défendu d'aller marauder chez le vieux fou. On aurait droit, les uns les autres à quelques torgnoles bien méritées, je suis de ceux qui pensent que les baffes et les coups de pied au cul devraient être déclarés d'utilité publique par le ministre de l'Éducation nationale. Mais Aristide Caillot, lui il avait des conceptions pédagogiques tout à fait à lui. De trouille, dans son pommier, Bébête elle en a pissé dans sa petite culotte. S'il a borgnoté ça, l'autre salingue, ça lui a donné des idées lubriques sans brac.

– Je vais t'aider à descendre... allez... viens !

Il avait l'air de s'être calmé d'un seul coup. Bébête tout de même, morte de peur, elle s'est laissée aller dans ses bras musclés... et là, alors il l'a retournée sur le ventre contre sa cuisse, lui a retroussé sa petite jupette et lui a administré une fessée d'enfer... sans se soucier du pipi dans la culotte. Une sévère rouste... et brusquement il l'a laissée presque évanouie, chutée à terre. Pas eu le temps de comprendre la pauvre gamine, elle l'a vu ouvrir sa braguette, sortir son vieux machin et se le secouer à pleine main en poussant d'affreux grognements à ce qu'elle nous a raconté.

– Et alors, il est sorti du jus ?

C'est Roland qui l'interroge, après la bataille, lui il sait de quoi il retourne... la branlette il pratique déjà. Moi je ne pige pas tout ça, je suis encore trop minot. Que le père Caillot se la soit astiquée comme ça lui paraissait tout à fait curieux à Roland. Plus tard quand il sera vraiment grand, adulte, accompli, il trouvera la clef de l'énigme... que le père Caillot, tout bouseux qu'il était, avait des pulsions sadiques. Ici en plein Gâtinais, il risquait pas de les assouvir en allant fouetter les filles du *Sphinx* ou du *One Two Two*. L'aurait-il pu qu'il était sans doute trop pain dur, trop près de ses pépètes pour se payer les hauts tarifs de ce genre de perversion. Avec Bébête, il s'était bégalé le sordide... bégalé c'était un mot de la communale... on disait ça... se bégaler avec des bonbecs... de la réglisse... du chocolat... nos joyeusetés de gourmandise.

On a eu du mal à la consoler la pauvre Bébête. Il l'avait traumatisée ce salopard. Sans compter son petit derrière tout rouge, douloureux à ne plus pouvoir le poser nulle part. Blanche ne pouvait pas manquer de s'en apercevoir. Comment alors lui raconter que le père Caillot avait sorti son engin ? Elle allait la prendre pour une menteuse. Déjà nous, pendant qu'elle nous racontait ça en pleurnichant, on avait du mal à la croire.

– C'était comment sa biroute ?

– J'ai pas bien vu.

– C'était gros ? Plus gros que la mienne ?

Oh oui, ça, elle en était sûre, et puis toute rouge un peu comme celle du bouc au père Calamard... mais bien plus grosse !

– Comme celle de Fifi ?

Là, tout de même il y allait fort Roland, la zigoulette au cheval d'Alexis quand elle sortait pour son pipi, elle traînait presque dans les labours.

– C'est un drôle de saligaud...

Ce qu'il a conclu Roland... son verdict. On n'a pas eu le courage d'aller bonir tout ça à Blanche. Peut-être qu'elle aurait été au cri chez les gendarmes. Bébête simplement a planqué son petit cul, elle se l'est talqué toute seule et les herbes ont continué à pousser le long du talus, les poules à pondre, le coq à chanter. N'empêche de s'être exhibé comme ça devant une gamine de pas plus de neuf ou dix ans, l'Aristide Caillot ça nous l'a calmé un peu. Il se glissait dans les ornières des chemins comme un pet malodorant, lorsqu'il nous apercevait de loin. Sûr qu'il a eu un peu les jetons pendant quelques jours... le trac que ça aille faire du sproum chez les pandores. En même temps que sa vieille bistouflette, il a rangé son fusil de chasse.

Cet épisode de mœurs pastorales licencieuses se situait pendant les grandes vacances. Mon bonheur... je décarrais maintenant tout seul avec ma valoche à la gare d'Austerlitz... C'était des wagons en bois les troisième classe, on mettait au moins quatre heures pour arriver aux Aubrais... changer, pour monter dans un tortillard encore plus poussif. Si on était dans un compartiment en tête, on pouvait sauter, pisser sur le balustre et rattraper le wagon de queue. Ma mère pour la circonstance m'accompagnait juste sur le quai. Elle me recommandait à quelqu'un, une dame, un couple. J'avais dans un sac mon casse-dalle, deux œufs durs, un bout de ciflard, une nonnette, un petit bidon d'anthésite.

J'étais au comble du bonheur... J'allais retrouver mes racines comme on dit à la télévise dans les grands débats culturels. Une rêverie écolo... une chaumière, un puits, un jardin... des poules, des lapins... les trois chèvres... Marquis... Roland... de nouveaux morvasseux que Blanche avait récupérés entre-temps. Elle venait me chercher à Boiscommun-Nibelle, la petite station... cinq minutes d'arrêt... avec sa bérouette pour transporter mon bagage... En route mauvaise troupe... la marmaille suivait derrière ! Rare qu'on rencontre du monde en chemin. Parfois une charrette de foin, Dudule le facteur sur son vélo. « Vas-y Leducq ! » André Leducq, vainqueur deux fois du Tour de France, était à l'époque l'idole des amateurs de petite reine. Il balançait le vanne comme personne Dédé... le quolibet qui fuse... l'argot fleurissait dans son verbe. Il me faudra plus de quarante ans pour que je le rencontre enfin, que je lui serre enfin la paluche au cours d'une vente signature de livres dans je ne sais quelle sous-préfecture où l'on invite les écrivassiers à dédicacer leurs œuvres.

Lui aussi, Leducq, il avait son livre, *Une fleur au guidon.* Le récit de ses exploits de forçat de la route... Déplumé certes, mais toujours vif, sec... resté joyeux luron, maître ès gaudrioles. L'année suivante, plof! il a dévissé son billard au cours, je crois, d'une plongée sous-marine. Y a des morts de grands personnages qui me laissent déguster tranquille mon déjeuner, Leducq ça m'a laissé nostalgique un moment... c'était un petit morceau du passé qui se tirait à coups de pédale.

En approchant de la maison, on apercevait la silhouette d'Auguste avec sa casquette. Il se mettait la main sur la visière pour que le soleil ne le gêne pas. Toujours il jouait la surprise. « Tchon ! merde ! merde ! merde ! je me suis dit ça serait-y pas l'Alphonse qui arrive à c't'heure ! » Rituel son accueil. Nulle gourance pourtant personne d'autre que mézig avait idée de venir se paumer au fin fond de la bouse du Loiret. En tout cas à cette époque... à présent tout est devenu territoire de résidences secondaires... et toute la campagne en jachère, à l'initiative de nos énarques bruxellois. On arrache tout et on recommence rien.

Ma mère lorsque je la quittais, elle avait un peu de chagrin que je sois si radieux.

– T'es pas bien avec la Mémé ?

Si, si, j'étais bien, mais elle pouvait pas comprendre l'attirance que j'avais pour cette cambrousse qui lui paraissait sans charme. Ça faisait partie de mon domaine réservé... mon petit coin d'âme. On n'y peut rien. Je n'avais pas d'attirance spéciale pour les lumières de la ville. Jamais je me suis laissé prendre aux pièges des magasins, des objets de luxe. Je ne m'amusais qu'avec des petits riens, un peu d'imagination, trois bouts de planche... un morceau de ferraille... un vieux vélo... le bonheur on se le fait toujours plus ou moins dans sa tête.

Auguste me réservait un coin du jardin où je faisais pousser mes propres légumes... des plants de petits pois, d'haricots verts... quelques carottes. Quand ils étaient mûrs, j'allais les croquer tout crus... même les haricots, les fanes de radis... J'étais devenu herbivore, un vrai lapin. Les carottes une fois nettoyées à la fosse en bas du jardin, ça c'était le fin du fin, la fête aux mandibules. J'ai pas trouvé mieux dans les restaurants de la nouvelle cuisine.

Avec des goûts simples pareils j'aurais dû devenir tout à fait heureux. Sans ambition... règle primordiale. À manier avec des pincettes. Si elle vous domine ça devient la vérole, le virus mortel. Sûr, on peut jouer au grand homme, se forger une destinée d'exception... bousiller tout ce qui vous embarrasse sur votre trajectoire. On arrive peut-être au pouvoir, à la puissance mais on n'en a jamais assez. On est comme un alcoolo qui a toujours et toujours soif jusqu'au delirium. Moi, je me suis embringué dans certaines aventures par simple curiosité... j'ai suivi le mauvais courant. Il était en pente douce, on s'y laisse glisser. Mais ceci est une autre paire de manches, une autre histoire...

Pour employer un autre vocable à la mode, je me ressourçais à la Dezonnière... Je retrouvais mes repères. J'arrivais pour la moisson. Les cultivateurs du coin s'aidaient les uns les autres, s'échangeaient leurs journées de boulot. Auguste lui, il avait pas une récolte très importante, du blé, de l'avoine, des pommes de terre. Je n'arrive pas à me représenter en quintaux ce que ça faisait. Dans le champ en face, la vieille batteuse s'installait... un modèle avec une espèce de locomotive à vapeur qui fumait, crachait... On était dans un nuage de poussière... je ne sais, de balle d'avoine, de blé ! Les mômes traînaient des seaux d'eau, glanaient autour des meules qui s'édifiaient. Le meilleur moment c'était la boustife. Dans la cour Blanche et quelques mémères des environs montaient une grande table de planches sur des tréteaux. Et ça y allait... lapins en sauce, poulets rôtis... des monceaux de patates rissolées... haricots, petits pois... les fromages. On avait sorti le tonneau de piquette du cellier pour mieux étancher la soif des travailleurs. J'étais fier de remplir les bouteilles et de les porter sur la table. Saoul rien qu'à l'odeur.

Il m'était arrivé, je devais avoir cinq ans, de l'être réellement et d'avoir failli en clamser. Un après-midi que Blanche était aux champs, à l'herbe aux lapins sans doute, on était seulabres quelques-uns et quelques-unes. Sans doute que j'étais le plus grand ou peut-être le plus déluré. Ce qui m'a pris d'aller remplir des biberons de piquette... de me mettre à les téter comme si c'était du lait de chèvre ? La suite... un scandale, un événement qui allait marquer la vie du hameau. Lorsque Blanche est rentrée, qu'elle m'a trouvé sans connaissance dans la basse-cour presque dans la fosse à purin. Tout d'abord elle m'a cru mort... une désolation ! Plus tard quand elle racontait l'aventure, c'était l'évidence que derrière son écorce rugueuse, elle m'aimait beaucoup.

– C'était un gosse de compagnie.

Ainsi me définissait-elle, sans doute parce que je lui parlais, que je lui posais des questions sur tout ce qui nous entourait.

Elle a envoyé Auguste sur son vélo, pour chercher le médecin, le docteur Besson. Comment m'a-t-il sorti de cette crise d'éthylisme ? Ne sais... Tout ça me fut raconté maintes fois par la suite lorsque je revenais en vacances et puis pendant l'occupe au ravitaillement. J'étais devenu pour tout le monde un poivrot en puissance... les commères du voisinage, le facteur Dudule, et même les gendarmes qui par nature sont si ballots, *dixit* Brassens.

L'histoire sans doute s'était embellie avec les années comme celle de De Gaulle ou de Jeanne d'Arc. À la fin on aurait cru que j'avais éclusé toute la barrique... que le docteur Besson m'avait en somme ressuscité d'entre les morts. Je devenais le Lazare du Gâtinais... à défaut de gloire nationale c'est déjà un commencement.

Encore les toutes dernières fois où je suis descendu dans le Loiret, après la guerre quand on claquait encore la dalle, où tout ce qu'on pouvait ramener de la campagne faisait florès dans nos assiettes citadines, on me ressortait cette histoire de saoulerie.

Je vous enjambe une longue période entre ces moissons d'avant-guerre, mes vacances d'écolier et la période de l'après-Libération. J'étais devenu un homme paraît-il, avec un mètre quatre-vingts, du poil au cul et au menton. Étais-je plus avancé pour ça, plus sérieux, plus inséré dans la vie sociale... plus heureux ? La négative sur tous les points. Je revenais à la Dezonnière avec le cœur en berne, un de ces spleens ce qui veut dire que tout était class... bien fini... le garnement qui chouravait des pommes au père Caillot s'était évaporé. Bien entendu, je roulais un peu les mécaniques... je commençais à traficoter, à fréquenter assidu quelques malfaisants patentés. Plus grave, j'avais pour eux de l'admiration. Je m'en suis mordu les lèvres très vite. Un peu trop tard toutefois pour faire machine arrière. Une mécanique était en marche et elle s'arrêterait plus que faute de carburant. Y aurais-je gagné beaucoup plus si je m'étais embrigadé comme certains m'y invitaient dans les rangs des adorateurs de papa Staline ? Au moins le brigandage ne vous oblige pas à ânonner des slogans dont j'aurais honte aujourd'hui.

Auguste et Blanche en 1946, ils étaient entrés de plein sabot dans la vieillesse et pourtant ils besognaient toujours autant. Blanche n'avait plus de mômes dans ses jupons... et Auguste, la moustagache blanchie, marchait en s'appuyant sur un bâton. Une Jeep de l'US Army l'avait renversé sur son vélo sans même s'arrêter. Il en était resté cassé en deux... une douloureuse affaire de colonne vertébrale et il n'en avait même pas récolté une pension, puisque l'accident n'avait pas donné lieu à un constat. Lorsque l'âge arrive, tout s'effrite, s'escagasse... les yeux, les conduits auditifs... les articulations !

– Faudrait pas vieillir, mon gars !

Une réflexion dépourvue d'originalité mais comme un cri, une vérité profonde. Bien sûr pour que le cycle s'accomplisse on devrait tous retourner en enfance, mourir dans le gâtisme absolu. Ça serait logique, mais pas plus réjouissant pour autant. Quel dieu sadique a pu nous inventer une telle torture ? Être athée c'est refuser l'existence d'un pareil monstre, c'est faire grâce à Dieu de ne pas être aussi abominable.

Pendant l'Occupe ils s'étaient un peu mis à l'aise, mes vieux parents nourriciers. N'allez pas croire qu'ils s'étaient enrichis au marché noir comme la plupart des fermiers des environs. Ils n'y pensaient même pas, ce sont les trafiquants eux-mêmes qui sont venus les solliciter, doubler les prix pour avoir le monopole de leurs œufs, leurs lapins... leur volaille. Trouvez-moi un saint croquant assez vertueux pour refuser pareille aubaine... Avec une peu plus de fric dans leur bas de laine ça leur a permis d'élever régulièrement deux ou trois cochons qui ont transformé en soue la petite écurie aux chèvres. Le jour où on exécutait un de ces bestiaux, j'étais prévenu par une petite lettre de Blanche. J'arrivais la veille à vélo... cent vingt bornes à pédaler c'était dans les possibilités de ma forme physique. A soixante piges et mèche faut être un mystique de la petite reine comme Louis Nucera pour se permettre de semblables performances.

Un commis du louchébem de Boiscommun venait au petit jour pour faire le travail dans les règles. Le saignement du goret... ses couinements... le grand couteau... Le sang qui coule... voilà du boudin ! Tout ça un peu horrible si on veut bien se mettre à la place de la victime.

L'homme du marché noir, un pâle gugusse à chapeau mou, canadienne doublée de mouton, était en attente lui aussi depuis la veille dans un hôtel à Bellegarde. Il prospectait les campagnes au volant d'une vieille camionnette à gazogène. Toujours sa nénette Sidonie l'accompagnait, une bringue aux cheveux décolorés, la tronche envulgarisée d'un maquillage de Prisunic. Je m'en souviens surtout à cause de son prénom, Sidonie c'est pas si usuel et aussi parce qu'elle trouvait le moyen de minauder, tortiller du valseur lorsque je me trouvais seul avec elle... Elle voulait pas assister à une chose aussi affreuse... ça lui chavirait son petit cœur. N'empêche, elle s'activait tout de suite après l'exécution pour empaqueter les côtelettes, le lard, tous les bas et bons morceaux de ce brave, cochon. Fallait faire tout de même gaffe pendant l'opération que les gendarmes radinent pas ou, mieux encore, nos chers Vainqueurs en grande vadrouille dans la région. Pas eu de cagade de ce côté-là... la fermette des Chaminade ça devait pas leur paraître une proie suffisante pour la mise en coupe, la réquisition. Vrai qu'à part leurs deux cochons, les poules et les lapins ça faisait pas de quoi justifier un déplacement de la Wehrmacht.

J'avais la priorité sur ce zèbre du marché noir, m'sieur Clément... son blase me revient. J'emportais dans mes sacoches des trésors de barbaque porcine qui allaient nous permettre avec ma grand-mère de tenir encore quelques semaines. J'arrimais mes pacsifs sur le porte-bagages de mon vélo... devant le guidon et dans un sac tyrolien. Je ramenais aussi un poulet, des pommes de terre. Blanche me fourguait tout ça à peu de chose près au prix du marché officiel. Inestimable cadeau ! Ensuite je me tapais, avec tout ce chargement, mes cent cent vingt bornes à la force des moltogommes par vent et froidure... De surcroît fallait tout de même se faire gaffe des flics du contrôle économique qui vous surgissaient sur les bretelles comme le voleur de l'Évangile. On se faisait alors tout confisquer, sans compter l'amende et parfois un séjour en taule.

N'est-ce pas, je vous bonis ces petits malheurs, ces grandes fatigues, ces trouilles multiples et vous allez me répondre, lecteurs de cinquante ans après que, pendant ce temps-là, les nazis embarquaient les Juifs dans les wagons de la mort. On n'en savait rien ou alors on ne poussait pas la curiosité au-delà de notre estomac.

Je me souviens pourtant que Blanche un jour a parlé de Juifs internés dans un camp à Beaune-la-Rolande. Elle n'avait même pas idée de ce qu'était un Juif. Simplement elle trouvait pas bien qu'on y boucle aussi des enfants. Autrement, comme pour beaucoup, qu'on mette des gens dans des camps entourés de barbelés ça lui semblait dans une espèce d'ordre fatal des choses puisqu'on avait déjà un ou deux millions d'hommes prisonniers de guerre en Allemagne dans la même situation. Réaction typique d'une brave paysanne. Elle ne lisait que *Le Petit Gâtinais*, le journal régional. (Mais existait-il encore pendant l'occupe ?) Auguste, il n'aimait pas ces « fis de garce de boches »... ça c'est certain. Ça lui venait de 1914, comme il détestait tous les uniformes, on ne voit pas pourquoi il aurait fait une exception pour les vert-de-gris.

M'sieur Clément avec sa belle Sidonie, eux, je les classe pas, avec le recul, dans la catégorie de ceux qui ont des états d'âme... qui se torturent au cas de conscience. Les talbins c'était Sidonie qui se les planquait dans ses bas comme une pute. Elle se troussait la jupe pour sortir une petite enveloppe, ça me permettait de me payer un jeton de mate, de découvrir un petit morceau de sa peau, le haut de la cuisse entre le porte-jarretelles et sa petite culotte.

– Tourne la tête petit dégueulasse, elle m'a lancé certain jour.

À la marrade ! Son Clément, l'impression qu'il s'en battait les joyeuses que je guigne les dessous de sa tourterelle. Ils devaient être déjà à la colle depuis une paye, ça se sentait à la façon dont ils dialoguaient... ça faisait un peu genre rapports de julot avec sa gagneuse. Mais il avait pas le gabarit, ce Clément, ce rien qui vous fait pousser les nageoires au petit poisson de gouttière.

– Il a eu de la chance Clément, disait-elle, il a été réformé rapport à ses pieds plats, sinon il serait lui aussi en Allemagne.

J'ai gardé l'impression fugace... peut-être faussée par ma vanité masculine que, si je l'avais coincée dans un endroit discret, j'aurais pas eu à lui réciter des alexandrins pour lui en glisser une gentille paire. Certes ce n'était pas un prix de Diane, elle avait déjà quelques années de service armé, mais j'étais plutôt morfale question sexe. À l'adolescence on a tous un bâton de maréchal dans son froc. Tout à parier que cette Sidonie était une escaladeuse de braguette qui ne redoutait pas les pentes les plus escarpées.

Enfin elle a vite disparu de mon champ visuel... je garde le vague souvenir de sa jupe relevée sur le haut de sa cuisse. Ça vous nargue la mémoire autrement que l'imparfait du subjonctif.

7

Une adolescence occupée

Puisque je vous ai rapporté mes escapades de marché noir à la Dezonnière, ça veut dire que la guerre était venue. La déroute des armées françaises... J'ai été me perdre sur les routes de l'exode, mais j'ai raconté ça dans un autre livre. Je vous résume. Je me suis glissé dans ce désastre parce que la rumeur courait que les Allemands coupaient la pogne droite des jeunes Français... qu'ils puissent plus se servir d'un fusil. Ça c'était une vieille légende qui datait de 1870 ou de 1914. Ils m'on rejoint les fritz... en tank, en side-car... à pied... Haydi! haydo!... Ils m'ont rien coupé du tout... ni les paluches, ni les burnes. Achtung Korrect! Et j'ai retrouvé à vélo la capitale comme on ne la reverra pas de sitôt. Vide... les rues, les avenues... le silence seulement coupé de temps à autre par leurs véhicules WH... même pas un panzer à la traîne. On a plus idée. Paris de jour en silence. Enfin... en silence avec les oiseaux qui piaffent, les petits bruits de rien... le vent... l'eau qui coule d'une fontaine... une charrette qui passe. On peut pas comparer. Le bruit et surtout la dégoulinante incessante des bagnoles et des camions... les travaux à la pelleteuse... marteaux-piqueurs... ça ne vous permet pas de rêver, musarder, respirer.

Seulement avec le silence c'est aussi le temps de la grande disette qui s'annonce. On était là dans l'euphorie des coups de picrate... des moules-frites... le panier à provisions pour les pique-niques au bord de la Marne. On va pincer les noix de mémène... se goinfrer à n'en plus s'arrêter de péter... canonade joyeuse des populations laborieuses... Paf! arrive la cata en plusieurs strophes. Bing boche! Les voilà jusque dans nos bras qui vont se farcir nos compagnes. Quelques semaines suffisent... L'automne arrive, la rousseur des arbres... les feuilles mortes à la pelle. Tout se dépeuple, tout se vide... les boutiques surtout. On va s'habituer assez vite. À faire la queue dans les frimas, à trafiquer le moindre bout de gras... à claquer la dalle... à marcher tête basse, les pieds semellés en bois... en carton bouilli. Ça va très vite, on passe du goret au cloporte. On existe encore vaguement c'est déjà ça.

À la rentrée d'octobre, finie l'école... à mon tour il m'a fallu aller dès les aurores au charbon... pour être plus précis dans une fonderie typographique dans le XIVe, rue Cabanis. La maison Deberny-Peignot, fondée, excusez du peu, par Honoré de Balzac lui-même. J'étais déjà sous de bons auspices.

Ma mère n'avait pas de quoi me faire poursuivre des études, alors comme tous mes petits potes du quartier je me retrouvais dans le merveilleux monde du travail. En trimant sérieux, allant prendre des cours du soir comme m'incitait le patron, je pouvais devenir contrecoup... chef d'atelier. Le mien, il avait une moustache à l'américaine, des cheveux noirs gominés avec des petits crans savamment mis en plis chaque matin. Ce côté bellâtre et son poste élevé dans la hiérarchie de l'usine lui permettaient d'enjamber quelques accortes ouvrières en mal d'amour puisque la plupart des maris étaient enstalagués chez les Allemands... si bien gardés à l'ombre des miradors qu'ils ne risquaient de venir surprendre leurs épouses en flagrant délit d'adultère.

Ce genre de privilège de fonction... tout ce que

j'aurais pu espérer au bout d'une quinzaine d'années. Une paye un peu plus décente... un peu moins de turbin puisque j'aurais commandé les autres... et puis la retraite bout de parcours. J'y serais à présent, j'irais jouer aux boules à Vincennes. La vieillesse heureuse garantie.

Malgré les conseils de ma grand-mère qui avait le culte du travail et de la retraite, je n'ai pas suivi cette voie royale. Par fantaisie, paresse, coup de tête... l'idée peut-être au fond de moi que j'étais pas fait pour ça !

Comme nous étions au temps des fifres et des tambours de la Wehrmacht dans nos rues, ça m'a même permis un peu plus tard une échappatoire honorable... Il s'agissait de sauver la France... le prétexte idéal pour m'enfoncer dans un maquis... risquer plutôt de me faire étendre que rester à mon labeur... métro, dodo, boulot comme ils clabaudent. La motivation essentielle de mes exploits patriotiques. Ça explique ma répugnance à aller commémorer, ranimer les vieilles flammes. Par flemme, goût de l'aventure, de la rapine, je me suis métamorphosé héros.

Durant ce premier hiver de l'Occupation, ma mère avait presque disparu. Elle se manifestait surtout par des lettres et des mandats qui nous permettaient de survivre. À ma fonderie typographique... je n'y apprenais pas grand-chose mais je touchais une squelettique paye d'apprenti, ça me permettait de becter le midi à une cantine où la direction se débrouillait pour nous nourrir de légumes secs... avantage inestimable en ces jours de tickets d'alimentation.

En 1939, mon parrain est mort. Ma mère me l'a appris sans grand ménagement... ça m'a pas chagriné excessif. Et puis la mort quand on est môme c'est tout de même loin – c'est une notion abstraite. Mort de quoi ?... Une affaire de rein, je crois me souvenir... Nib d'enterremment... ça m'a permis d'apprendre qu'il était marié m'sieur André, alors voilà ma mère était privée d'enterrement. L'évidence qu'elle tenait à ce type, qu'elle avait de la peine et que ça allait tout chambouler encore dans sa vie. Elle est revenue un certain temps à la maison, mais elle y était trop à l'étroit à coucher dans le même lit que la Mémé. On était les uns sur les autres... je ne pouvais pas ignorer des petites choses de son intimité. Ça vous trouble le boutonneux apprenti fondeur, normal. Tout ce qui touche de près ou de loin à la féminité vous engage dans de curieuses rêveries.

Contrairement à ma grand-mère, ma dabuche n'avait pas l'air d'attacher beaucoup d'importance à mon apprentissage de fondeur typographe. D'instinct, elle se rendait compte que c'était un pis-aller... que certainement je me glisserais ailleurs... dans des compotiers où les fruits sont plus juteux. Ses conseils éducatifs étaient restreints. Oui, je devais travailler le mieux possible, mais surtout viser ce qui pouvait payer le plus. Ce qu'elle me recommandait surtout... ne pas m'engager dans les salades politiques. Ça lui paraissait que des propos d'ivrognes, les proclamations des uns et des autres, ce qu'elle en entendait en bas chez Anatole au comptoir ne pouvait que la renforcer dans cette conviction.

– Tu n'as qu'une vie, t'auras déjà bien du mal à la garder tout seul.

C'était simple, elle n'aurait pas eu l'idée de me faire de la morale. Avec la jeunesse on trimbale l'esprit de contradiction. J'ai pas écouté les conseils de sagesse de ma maman. L'époque était aux engagements sanglants. L'ambiance aidant je me suis laissé prendre au traquenard des idéologies. Enfin, des slogans plutôt... que c'était indispensable que j'aille risquer ne serait-ce qu'une jambe, un bout de fesse pour libérer la patrie. C'est seulement en rentrant de la guerre, défroqué du bel uniforme amerloque, sans en convenir bien sûr, que je me suis mis à peu près au diapason de ma mère. Un poil de gamberge à l'appui, je me suis écarté définitif des rassemblements, des meetings, les cellules, les sectes. Je m'y suis tenu... je m'y tiens toujours.

Aujourd'hui pour être équitable, il faut reconnaître qu'on peut se faire un joli parcours en s'engageant. Pourvu que, dès le départ, avant même de signer un contrat, on soit convaincu qu'il ne s'agit que d'un moyen pour accéder aux bonnes tables, aux beaux appartements, aux fesses de luxe et de luxure. On peut cheminer assez vite dans cette direction, pour peu qu'on soit viceloque, assez intelligent... Un minimum d'instinct. C'est le seul moyen pour un loquedu d'origine plus qu'incertaine de s'extirper de la perspective aux petits crans sur la chevelure gominée... les moustagaches simili Clark Gable... les coïts médiocres en hôtel de passe comme mon chef d'atelier.

Le parti communiste à cette époque de l'après-Libération était à son apogée. J'y avais quelques relations, il me suffisait de leur faire signe, je pouvais avec un peu de discipline parvenir à une placarde enviable. Tout l'est lorsqu'il s'agit de sortir de la masse. Ailleurs dans les autres partis les obstacles étaient plus sérieux. Leurs dirigeants se fabriquaient rue d'Ulm... à présent à l'ENA. Toutefois rien n'est insurmontable pour peu qu'on sache manœuvrer.

Le second conseil de ma mère qu'elle m'a glissé maintes fois... me dégauchir une femme avec du pognon. Ça ne paraît pas évident lorsqu'on ne fréquente au mieux que des filles d'épicier. Là encore, tout est une question de persévérance. Celui qui n'est pas manchot, ni trop bègue, ni amputé de la défonceuse, il a quelques années devant lui pour parvenir par le chemin des dames. Ça n'impliquait pas dans son esprit que j'aille carrément exploiter quelques malheureuses dans les mares boueuses de Pigalle ou de la *Belle de Mai* à Marseille. Plus tard lorsqu'elle est venue me voir au parloir à Fresnes, elle m'a laissé encore entendre qu'à tout prendre il eût mieux valu que je l'écoute... que je fasse une carrière de gigolpince. Mes affaires de truandage c'était pour elle ce que je pouvais faire de pire.

Voilà tout. Revenons en 1941, j'étais déjà un échalas maigre et assez hargneux. Pour m'affirmer sans doute je cherchais des crosses à droite à gauche. Je m'affrontais à l'atelier avec le contremaître... je l'envoyais aux gogues sans me châtier le langage d'euphémismes. L'agressivité est signe de bonne santé, de jeunesse. Ce qui me rassure... que ça m'est un peu resté... j'éprouve toujours un certain plaisir à m'accrocher dans la rue, n'importe où... à me faire des ennemis.

– Sois aimable... sois un peu... rien qu'un tout petit peu, plus aimable.

Ça c'était le troisième conseil de ma maman. Elle le déplorait, elle, mon foutu caractère. Je tenais ça du grand-dab Alphonse... que s'il avait été dans sa vie, plus souple, plus conciliant, il lui serait pas advenu d'aller crever dans un coin pourri d'Amérique du Sud. Elle faisait l'impasse sur le reste... les jupons qui volent... les cartes qu'on abat et la boule qui tourne sur la roulette.

Si j'avais hérité d'Alphonse Ier son sale caractère, ma mère elle c'était la flambe sa part d'héritage. En toute saison, elle s'attifait de ses plus beaux atours pour aller sur les champs de courses. Toute la guerre le pari mutuel a fonctionné... avec les gradés français et anglais au début, puis pendant quatre ans avec les fritz et pour finir en beauté avec les boys du général Eisenhower.

Quand elle avait affuré, ça nous ramenait dans la crèche des avantages en bectance. Suffisait de l'apercevoir au loin, au bout de la rue pour connaître le résultat des courses. Son allure, sa démarche me rencardaient d'autor.

J'allais au-devant d'elle, ou je m'esbignais en lousdoc... selon. À Auteuil ou Longchamp elle rencontrait sans doute des lieutenants blonds, sanglés dans leur tunique verte, qui devaient lui faire du gringue. Ça me paraissait tout à fait normal, si elle se trouvait dans leurs parages aux courtines. Mais avant même de me glisser dans un réseau de l'OCM [1] j'avais des sentiments antiboches comme ma grand-mère dont les convictions avaient été forgées bien avant 1914... au temps de la ligne bleue des Vosges, de la Sainte Revanche. Je cherchais une combine pour aller en Angleterre rejoindre de Gaulle. Dans ce domaine je marchais à l'instinct, j'aimais pas entendre dans nos rues les chleuhs faire claquer leurs bottes. Ça se bornait surtout à ça mes convictions de résistant.

J'aurais pu nourrir des doutes quant à la conduite de ma mère... qu'elle ait pu se laisser emballer par un bel Aryen aux yeux bleus... ça, ça m'aurait vraiment mis la rate au court-bouillon. Dans mon entourage à l'usine, dans la rue... les voisins stigmatisaient les gonzesses qui se pavanaient au bras des fritz. Je participais au concert bien entendu, mais par moments je n'étais pas si tranquille. Je l'avais vue avec tellement de tontons, ma daronne, pourquoi pas un tonton Hans, ou Herbert.

Je ne fus rassuré que lorsque je l'entendis nous dire un jour que ma marraine Paulette exagérait, qu'elle était devenue folle d'un officier de la Luftwaffe, un Autrichien.

– Un Autrichien c'est pas pareil, a dit ma grand-mère pour l'excuser.

Elle a même argumenté qu'ils étaient tout à fait courtois, les Autrichiens, que c'était d'admirables cavaliers pour danser les valses de Vienne. Là-dessus elle avait des images d'opérette dans ses souvenirs. Avant-guerre, elle m'amenait une fois par an avec son amie Alice au Châte-

1. OCM : Organisation civile et militaire, mouvement clandestin de résistance.

let, voir et surtout écouter André Baugé. N'empêche, en uniforme personne savait qu'il était autrichien son fritz à la Paulette. Hitler aussi, n'est-ce pas, était autrichien. L'aspect de cette liaison qui lui paraissait le plus glandilleux c'était le qu'en-dira-t-on dans son quartier, du côté de Jussieu, le Jardin des Plantes. Cette aventure de Paulette avec l'Autrichien ça se situe vers 1943, lorsque ça devenait moins flamboyant pour la Wehrmacht, qu'elle avait capitulé à Stalingrad, que le maréchal Rommel retraitait en Tunisie.

Paulette, de justesse, s'en est tirée sans anicroches de cette passade. Avant la Libération, c'était fini ses amours germaniques. Son officier de la Luftwaffe tout à coup il lui a plus donné de nouvelles. Probable que les RAF l'avaient expédié comme beaucoup d'autres dans les flots de la Manche.

En tout cas, elle a bazardé vite fait son affaire de chapeaux pour aller se poser dans le Midi près de Toulon avec un prétendu ingénieur, un type à qui elle rendait bien quinze ans... Les dernières fois que j'ai été lui rendre visite dans son atelier, ça me semblait déjà une matronne. Côté fesses et rotoplos elle avait pris sérieux de l'ampleur. L'époque pourtant ne se prêtait guère aux excès de poids. Je vous recommande le régime de Vichy, pour garder la ligne. Ça serait une bonne idée comme cure d'amaigrissement, s'appliquer à ne becter que ce qui était prévu dans nos cartes de rationnement en 1943. Résultat garanti en deux ou trois mois... avec la photo pour preuve : avant, après... comme dans *France-Dimanche*.

La Paulette qui, n'oublions pas, en tant que marraine, aurait dû veiller à mon éducation chrétienne, elle ne pouvait pas s'empêcher de frétiller de la croupe, les lèvres pulpeuses, engageantes à mon endroit depuis qu'elle me sentait devenu un petit mâle. Dans son ouvroir elle bossait toujours dans le mystère, les va-et-vient catimini... un rideau dans l'entrée de son atelier pour que les gens se croisent sans se voir... les gens... les hommes plutôt, des messieurs graves, chapeaux bord roulé... la Légion d'honneur parfois à la boutonnière.

J'évitais les heures ouvrables où d'ailleurs j'étais à mes besognes chez Deberny. De toute façon maintenant que j'avais entravé la coupure, j'éprouvais une gêne à rendre visite à Paulette. Le dimanche ma mère allait y passer l'après-midi... c'était relâche, alors ces dames tapaient le carton... belote ou autre. Si j'avais été plus liant, plus à même, j'aurais pu y faire mon éducation sexuelle. Autre chose comme cours que les leçons de nos professeurs psy d'aujourd'hui. Ça me fait toute une fresque d'occasions perdues.

Un soir pourtant j'ai bien failli perdre mon innocence avec Paulette. J'avais été à son atelier chercher un petit colis de bouffe, elle avait reçu du beurre des Charentes et je sais plus... du lard... un fromage. Je transportais ça comme les saintes huiles et avec toujours cette crainte de se faire coxer par les flics du contrôle économique. Ceux-là n'ont peut-être pas arrêté les Juifs et les résistants, et pourtant on devrait leur coller une mention spéciale d'infamie au grand livre de l'Histoire de l'Occupation.

Elle était restée seule ce soir-là ma marraine... en peignoir de soie rose (enfin il me semble que c'était de la soie). Je circulais toujours à vélo avec des pinces en bas du froc, ça me classait pas dans les hautes sphères de la société... enfant des élites, petit-fils d'industriels cossus.

– Tu deviens beau garçon... tu dois plaire aux filles.

Peut-être n'étais-je pas aussi ingrat que je me figurais. Quand je me donnais la peine de sourire, de me mettre en minimum de frais de toilette, je pouvais rivaliser avec les zazous des Champs-Élysées. Paulette m'a fait asseoir à côté d'elle sur un sofa... servi un vin cuit... un banyuls... un pineau des Charentes... elle avait toujours en réserve quelques bouteilles d'apéro de ce genre. Dans l'ensemble elle manquait de pas grand-chose. En tant que filleul je pouvais en profiter un peu, elle m'offrait des petits casse-croûte à emporter et, sur place je me tapais des œufs durs, des petites galettes, un morceau de calendos. Nous étions, surtout les jeunots, en perpétuelle quête de bectance... réduits... à notre plus simple nature animale. Les périodes de ce genre vous permettent de relativiser les choses. La gueule et le cul... la gueule d'abord, ... les affamés, les faméliques ne peuvent plus bander.

J'en étais au banyuls avec des gâteaux salés... des bretzels. On devisait de choses et d'autres... des nouvelles de ma grand-mère... de mon travail... si ça me plaisait de fabriquer des caractères d'imprimerie... xétéra.

Viceloque, en chanfrein, je guignais un peu ses appas à la Paulette. Certes elle était déjà dans la réserve... mais je me la trouvais tout à fait apte à mon service armé. Sous son peignoir, à l'évidence elle avait tout son harnachement d'amour, une sorte de guêpière qui mettait en valeur sa laiterie et puis des bas noirs retenus au porte-jarretelles. Elle croisait les jambes... m'étalait tout ça sans vergogne. Experte au déduit elle subodorait que j'étais sous pression... la bite en froc déjà bien ferme.

– Tu as déjà été avec une fille ?

Brûle-pourpoint la question qui me cueille au bas du ventre. Je fais « oui ! oui ! » mais c'est faux... la scène que je vous rapporte se situe donc en 41... et non 43. Je me mélange un peu les pédales dans mes récits. Là, je n'ai que seize ans et ce n'est qu'un peu plus tard que je sabrerai la grande Marcelle, une copine d'atelier. À ce moment, avec les potes, je suis hardi jacteur... mais avec les nanas je suis plus réservé... plus timide. L'occase était belle, classique, l'amie de la maman qui va initier le jeune homme. Je me dégonfle cependant... sans doute parce que Paulette est ma marraine, ça me donne l'impression d'une espèce d'inceste l'idée de me l'embourber. Tout ça c'était bien avant la pilule, la libération des gonzesses. Y avait du coinçage dans les calcifs, les petites culottes... des préjugés, des tabous. À l'usine un pédéraste c'était considéré comme une sorte de monstre du Loch Ness... Y en avait plein les pissotières, n'empêche on les stigmatisait... c'était des sous-hommes, des lopes.

En tout cas, j'ai manqué là un sacré coche... l'initiation par une artiste. Je ne voudrais pas revoir cette scène, j'y fus désastreux, ridicule achevé. Une vraie patate... un boy-scout !

– Recule pas comme ça, je vais pas te manger.

Elle se marrait, la vache, de mon trouble. Elle a encore un peu plus écarté son peignoir. À toutes fins utiles, elle n'avait même pas de culotte, la salope, je m'en suis rendu compte. Oh ! merde ! je regrette encore si longtemps après ! Elle aussi, je lui reproche de ne pas avoir été plus entreprenante, je me serais laissé fouiller dans la braguette je le jure... sortir ma belle bite toute neuve. Peut-être qu'elle a eu aussi comme un remords, une retenue idiote. Elle pensait sans doute aux complications que ça pouvait lui causer vis-à-vis de ma mère, comment prendrait-elle la chose ? J'étais tout à fait mineur. Au temps du maréchal Pétain, on ne badinait pas avec les détournements. Enfin ça ne fut pas. Ce qui me reste ancré dans la tête, ce à quoi je gamberge souvent c'est plus aux occases loupées qu'aux autres. Ça pouvait me changer le destin, en supposant qu'elle ait pris goût à m'sieu mon zob, j'aurais peut-être quitté mon travail pour me faire entretenir. Je me serais glissé progressif vers une carrière de gigolpince. D'une rombière à l'autre j'aurais fini par me faire ma pelote... Certains par la suite qui sont devenus vedettes de cinoche n'ont pas débuté autrement.

Un coup d'arbalète, le sort de la bataille eût été changé. J'aurais peut-être pas fait de résistance, la France n'en aurait pas moins été libérée en temps utile.

Je me suis levé... prétexté qu'on m'attendait je ne sais où. J'étais pressé. Elle m'a accompagné à la lourde... dans son entrée mystérieuse. Une bise chaste sur chaque joue toujours en se marrant.

– Tu reviens quand tu voudras. Y a toujours du banyuls pour toi.

Façon de dire... l'invite précise... je pouvais encore effacer ma connerie.

Dès que je fus sur mon vieux clou, mon vélo à pignon fixe, j'ai gambergé regrettivore. Tout à coup, la vraie vie s'ouvrait devant moi. On entre dans un nouvel univers le jour où l'on cesse uniquement de se palucher. Merde ! merde ! merde ! comme disait Auguste. J'ai roulé rageur contre ma connerie, contre vents et marées pour regagner mes pénates.

C'est pas le propos ici de raconter mes exploits guerriers... qui furent bien minces d'ailleurs. Dans mes campagnes maquisardes ou autres je me suis fait de nouveaux copains. À présent ceux qui s'étaient sortis de tout ça se mettent à clamser de maladie, de vieillesse ou d'accident. Je reçois de temps en temps des faire-part. Les noms certaines fois ne vous disent plus grand-chose. Stèphe c'était pas pareil, on était en Alsace avec de Lattre en fin janvier 45... toute l'épopée. Et voilà que j'apprends sa mort. Ça me file un drôle de coup de buis. On s'était connus dans un poste de secours chacun sur un brancard à Urschenheim pendant la bataille de Colmar. Il faisait un froid de loup sibérien dehors, on venait de se faire coincer sérieux par des Teutons très aguerris dans les tempêtes... Des chasseurs de montagne de blanc vêtus... les hommes à la fleur d'edelweiss... escortés de chars Tigre. Ils nous avaient massacrés ces enfifrés, mitraillés, broyés, hachés menu. Sans l'appui des blindés de la Légion étrangère on se faisait tout ébouser. Aujourd'hui, bien sûr, au grand livre de la Ire Armée on se met l'engagement à la colonne des victoires. Ça ne changerait rien d'ailleurs de décortiquer ce qui fut exact... une affaire très mal engagée, périlleuse... une déconnante guerrière parmi tant d'autres.

Toujours est-il que j'aboutis dans ce poste de secours, le premier aux avant-postes. On m'a ramassé le cul ensanglanté dans la neige, transbahuté sur le capot d'une ambulance. Stèphe est déjà là sur sa civière par terre, on me cloque à côté de lui sans trop de ménagements.

– Qu'est-ce que t'as eu toi ?

Il est pas à l'article... en train de la glisser, il a la voix encore claire.

– Je l'ai eu dans le cul, je réponds... un éclat d'obus !

Mot pour mot... que voulez-vous qu'il fît ? Il se marre. Lui, c'est dans la guibolle qu'il a morflé une bastos, ça prête moins à la rigolade. On va plus se lâcher ensuite, d'hôpital en hôpital, jusqu'à notre convalescence à Pau... dans le casino transformé en centre hospitalier. Partout toujours on est en surnombre... collés les uns contre les autres... tous les éclopés de la bataille d'Alsace... les Africains qui reviennent de loin... pieds-noirs, Arabes... les FFI de Fabien... tabors marocains, spahis... hussards rouges ou bleus... C'est la période du ramadan, les biques la nuit font la nouba, tapent sur des gamelles. Avec Stèphe quand on se revoyait on l'évoquait toujours ce ramadan, les goumiers rasés sous leur turban avec juste une petite mèche derrière la tête pour qu'Allah vienne les tirer, quand ils seraient morts, vers le paradis. Ça rassure à peu de frais, après tout c'est pas plus bête que la résurrection des morts le jour du Jugement dernier.

La tonalité de nos séjours dans les lazarets de l'armée... on s'est plutôt bidonnés... nous étions blessés légers. On avait pour nous ce bien irremplaçable, la jeunesse. Il avait un ou deux ans de plus que moi Stèphe...

On était encore tout gamins, un rien nous illuminait la tronche d'un bon rire. Pour s'enfourner volontaire dans ces guéguerres faut bien être surtout immatures... ou alors foldingues, d'une forme assez spéciale dite patriotique.

J'étais pas moi excessif patriote, ma dinguerie venait d'une sorte de passion à prendre des risques inutiles. Giono dit, quelque part, que la jeunesse c'est la passion pour l'inutile. Me voilà ciblé à dix-neuf piges. Avec mon éclat d'obus dans les miches. J'ai eu de la veine dans mon malheur... un centimètre près c'était carrément dans le fion... les dégâts que ça pouvait faire. Y avait aussi le nerf sciatique, un copain avec une blessure d'apparence plus bénigne que la mienne s'est retrouvé avec la patte raide. Je l'ai aperçu dernièrement, il la tire toujours, canne à la main.

Mais je m'éloigne par trop de ma mère en racontant ma parcelle d'histoire de France... soldat du maréchal de Lattre – libérateur de Colmar. Elle est venue me voir à l'improviste dans le casino – peut-être l'avait-elle fréquenté au temps où les roulettes tournaient ? Une apparition encore comme à la Dezonnière au milieu des travées, des rangées de lits serrés les uns près des autres. Elle a provoqué des sifflements admiratifs de la part des légionnaires... Il faisait un temps printanier en mars à Pau, elle était fringuée légère, toute pimpante, une robe à fleurs... juchée sur ses hauts talons. En faisant un rapide calcul, elle devait avoir trente-six ans à ce moment-là... notre différence d'âge était ce qu'il y a de plus minime entre mère et fils. J'étais là dans mon pageot... chemise en drap rêche d'un blanc pas très net, les tifs presque à ras... La rumeur admirative me l'a annoncée.

– M'man !

C'était la surprise... la gêne aussi, tous ces cons autour qui se figuraient déjà que c'était ma gonzesse qui venait me voir. Que j'avais grimpé une dame plus âgée que moi mais dans une catégorie tout à fait bandante...

Gigolpince je joignais l'utile à l'agréable. Plutôt flatteur comme appréciation, mais comme il s'agissait de ma daronne ça me plaisait pas lerche leurs sifflets, leurs allusions.

On m'a laissé sortir en ville avec elle. Je m'appuyais sur une canne, dans les rues ça me posait héros... au bras d'une belle femme j'aurais dû pavoiser, me rengorger. D'habitude je la ramenais un peu avec les copains, je déconnais pour les faire rire... avec ma mère je restais coincé, on trouvait pas grand-chose à se dire. Ça la rassurait de me voir déjà sur pattes, juste handicapé un peu de la jambe gauche mais ça allait se remettre définitif dès que la plaie serait refermée.

Le hic c'était les séances pansements. Toutes les aides, les assistantes infirmières c'était des bénévoles, des cheftaines, des girl-scouts presque toutes pucelles vu les mœurs de l'époque surtout chez les croyantes, les petites catholiques. Pour me faire mon pansement fallait qu'elles fassent passer la bande Velpeau au ras des balloches, qu'elles me tripotent, en tout bien, toute charité, le service trois pièces. Invariable popol montait au zénith, tout fier de sa forme... beau me mordre les badigoinces, j'arrivais pas à le contrôler, le faire se tenir correct le sagouin! La mignonne soignante se mettait à rougir, à détourner le plus son regard et les autres autour dans la salle, Stèphe et les légionnaires, les rescapés de la bataille, ils se fendaient, les vicelards, la terrine. Tous les matins ça leur faisait un intermède de rigolade qu'ils attendaient impatiemment. Ils en venaient exprès des autres salles pour voir, parier, si des fois j'allais pas subito cracher la semoule... impossible de me retenir. À la fin les petites s'étaient accoutumées à mes érections, leurs joues étaient passées du rouge au rose... ça me traversait l'esprit que je pourrais les gringuer avec l'avantage de leur avoir montré une virilité tout à fait palpable. Le risque, avec les mariages dans leur milieu où il n'était pas question de s'essayer avant de passer à l'église, c'était que la jeune épouse ait des surprises le soir de ses noces... un conjoint bande-mou, une petite zigounette de serein... un pédoque qui s'ignore... sans parler d'atchoum! que les sexologues appellent communément l'éjaculation précoce.

Parenthèse encore... rêveries. Toutes ces jeunes filles appartenaient à la meilleure des sociétés. Beau goder comme un Turc, un cerf, ma bite indigne ne risquait pas d'aller folâtrer dans leurs raouts, leurs cérémonies. Déjà bien bel que ces demoiselles viennent se dévouer pour les blessés de la patrie.

Ma mère elle était descendue dans un hôtel de bonne apparence... j'ai pas compté les étoiles, elle m'a fait comprendre qu'elle n'était pas descendue seule... l'homme qui l'escortait je le connaissais, c'était m'sieur Raoul, oui oui, Raoul Brossier, le majordome des Karsteim, une famille de Juifs richissimes. L'étonnement qu'il ait accompagné maman. Raoul c'était surtout un ami de ma grand-mère. Ils s'étaient connus justement chez les Karsteim où elle avait servi un temps comme chambrière de Madame... un poste convoité de toute la valetaille... juste à s'occuper de la vioque, la douairière de la tribu, celle de qui tout dépendait. L'inconvénient de ce larbinat... que Madame était folle, capricieuse, infernale de jour comme de nuit. Moitié impotente, il fallait lui faire sa toilette, la torcher, la pousser, la promener dans un fauteuil roulant. Sourdingue en plus, mais tout de même l'esprit à sa place, en éveil, en observation constante. Un an de ce régime ma grand-mère n'avait pas tenu au-delà, elle s'était enquise en lousdoc au bureau de placement d'un nouvel emploi.

– Les enfants c'est parfois insupportable, mais c'est plus gai.

Sa conclusion qui me paraissait frappée du bon sens. Bref, c'était là que m'sieur Raoul était maître d'hôtel...

majordome... qu'il avait la haute main sur toute la domesticité, la confiance de monsieur Samuel, le fils aîné de l'aïeule, le banquier, le véritable chef de cette tribu dorée. On m'a dit, plus tard, des petits potes communistes, que les Karsteim ils faisaient justement partie des deux cents familles. Pour les historiens et les vieux de la vieille qui ont connu l'avant-guerre, les belles heures du Front populaire, les deux cents familles c'était le parangon de la richesse, du capitalisme en France, ceux qu'on devait dépouiller, pendre par les couilles ou les pieds aux festivités du Grand Soir. En tout cas rien qu'à Paris les Karsteim possédaient un hôtel particulier avenue Foch. Une bagatelle... ils avaient aussi une propriété en Touraine... une écurie de courses... un autre pied-à-terre sur la Côte d'Azur. Ça serait fastidieux de vous énumérer rien que leurs biens immobiliers... des richesses qu'on n'a pas idée, natif du hasard... élevé à l'économie du plus dur labeur dans les glaises du Gâtinais.

Ils habitaient ces gens sur une autre planète... lorsque je vois des reportages sur des gens comme eux dans les *Fig Mag,* les revues de mode... leurs salons Louis XV, meubles dorés... fabuleuses demeures, où le moindre fauteuil la Pompadour a pété dessus... bureau Empire... la vaisselle qui a servi pour recevoir Nicolas II, Édouard VII... et les vases de Sèvres, de Saxe, de Chine... les pendules de Gaudron... sur les murs les tapisseries de Beauvais et la collection de tableaux anciens, école hollandaise ou flamande. De telles choses si précieuses, un tel raffinement ne m'inspirent pourtant aucune envie. Comment vivre dans ce solennel, ce flamboyant ? Je saurais pas comment me mouvoir dans de pareils décors. Sans doute faut-il y avoir été élevé.

M'sieur Raoul, sa trajectoire en vaut la peine. Jusqu'alors je m'étais gambergé qu'il avait eu une aventure avec ma grand-mère. Peu de chose près ils avaient le même âge. Elle parlait de lui avec un reflet de tendresse dans l'œil... que c'était un bel homme, tout à fait distingué, qu'il était courtois, généreux. Grâce aux conseils de Samuel, le banquier, il avait placé son pognon au mieux de ses intérêts. Il avait une petite pelote dans un coffio, des actions de ceci, des valeurs de cela cotées en Bourse. Comme il était célibataire, il restait un beau parti.

C'était une idée que je me faisais, elle avait dû en pincer un peu pour cézig en silence... en platonique. Lui il calçait de la soubrette, je suppose... son vivier sexuel. Dans la plupart des cas, les affaires cœur-cul se nouent, s'emmanchent, si je puis dire, dans les mêmes milieux. La proximité est mère de tous les vices c'est assez connu. Et puis on a des sujets de conversation communs... question de longueurs d'onde... après les étreintes on peut dire du mal des autres. Enfin m'sieur Raoul dans la période d'avant 1940, il venait parfois à la maison voir la Mémé... Le style larbin lui il l'avait... Un escogriffe aux cheveux plaqués grisonnants, au long nez, avec de grandes esgourdes, des membres qui n'en finissaient plus... des costards foncés à rayures, col dur cravetouse grise... la perle au milieu... une discrète décoration de sa guerre de 14 où il s'était distingué comme ordonnance du général... je ne sais... Castelnau... Nivelle... une gloire nationale en lettres de sang.

Toujours il ramenait des petits cadeaux, boîtes de chocolats, gâteaux, bonbons anglais ou autres. Il était justement originaire du Sud-Ouest, il en avait gardé l'accent... de Tarbes je crois, ce qui expliquait peut-être qu'il soit du voyage avec ma daronne à l'hôpital de Pau...

Alors un beau matin, c'est dans tous les manuels d'histoire, l'armée allemande est entrée dans Paris, au mois de juin 1940... pour être précis le 14. Un soleil radieux pour les soldats du Führer Adolf. Pour m'sieur Raoul allait commencer une période *delikatessen*. Pas que pour lui bien sûr. Dès que les choses avaient mal tourné pour les vaillantes troupes du généralissime Gamelin, Samuel Karsteim, il avait pris ses distances... lui et toute sa famille, il va sans dire. Sauf la vioque déjà nonagénaire, on imaginait pas que les nazis malgré leur perversité sadique puissent lui faire subir les derniers outrages. Les autres, les enfants et les petits-enfants, les neveux et les nièces de Samuel, ils avaient déjà leur biffeton retenu depuis lurette sur le meilleur transatlantique. À New York ils avaient des cousins, des oncles et des coffres. Ils allaient pas débarquer avec les miteux émigrés tels qu'on les voit dans le film de Charlie Chaplin. Avant même que la Wehrmacht ait atteint les rives de l'Oise, ils étaient déjà à l'abri sous la bannière étoilée. Selon Tristan Bernard ils faisaient partie des Juifs pessimistes qui se sont retrouvés au *Waldorf Astoria*, les optimistes ayant pris plus tard la direction d'Auschwitz... enfin je précise, les pessimistes assez riches pour s'offrir comme ça le voyage salvateur vers le Nouveau Monde.

Avant de prendre ses grandes distances monsieur Karsteim, il avait confié à Raoul son majordome le soin de protéger, au mieux des circonstances, son hôtel particulier. Rapidos il avait planqué quelques toiles de maîtres, les plus beaux impressionnistes, les peintures flamandes et hollandaises... les objets les plus précieux, mais il restait de quoi se régaler pour des pillards conscients et organisés comme étaient nos vainqueurs de l'an 40. Raoul devait donc planquer autant que faire se pouvait le maximum des richesses qui n'avaient pu être dégagées.

Monsieur Samuel lui avait laissé de quoi subvenir quelque temps à ses besoins, casquer le personnel pendant six mois. Là où il était lui aussi optimiste, Samuel, c'est lorsqu'il se figurait qu'il allait réintégrer bien vite son palace, retrouver ses meubles Louis XV, Louis XVI, Napoléon... que le président Roosevelt nous enverrait ses

GI's nous délivrer avant les frimas de décembre. La suite on la connaît, enfin je suppose... les générations qui viennent s'en torchent de nos malheurs de la guerre, ça les émeut pas davantage que les famines au Moyen Âge, le martyre des premiers chrétiens. On ne peut pas passer sa vie à se mettre la rate au court-bouillon pour les malheurs du passé.

Dans les premiers jours de l'Occupe, s'est présenté, tout à fait correct, botté, sanglé, luisant, un officier, un jeune, un Oberleutnant qui s'exprimait en notre langue aussi bien que François Mauriac... il venait en éclaireur en quelque sorte... s'enquérir, frimer les lieux...

M'sieur Raoul, un peu humide dans le fond de son froc, lui a tout fait visiter... les grands salons, les chambres, les cabinets de travail et d'aisances. Tout de fond, j'allais dire en comble... eh non, les combles il n'a pas jugé utile de les montrer à l'Oberleutnant... c'était le refuge des domestiques, eux ils étaient presque tous encore là. On pouvait pas les jeter à la rue, l'armée allemande pouvait comprendre ça. L'Offizier il a opiné sous sa belle casquette... oui oui!... ja ja! Il a convenu avec m'sieur Raoul qu'ils pourraient sans doute rester là et reprendre carrément leurs fonctions les uns les autres...

– Ainsi, cher monsieur, ils ne seront plus au service des Juifs. Ça sera pour eux une véritable libération.

Entendant ça, m'sieur Raoul, il ne savait comment se tenir... que répondre... fallait qu'il simule un acquiescement... qu'il reste aimable... tout à fait courtois avec ce Teuton d'avant-garde. Il insistait lourdement (un Allemand c'est bien naturel, la lourdeur pour lui c'est comme la brillantine pour un rital)... il interrogeait.

– Qu'en pensez-vous, cher monsieur?

– Mais oui, mais oui... monsieur l'officier.

– Oberleutnant, il a rectifié...

Que c'est comme ça qu'on devait lui dire. Il était

l'Offizier d'ordonnance du Herr General Erich von Faulherber.

– Vous avez entendu parler ?

Valait mieux répondre affirmatif... les militaires question vanité ils sont encore plus performants que les hommes de lettres.

– Oui, oui bien sûr.

– Et vous allez avoir l'honneur de recevoir le général Erich von Faulherber en personne. C'est lui qui va s'installer ici, avec son état-major... ses services. C'est un homme de grande valeur, cultivé et qui aime beaucoup la France.

Rassuré par ces bonnes paroles, il l'était pas terrible le Raoul. Il restait sur son quant-à-soi dans son faux col... ça il en avait l'habitude. Dans son métier, on se tient droit, on a juste un sourire discret... une politesse de tous les instants. Finalement, une fois le pli bien pris, ça sert en toutes circonstances.

– Quand aurai-je l'honneur de recevoir le général ?

La bonne question... il allait pas tarder cézig... juste allait revenir en éclaireurs une équipe de Feldgrau pour préparer les lieux... les chambres, les bureaux... l'organisation. Le Herr General ne pouvait pas décemment se glisser dans les draps encore chauds d'un représentant de la race maudite.

Restait la vioque, l'aïeule toujours dans son fauteuil roulant. L'Oberleutnant l'avait entr'aperçue... s'était enquis de ses qualités. Raoul se demandait s'ils n'allaient pas la piquer pour lui adoucir sa fin... une Juive nonagénaire c'était un petit commencement de la solution finale.

Je vais surprendre les chasseurs de nazis... eh bien, non, ils en ont rien fait de madame Karsteim. Ils ont simplement demandé à Raoul de la dégager de leur champ visuel. Avec les autres larbinos ils ont été la cloquer dans une chambre de bonne. Une petite vengeance, l'air de rien, qu'elle aille un peu se faire une idée avant de clamser du confort dans lequel vivaient ses domestiques. Raoul, je sais pas s'il a joué un rôle et lequel dans ce sordide épisode ? Toujours est-il qu'elle a claboté l'hiver suivant madame Karsteim, née Strauss-Lévy... à son âge rien d'anormal mais, dans la carrée où elle était reléguée, on pouvait par le froid intensif de décembre conserver le poisson plusieurs jours... un véritable congélateur. Beau être coriace, la doyenne Karsteim n'y a pas résisté.

Passons... produits et pertes de la guerre. On en voyait, allait en voir d'autres, s'habituer aux meurtres de toutes sortes... à l'étuvée, au sang, à la rôtisserie... les équarisseurs étaient déjà à l'ouvrage.

M'sieur Raoul alors s'est pointé voir ma grand-mère, le métro remarchait... voilà il avait besoin de moi. J'étais maintenant un grand garçon de quinze ans... un échalas boutonneux. Ingrat, je dois avouer, mal embouché de mon éducation rurale et faubourienne... Et puis râleur, bougon... pas aimable moi alors, pas bon pour devenir larbin comme m'sieur Raoul. Tendance aussi à ne pas trop me soigner la tenue. Va que je te pousse, nib de soucis d'élégance. Faudra l'attirance des gonzesses, par la suite, pour m'obliger un peu à me lisser les tifs, me cirer les pompes quand je serai en âge de la romance et de la gambille.

Il nous a tout raconté, m'sieur Raoul, ce que je vous ai rapporté plus haut. L'Oberleutnant raide et blond et insistant... l'Offizier d'ordonnance du général Erich von Faulherber... Il n'avait pas encore aperçu ce dernier, mais ça n'allait pas tarder, le temps pressait... il avait pensé que je serais le jeune homme idéal, le complice insoupçonnable pour l'aider à déménager quelques bricoles de valeur. Monsieur Salomon avant de se faire la malle pour New York, il lui avait recommandé de planquer lui-même le maximum de ce qu'il n'avait pu embarquer dans sa précipitation. Des tableaux, des porcelaines, des souvenirs précieux. Les autres domestiques il n'avait pas une confiance excessive en leur discrétion, leur probité. Les fritz n'étaient pas encore là qu'ils commençaient à tenir des propos antisémites.. qu'ils avaient été exploités honteux par les Karsteim... Samuel, Élie, Rachel, Judith... et surtout la vioque qui les avait tous fait suer jusqu'au fondement. La revanche du cave, du salarié sur son patron allait prendre ici une tournure inédite.

Fallait donc y aller en lousdoc... se pointer avant le couvre-feu et rester la nuit sur place pour déménager, entasser tout ça dans un petit garage, une remise près de la porte arrière qui donnait dans la rue Léonard-de-Vinci parallèle. Dès qu'il ferait jour, à l'heure où le couvre-feu était levé, je pourrais me tirer avec les trésors dans une remorque derrière mon vélo. Direction Ville-d'Avray... chez un aubergiste, un homme de confiance des Karsteim.

Sur mon vieux clou, avec mes pantalons de golf, mon petit blouson, j'avais le parfait profil de ce que j'allais devenir à la rentrée, un apprenti au boulot. Les frisés ne pouvaient pas se méfier de moi.

Ça m'a enchanté ces expéditions... c'était l'aventure. Déjà l'exode m'avait permis de vivre quelques événements exceptionnels. Là ça devenait en quelque sorte déjà de la résistance. Les boches étaient les gendarmes et je jouais avec eux à Guignol. Sans trop mesurer les risques... c'est le propre des héros... Le propre aussi de la jeunesse... on fonce sans discernement. La mort est abstraite... la prison aussi. Voilà... vieillir c'est trembler, plus avoir envie de se fourvoyer dans l'inconnu. Plus de frisson, ni d'amour. La camarde, qui rôde de plus en plus près, vous suffit comme émotion.

Surprenantes ces incursions en l'hôtel particulier des Karsteim... dans la nuit avec des lampes électriques... décrocher les toiles, empaqueter des porcelaines... Tout à fait un turbin de cambrioleur. Je faisais mon apprentissage. Ça procurait des drôles de sensations qui me déplaisaient pas finalement. M'sieur Raoul, lui, il n'était pas tout à l'aise... il n'avait pas été formé pour tenir un pareil rôle. On jactait à voix basse : « Prenez ceci Alphonse. Faites attention c'est très fragile. » Il me tutoyait pas, c'était pas dans ses habitudes, sa bonne éducation larbine, d'être à tu à toi à tout bout de champ avec le premier venu... Des cambrioleurs qui se voussoient c'est assez exceptionnel... Plus tard dans les petits gangs avec lesquels j'ai œuvré, ça se traitait plutôt trivial, même au chuchotis des actions délictueuses.

Pour la circonstance il avait retiré sa veste, ses leggings, ses pompes, il était en pantoufles et revêtu d'une espèce de combinaison genre mécano. Je suivais ponctuel ses directives...

– ... À droite... ! Là, faites bien attention, n'est-ce pas, c'est un Renoir.

Tellement inculte en mon jeune âge, ça me disait que dalle Renoir !... Un petit croquis de Géricault... une gouache de Toulouse-Lautrec. On sortait les toiles de leur cadre. On remplissait de grands cartons à dessin. Surtout avec les vases, les porcelaines fallait faire gaffe de ne pas se prendre les pinceaux dans les tapis eux-mêmes de grande valeur... persans peut-être ou de Beauvais ou des Gobelins. On marchait sur les œufs d'or de la poule. J'étais pas à même d'estimer. À la fois je grelottais des balloches et j'étais émerveillé... les miroirs... toutes ces dorures... suspension en Baccarat... De ma vie, jamais plus je mettrais les arpions en une semblable demeure. En y repensant quelques années plus tard, j'ai regretté de ne pas être un peu plus âgé alors, déjà expert en truanderie pour ne pas profiter de pareilles occases qui ne se représentent pas deux fois dans une existence de loquedu. Après tout si j'avais détourné quelques-unes de ces merveilles, je faisais presque de tort à personne. La guerre finie, ça passait sur le compte des boches qui en avaient de plus graves à assumer.

Dans la remise m'sieur Raoul avait tout prévu... des toiles de jute, des rouleaux de papier, de la ficelle pour empaqueter tout ça soigneux...

– Vous n'imaginez pas Alphonse, la valeur de ce tableau.

À présent oui, je me rends mieux compte... On a même emporté je crois des partitions de Debussy, quelques bouquins... des originales... grand papier de Zola, Mirbeau, Maupassant, avec des dédicaces aux Karsteim du siècle dernier... Pas le temps d'enregistrer tout ça dans ma petite tête d'enfant illégitime qui venait de quitter la communale avec juste son certif.

Ça a duré trois nuits de suite le déménagement. Les voyages, le trajet jusqu'à Ville-d'Avray, je me le suis pédalé au moins pendant deux semaines. Le bol... pas fait de mauvaises rencontres. Je croisais des patrouilles, des véhicules de la Wehrmacht sans que les soldats vert-de-gris ne s'intéressent à moi. Nous étions, il faut expliquer, à la période tout à fait rose de l'Occupation. Juste ils venaient de poser leur sac... Le Maréchal venait de signer l'armistice et tout le monde était content... soulagé... Ah ! le cher vieux Maréchal ! Tous les prisonniers allaient revenir après-demain ! C'était ça l'ambiance, je dis pas euphorique, on ne trouvait déjà plus rien à se caler sous les gencives dans les magasins d'alimentation. Avec ma remorque derrière mon vélo j'avais l'air d'un gamin en quête de ravitaillement, un commis épicier en courses.

À l'auberge j'aidais encore à ranger les paquets, dans une pièce vide. M'sieur Raoul m'avait expliqué que cet endroit appartenait à un ami des Karsteim, parti en exode et qui allait sans doute revenir pour s'occuper de planquer en lieu sûr les trésors sauvés du naufrage.

Et mon bénef dans tout ça ?... Pas lerche vu le boulot que je m'étais farci. Quelques biffetons refilés à ma grand-mère et, lors de la dernière expédition, le droit de choisir quelques bricoles... Dans la bibliothèque, j'aurais pu me servir en éditions originales. Pas eu l'idée, à l'époque je lisais des Fantômas, des Arsène Lupin... des Trois Mousquetaires en Nelson.. des bouquins de collection bon marché, que je cornais, maltraitais sans façon... prêtais aux copains qui ne me les rendaient pas. Ce qui m'intéressait surtout chez les Karsteim... une paire de bottes de cavalerie... luisantes jaunes. Ça me semblait le comble de la richesse de pouvoir se pavaner avec des bottes pareilles aux pieds.

– Emportez-les, mais je ne pense pas qu'elles vous serviront à grand-chose. Venez, vous allez ramener de bonnes bouteilles de vin. Ça sera plus utile et Annette sera contente...

Il m'a entraîné à la cave, m'sieur Raoul... Là encore je manquais total d'éducation œnologique. Je n'avais que le gosier d'un môme... je buvais de l'anthésite, du coco... un peu de pinard de chez Anatole, du gros rouge coupé avec de la flotte. La cave des Karsteim c'était encore un lieu alibabesque... des porte-bouteilles à perte de vue... en rangées, étiquetées par rayon... tous les plus grands crus, la poussière garante du temps passé à attendre que le sommelier veuille bien s'occuper de les dépuceler.

– Vous pouvez choisir, Alphonse... ce ne sont que de très grands vins millésimés.

Devant mon désarroi, ma perplexité, il s'est doucement marré m'sieur Raoul.

– Je vais vous aider.

Il s'est mis à me faire un choix de bourgognes, de bordeaux... qu'on plaçait soigneux dans des porte-bouteilles en bois... des chambolle-musigny, pommards, côte-de-Beaune... chambertins... des saint-émilion... des mouton-rothschild... saint-estèphe... côte-de-fronsac...

Encore une véritable fortune que j'ai véhiculée en trois ou quatre voyages toujours dans ma remorque jusqu'à la rue Paul-Dérot. Ma grand-mère en revenait pas, dans notre cave à nous il n'y avait que du charbon... des boulets Bernot, peut-être une réserve de cinquante kilos... et aussi des bricoles, des objets hors d'usage recouverts de poussière, de toiles d'araignées.

Fallut encore attendre le moment propice pour descendre les porte-bouteilles. Le moindre mouvement dans notre immeuble de misérables était épié, remarqué, commenté le lendemain, et pas si souvent dans les tonalités de la bienveillance. Même en prenant plein de précautions je me suis fait repérer. Ma grand-mère, prudente, a raconté un bobard quelconque, plausible à notre voisine de palier, la mère Céleste, une harpie odieuse qui a répercuté dans le voisinage.

Bien sûr de telles merveilles picolardières, on aurait pu les refourguer... ça nous aurait fait un magot de quoi voir approcher un hiver qui s'annonçait un long carême. Toujours le hic, j'étais trop minot pour m'occuper d'écouler semblables grands crus. En définitive c'était tout de même du vol notre opération. On s'est arrêtés brusque, dans nos allées et venues... nos transbordements de boutanches, lorsque le général von Faulherber a débarqué avec son état-major. Lui alors, c'était pas du toc, de la gnognote de militaire prussien... entr'aperçu qui sortait d'une voiture pour pénétrer par la grande porte... Avec le monocle... la nuque fraîche rasée... la morgue et le toutim. Pas le genre banquet farces et attrapes... Finies nos opérations de sauvetage des bordeaux et des bourgognes. Ce qui restait et c'était déjà considérable, von Faulherber et ses commensaux ils allaient pouvoir s'en rincer la glotte quelque temps.

Les bottes de cavalier étaient trop grandes... impossible de toute façon de les utiliser. J'aurais pas pu, dans le quartier, me baguenauder chaussé de la sorte. Un anachronisme tout à fait suspect. La richesse c'est un ensemble, ça commence dès potron-minet... on pose pas ses panards sur les mêmes tapis... on pète pas dans les mêmes calcifs... on lève pas le petit doigt pour les mêmes raisons... xétera. On respire même pas la même atmosphère. Je parle de cette époque... ça reniflait dans le secteur le cambouis, les fritures d'huile usagée, la pisse de chat... les effluves de corps négligés. On n'était pas encore aux eaux si courantes... baignoire pour madame, les savonnettes parfumées !... Anatole, le bistrot en bas, il reniflait plutôt la vinasse que l'after-shave. Question de niveau. De nos jours pour l'hygiène ça s'est un peu amélioré, mais les classes sociales quoi qu'on dise, elles restent bien là, solides au poste. Mai 68 n'y a rien changé. Simplement pour se donner bonne conscience, les riches se déguisent en pauvres...

Mes bottes de fier cavalier, avec mon petit pote Musique on a été les proposer à un fourgue à Bicêtre... Un homme qui vivait dans l'ombre au fond d'une cour, tout dégueulasse... une odeur d'urine qui se dégageait de sa personne humaine. Des zèbres qui vous donnent des idées Raskolnikov... qu'on a du mérite à se retenir de ne pas aller les trucider. Bien sûr il nous en a donné des fifres. Prendre ou à laisser. J'ai eu de quoi tout de même me payer des pneus pour mon vélo. Ça urgeait, venait l'époque tant dépeinte de la grande disette.

Quant à toutes ces extraordinaires bouteilles planquées dans notre cave, elles ont remplacé le charbon tout bonnement. Dès ce premier hiver de guerre les bougnats ne fournissaient plus. Ou alors à des prix pharaonesques... fallait s'amener chez eux avec des valoches de pognon. Certaines dames ont même payé de leur personne – une quéquette noirâtre dans un cul tout rose pour une misère d'anthracite. Ce fut un hiver tout de même curieux... Avec ma grand-mère on raclait les fonds de gamelle de rutabagas, de topinambours avec la minuscule ration de pain gris, on se faisait rôtir de la tétine de vache sur notre minuscule Godin qu'on allumait une heure ou deux. Je ramenais des bûches, des bouts de banc de square pour nous l'entretenir. On bectait aussi d'étranges pâtés de poisson, de je ne sais quels animaux. Une nourriture que nos minets à Ronron, nos clébards à Canigou refuseraient d'un mouvement de queue méprisant. Eh bien, nous on arrosait cette tortore de chien galeux au romanée-conti... au margaux... au château-lafite-rothschild... au côte-de-fronsac. C'était pas prévu dans les guides gastronomiques cette harmonie d'une nourriture de soupe populaire avec ces royales boutanches. Où reverra-t-on ça, semblable mélange, plus qu'antinomique ? Pour les œnologues une véritable profanation.

Un repas de raves et de calendos zéro pour cent de matière grasse, arrosé d'un chambertin clos-de-bèze, ça vous tourne facile la tête. Un seul verre, ça me mettait out, je pouvais alors me pieuter, ronfler dans notre piaule glaciale – des tas de fringues, jusqu'à des papiers journaux entassés comme couverture. Par la suite il m'a fallu des années avant de goûter d'aussi divins breuvages. Très rarement j'ai jamais eu les moyens de me rincer la dalle au chambolle-musigny. Ça me reste un souvenir cocasse... m'sieur Raoul avait eu beau me prévenir.

– C'est le paradis dans la bouche...

Notion subjective. J'aurais préféré à ce moment-là un sifflard... un steack sur une belle assiettée de pommes de terre... un morceau de brie arrosé à la piquette d'Auguste... ou même à la flotte du robinet.

M'sieur Raoul durant quatre ans il a dû composer en prise directe avec l'occupant. Peut-être le général a-t-il changé, von Faulherber remplacé par von Kluge... von Eberbach... ne sais. Toute la clique des larbins de Samuel s'est pliée aux nouveaux maîtres, c'était pas des gens à rejoindre le colonel Guingoin dans les broussailles maquisardes. Carrément dans le nid de corbeaux, ils n'entendaient pas de vol noir sur la plaine. Cétait tout de même m'sieur Raoul qui traitait, parlementait avec le général et ses officiers d'entourage. Il prétendait que c'était grâce à son entremise, son habileté diplomatique qu'ils avaient pu rester vivre là... dans les communs, toujours dans leurs piaules et qui plus est, payés, nourris à la gamelle des Feldgrau. Privilégiés, en quelque sorte, si on compare avec le reste de la population parisienne.

M'sieur Raoul, comme il était leur chef, il jouissait d'un statut spécial... peu à peu il avait réussi à leur devenir indispensable à nos vainqueurs. Il drivait toute la cambuse comme au temps des Karsteim... il y voyait pas lerche de différence. D'ailleurs les invités n'avaient pas tellement changé. À la longue, ses nouveaux maîtres ont un peu déteint sur lui, il s'est mis à tenir des propos pas tout à fait antisémites mais tout de même légèrement admiratifs pour l'Allemagne. Ça doit être une espèce de nécessité lorsqu'on est constamment au contact avec des gens, qu'on est à leur service, on ne peut pas que les haïr et les mépriser ça serait intenable. Je ne parle pas de sentiments plus enfouis qui couvent sous la cendre et qui se réveillent lorsque les circonstances le permettent.

Sur les champs de courses, ma mère apercevait m'sieur Raoul avec ses jumelles, ses leggings... son bada à bord roulé... plastronnant auprès des officiers verts... en toute cordialité. Question pronostics il en connaissait un rayon, il les éclairait de sa vieille expérience.

M'sieur Raoul, il me semble, est venu voir ma grand-mère quelquefois. Le plus souvent à des heures où j'étais à mon turbin. Il nous apportait un peu de ravito, des bricoles... boîtes de conserve, biscuits secs, légumes déshydratés qu'il grappillait à ses fridolins. Ma mère aussi a réussi à trouver quelques combines pour la bouffe. Un tonton, je suppose dans le marché noir. Pendant sept ou huit ans le marché noir fut notre seul recours pour ne pas crever tout à fait la dalle et, pour ceux qui tenaient les manettes, le fin du fin pour se faire des couilles en or. Une nouvelle race de riches s'est épanouie. Certaines fortunes actuelles ont des origines qui remontent à cette époque où l'on vendait de tout sous le manteau... non seulement la nourriture mais les fringues, les outils, les meubles... jusqu'aux cercueils qui passaient par des combines de ce genre.

Comme toutes les bonnes choses ont une fin, les chleuhs un beau jour ont décarré. Tout ça vous est raconté, ornementé dans les manuels scolaires... les plaques commémoratives. Je fus quelque peu participant aux réjouisances barricadières dans Paris. Un minuscule figurant. À l'hôtel de l'avenue Foch, les derniers fritz ont déménagé un matin sans donner leur préavis aux larbins. Ceux-ci s'agitaient depuis deux trois semaines, ils se sentaient pousser des ailes de résistants. Oubliant ce qu'ils en avaient croqué sans scrupule. Et l'épisode de la vioque, la mort de l'aïeule Karsteim mise uniquement sur le compte des mauvais traitements des sales boches. Puis ils se sont mis à chercher un bouc émissaire. Raoul était l'animal adéquat... qu'on l'avait vu dans le quartier en compagnie de brutes galonnées verdâtres... et aussi à Auteuil, Longchamp... Vincennes, toujours souriant, aimable... Il avait même appris un peu d'allemand avec la méthode Assimil pour mieux s'aplatir devant leurs bottes, le salaud ! Ample suffisant de ragoteries pour vous envoyer un homme au lynchage... tout du moins à Drancy où les collabos remplaçaient les Juifs. Seulement m'sieur Raoul, pas si nature, il avait vu s'approcher la cagade. De lui-même il s'est pointé chez les flics expliquer sa situation... que grâce à cézig, monsieur Salomon Karsteim allait retrouver une grande partie de ses trésors artistiques. Il suffisait d'attendre son retour, que si ce n'était plus de son âge de sortir des péniches de débarquement avec un fusil sur les plages normandes, il allait rappliquer dès que possible, reprendre en pogne la partie française de son patrimoine.

Pour parer au moment le plus difficile, le commissaire de police de la rue de la Faisanderie l'a cloqué dans une cage de garde à vue avec quelques putes et du menu fretin de la chourave. Après ses quarante-huit heures réglementaires, il a été se planquer Dieu sait où en attendant Salomon. Comme un fait exprès, celui-là il était pas pressé de revenir en Europe où la guerre n'était pas finie. À New York il avait des affaires autrement plus sérieuses qu'à Paris. Ça a pris quelques mois son retour et, enfin, m'sieur Raoul il a pu s'extirper de sa planque, tomber dans les bras de son ancien taulier... lui restituer ses Renoir, Lautrec, Dufy, ses babioles de Saxe ou de Sèvres. L'air de rien dans ma remorque j'en avais transporté pour une montagne d'argent. Il s'attendait aux plus vives félicitations. Sans aller jusqu'à quémander la médaille de la Résistance, il espérait toucher une jolie prime qui lui permettrait de se la faire grasse... s'offrir une sorte de retraite anticipée. Le hic, c'est que le Salomon il a prêté une oreille complaisante aux médisances et calomnies que répandaient les autres membres du personnel sur leur majordome. Ça lui a filé quelques soupçons... qu'après tout dans ce déménagement Raoul pouvait très bien s'être emplâtré pour son compte quelques précieuses bricoles.

Ça a tourné alors à la contestation, aux discussions de marchand de tapis, de luxe... mais tout de même de tapis. Ça s'est dégradé au point de faire appel à la justice... aux avocats toujours habiles à faire durer les procédures. Le cas était sans précédent... tout à fait glandilleux. Comment prouver sa bonne foi, son honnêteté dans une pareille conjoncture ?

Ce m'sieur Raoul tel que je le conserve dans ma boîte à souvenirs, je le jauge pas super-mariolle capable de faire marron un patron aussi puissant que Salomon Karsteim. C'était pour moi, dans mon idiome, un cave. Rien à voir avec tous les vicelards que j'ai côtoyés par la suite dans les geôles de la République et dans les rades où s'abreuve la gent voyoute.

Terminus tout ça queue de poisson. Raoul en est devenu amer. Jusque-là il avait quelques croyances fermes sur la générosité des hommes, sur la reconnaissance... xétera... les balivernes qui font marcher gentiment les jobards dans les allées du travail et le sentier de la guerre.

Je ne sais trop où il s'est recasé, toujours est-il que je me le retrouve à Pau... avec ma maman qui m'a valu des compliments immérités parmi les blessés d'Alsace. « T'as une belle gonzesse, mon salaud! »... Beau me justifier que c'était ma mère, ils arrivaient pas à me croire tous ces éclopés de la patrie.

8.

Guerriers au repos

Ce qui me perturbait c'est que je me demandais pourquoi ma mère était descendue avec m'sieur Raoul. Je vous ai dit, j'avais cru un certain temps que c'était un ancien amant de ma grand-mère. Y avait entre eux des mots, des façons de se parler qui pouvaient donner consistance à mes suppositions. Et là, il a bien fallu que je me fasse à l'idée qu'il villégiaturait pas avec ma dabe uniquement pour l'escorter jusqu'au chevet de son fils amputé d'un morceau de fesse pour la France.

On a été, je me souviens, becter dans un restau de marché noir. Il connaissait partout les bonnes tables m'sieur Raoul. Certains de ses anciens collègues de gilet rayé se retiraient dans l'hôtellerie plus volontiers que dans la métallurgie. Il voulait me faire honneur, je le méritais bien, j'étais déjà sur les listes de propositions pour la croix de guerre.

– Vous pourriez peut-être faire carrière dans l'Armée.

Il avait entendu dire que les combattants de la Résistance auraient des facilités pour entrer dans une école militaire. J'ai répondu, oui oui... je verrai. Fallait déjà que la guerre s'achève. Sous peu j'allais, ma convalo terminée, repartir à l'assaut de la forteresse germanique, traquer la bête en son repaire. Après n'est-ce pas, il serait toujours temps d'aviser. Carrière est un mot que j'ai jamais employé en tout cas à la première personne. C'est un tort certainement. Se prévoir un plan de carrière!... Faire carrière!... Nous entrerons dans la carrière! Même dans l'écriture, les belles lettres, y a comme ça, des jeunes qui se programment dès leurs débuts l'avenir en goncourtisaneries, en échelons à gravir... qui bébés portent déjà des barboteuses vertes pour se préparer l'Académie. Je ne les blâme pas... et de quel droit? Mais surtout je m'en balance... Les choses m'adviennent et je fais avec.

En tout cas, je me rappelle plus ce que j'ai bâfré à cette table du marché noir avec maman et m'sieur Raoul devenu un tonton comme les autres. J'aurais dû m'en foutre de tout ça... que je le trouvais pas si jojo le Raoul avec ses étiquettes pavoisantes, son quart de brie... ses manières que je n'arrivais pas à dissocier de sa condition larbineuse.

Ma mère était la moins gênée, elle était contente de savoir que ma blessure me laisserait aucune séquelle. Rayonnante, elle avait une nature à prendre la vie du bon côté et elle avait cent mille fois raison. C'était moi qui déconnais intérieur, qui me permettais des états d'âme. Petit à petit, je me suis laissé aller sur la dive... c'est du jurançon dans ce coin-là, le vin généreux qui baptisa le roy Henri. Depuis le début de mes pérégrinations guerrières avec le colonel Fabien, puis aux commandos, je crachais pas sur les boissons qui se présentaient. Nos distractions en quartier libre, hors des combats, des escarmouches, se terminaient invariable dans les pires boxons dont on revenait, pas toujours en ayant tiré sa crampe, mais fin défoncé titubant. Un rite. Les buveurs d'eau ça la fout mal à la guerre. Les lendemains de cuite je les avais douloureux, la tronche en tiraillement, la barbouille au cœur. Sans doute ça m'a protégé par la suite. J'ai fréquenté moult poivrades, toutes sortes de potes à la dalle en pente. Jamais j'ai pu les accompagner jusqu'aux extrémités à la boutanche... Question de tempérament, je n'ai aucun mérite à ne pas être devenu moi aussi un biturin.

Ce soir-là, ma mère m'a raccompagné au casino un peu mal sur mes guibolles et la tristesse m'a saisi. M'sieur Raoul avait compris qu'il était en trop, il est retourné seul à l'hôtel. Ça s'est trouvé souvent comme ça avec maman, une envie qu'on se parle... de quoi ? de nous peut-être... ça restait noué de part et d'autre. Je me suis effondré sur mon page.

– T'as pas sucé des glaces toi au moins... m'a dit Stèphe que j'avais réveillé.

Lui, il trouvait rien à redire à ça, il aimait sérieux la gobette... le long de son parcours, il a éclusé petit à petit quelques tonneaux. C'est même ça paraît-il qui l'a achevé. D'après les bons médicastres, il aurait dû s'humecter uniquement à l'eau de Vittel. Boire et éliminer comme dans la pub.

Il s'était retiré depuis sa retraite, en Normandie où les pommiers produisent presque directos d'excellents calva qui vous font facile les 55... 60 degrés. Rien à foutre Stèphe, il n'en était plus à juger de la qualité des alcools. De temps en temps le soir vers onze heures, de sa cambrousse, il me passait un coup de bigo... Salut vieux !... la voix pâteuse il me faisait un signe d'amitié... qu'il allait bien... qu'il se rappelait les bons moments passés ensemble. J'étais un des rares qu'il avait encore envie de revoir. Tout ça à cause de ce poste de secours... brancard contre brancard, ça crée il faut croire des liens plus solides que le voisinage sur le banc de la communale... Sans cela, sans cette connerie de guerre on se serait jamais rencontrés. Tout nous séparait, il venait du beau monde Stèphe... d'une famille bourgeoise tout à fait à l'aise dans ses salons et dépendances. Des gens chez lesquels ma grand-mère faisait la chambre... promenait les enfants au square. La guerre a été pour lui l'occase de s'arracher de son milieu. Il y étouffait, d'autant qu'il n'avait aucun goût pour les études, qu'il était comme moi en classe, chasseur de mouches et de hannetons... Et cependant le cadre familial autour de lui c'était du super rigide. Tous ses frères et sœurs brillaient dans le tableau d'honneur des meilleurs établissements tenus par les pères... les jésuites je crois..., Stèphe les détestait.

Quand ils deviennent artistes, écrivains, les rejetons de la bourgeoisie nourrissent souvent une haine indéfectible envers leur milieu. On peut les comprendre mais ça leur fausse parfois le jugement jusqu'à opter pour des solutions bien pires que celles de leurs parents. Stèphe n'en était pas là. Un dilettante qui voulait pas trop s'emmerder l'existence.

En 1942 il avait trouvé une cheville pour gagner, puis passer la frontière espagnole. Après ça les postulants pour la France libre, on les laissait en quarantaine au camp de Miranda. C'était pas Dachau mais pas encore le Club Med. Après de multiples demandes au consulat anglais, moult paperasses, on les embarquait pour Londres ou Casablanca en transitant par le Portugal. Il avait accompli tout ce périple Stèphe... abouti dans un commando ou l'on vous apprenait à tuer et à mourir dans les règles, à pied, à cheval ou en parachute. Par ce dernier moyen de transport rapide qu'il était revenu en France deux ans plus tard. Avec une corolle dans le dos il est tombé en Provence sur les arrières des lignes allemandes. Ça lui avait valu des breloques... Elles étaient sur le coussin rouge posé sur son cercueil... Oh ! la belle jambe que ça lui a fait ! Il les aurait sûrement troquées pour quelques mois de vie supplémentaires.

Sa famille, il me l'a pas caché, avait plutôt donné dans le « Maréchal nous voilà » durant les années noires. Il se rappelait des affrontements qu'il avait chez lui lorsqu'il s'avisait de défendre le général de Gaulle. Tout à fait un subversif... Renié de tous lorsqu'il est parti rejoindre les rebelles. Seulement son retour tout décoré, sapé ricain, glorieux combattant libérateur... l'enfant prodigue des Évangiles! Il les dédouanait tous de leur vilain penchant pour le régime de Vichy. L'aubaine, d'avoir un fils pareil en fin de compte. En rien de temps ils avaient tous viré de bord, devenus pour le moins démocrates-chrétiens.

– Stéphane, vous vous êtes bien conduit au feu!

Texto les paroles de sa maman avant qu'elle ne lui ouvre les bras lorsqu'il avait été en perm à Paris en septembre. Et... un beau matin elle avait débarqué à Pau... elle était là... juste derrière mon lit. Une apparition alors aux antipodes de celle de ma mère qui devait survenir peu après... Les gonzes autour ils la regardaient un peu surpris quand même. Des dabuches semblables on n'en voyait plus que dans de vieux journaux, des caricatures déjà d'avant 1914. Elle paraissait tout à fait viocarde. Stèphe était le dernier de sa tribu, ils avaient au moins quarante-cinq piges de différence. Elle avait l'air de sa grand-mère tandis que ma daronne semblait ma grande sœur.

– Stéphane!

Pas de diminutif. Pas de fioriture. Elle avait la voix pointue, haut perchée, sèche. Toute son allure, sa tenue, était au diapason. Un visage très pâle, sillonné de rides et le ruban noir pour se retenir la peau du cou. Des fringues sinistres... jupes longues, bottines 1900... Le bada sur la tronche, un monumental au bord rigide avec des garnitures qui faisaient penser aux couronnes mortuaires... ou en plus gai aux dessins de Dubout.

– Mère...

Il s'était retourné brusque, comme si la voix l'avait fouetté. Elle avait un grand pébroque qui lui servait de canne. Les effusions sont restées dans la plus stricte bienséance. Autour, les autres lascars, nos compagnons éclopés... ils se sont pas mis à siffloter, balancer des vannes douteux. De ce côté-là, il craignait pas une situation ambiguë... la gêne glandilleuse. Elle inspirait une chose dont les femmes ne sont pas tellement jalouses quoi qu'elles disent : le respect. Elle s'est assise près de son fiston, d'être la maman d'un héros, on la sentait plutôt fière. Présentations brèves en ce qui me concerne. J'étais le camarade de combat blessé le même jour que son fils, transporté dans le même poste de secours. Plus le souvenir de ce qu'elle m'a dit, félicité sans doute de ma bravoure.

– Pouvez-vous marcher, Stéphane... sortir ?

Ils se tutoyaient pas non plus, c'était comme moi avec m'sieur Raoul. Bien sûr on pouvait sortir, se promener dans le parc Beaumont qui entoure le casino devenu hôpital militaire et surtout sur le boulevard des Pyrénées... la terrasse d'où on peut admirer toutes les montagnes... le pic du Midi d'Ossau par temps clair.

– Une splendeur !

Elle connaissait tout ça la vioque, c'était une personne cultivée à l'ancienne où l'on apprenait à chérir, vénérer le patrimoine de la France, fille aînée de l'Église. Pau c'est la ville du Vert Galant... ce bon roi Henri enjambeur forcené de bergères, comtesses, bourgeoises, manantes ou carrément putes. Mais un roi capétien a tous les droits, on lui pardonne volontiers ses petits caprices de chair.

Il a proposé, Stèphe, que je les accompagne, il préférait que je sois là pour se marrer tout de même un peu. J'ai jamais pu m'empêcher depuis que je jaspine de balancer des blagues, des calembours, des énormités le plus souvent d'un goût qu'on qualifie de douteux. Le genre de la maman de Stèphe... Madame Ribère-Chambrelac, elle était propre à susciter ma verve... il se gourait pas mon pote que j'allais en sortir quelques-unes pas piquées des astibloches.

Pour sortir j'avais un problème délicat à régler... mon froc glorieux, celui rescapé de la bataille de Colmar. Il avait le fond en lambeaux. On me l'avait mis à la lessive pour effacer le sang et la boue, mais je pouvais pas me l'arborer sur le cul. Aujourd'hui, peut-être ça serait destroy, la mode à la guenille, mais là escortant madame Ribère-Chambrelac c'était impensable.

– Je peux pas sortir le cul à l'air.

Elle a eu juste un petit sursaut, madame mère, vite réprimé pour m'ordonner :

– Passez-moi donc votre pantalon.

J'étais dans mon lit, je précise, avec un pyjama de l'hosto. Mon froc glorieux était sur la chaise en fer près de moi où je rangeais mes quelques objets personnels.

Tout simple, elle a inspecté mon futal et elle a été je ne sais où chercher du matériel de couture. Revenue le temps de le dire et elle s'est installée près de son fils pour réparer les dégâts de mon éclat d'obus. Lunettes sur le nez elle s'activait d'un geste précis... Elle devait avoir l'habitude de coudre dans les ouvroirs de charité.

J'ai pu ainsi admirer les Pyrénées de la terrasse. Il faisait beau temps tous les jours depuis que nous étions ici. De ma vie je n'avais été sous pareil climat. Le monde me restait à découvrir, et je m'aperçois que je n'ai pas été un grand voyageur... Je le regrette un peu, mais basta !

Avec sa dabe, Stèphe il se tenait sur ses gardes. On sentait qu'elle l'avait toujours un peu terrorisé. L'embarras qu'il éprouvait n'était pas du même ordre que le mien avec ma mère... N'empêche, je l'observais à la dérobée et en fin de compte je ne l'enviais pas tant.

On a visité le château. Celui de Gaston de Béarn. J'aime pas visiter les monuments historiques, ça a toujours quelque chose de scolaire. On s'arrête de vivre pour regarder les pierres du passé. Ça fait partie de la culture certes... on échappe pas à ce genre de badinage artistique. La seule solution ça serait de se taper toujours ces visites en compagnie d'une gonzesse qu'on a l'idée d'embrocher le soir même. Rien de plus lugubre que ces processions de vieillards dans les ruines gréco-romaines.

Sa maman à Stèphe je l'ai surnommée Blanche de Castille. Ça me paraissait la même nature... « J'aimerais mieux voir mon fils mort que coupable d'un péché mortel. » Des daronnes pareilles ça vous engendre des saints tout prêts (je dis pas tout rôtis ça serait ambigu) pour le paradis. Stèphe après la guerre il a gardé ses distances avec sa famille ne serait-ce qu'à cause des nanas avec lesquelles il a vécu. Les intégrer dans un pareil contexte relevait de l'utopie.

En tout cas les membres de la tribu je les ai visionnés tout récemment aux obsèques... les frangins... les oncles et les neveux. Ça restait dans la tonalité catholique et français toujours... selon un cantique qui se chantait naguère. Je me suis tenu bien à l'écart, je sais pas si ma présence les aurait tellement honorés. Torchons... serviettes. J'y crois, malgré tout ce qu'on raconte, que les choses ont évolué vers un aplanissement des surfaces sociales. Peut-être que les jeunes de leur nouvelle génération ont adopté des mœurs plus libres... que les demoiselles avec la pilule peuvent se faire tringler sans trop de façon... d'appel à Dieu... de remords du péché. Mais l'essentiel, mes chérubins, ça reste le fric... le saint fric, et, dans ce domaine, ils savent encore écarter les imposteurs... virer les manants à coups de latte.

Un pote mis en caisse, ça vous plonge dans les réflexions aux frontières de la métaphysique. Ce n'est pas du tout mon territoire de prospection. Je m'y sens pas à l'aise dans mes grolles. Pas pu m'empêcher tandis que se déroulait la messe, d'avoir des pensées triviales... me rappeler les moments vécus ensemble avec le copain qu'on va asperger d'eau bénite et que ça ne fera pas malheureusement ressusciter avant le jour problématique du Jugement dernier. Me revient de notre séjour à Pau où nous fûmes voisins dans un alignement de pageots... tout ça dans de grandes salles où naguère les flambeurs venaient se faire essorer... un souvenir tout à fait marquant... un petit pèlerinage à Lourdes. N'est-ce pas, Lourdes est dans le voisinage de Pau. Ça a donné la pieuse inspiration à l'aumônier de l'hôpital d'organiser un voyage avec les blessés qui pouvaient se déplacer. Certains ça se justifiait s'ils étaient croyants... les grands amochés... les tankistes à la gueule brûlée, les aveugles. Nous avec Stèphe et quelques autres, on était les petits vernis de la charcuterie guerrière... nos blessures, une fois cicatrisées, ne nous serviraient plus qu'à vanner un peu... que nous fûmes des valeureux soldats libérateurs... exhiber les traces de notre héroïsme. Dans mon cas il m'a toujours fallu une certaine intimité pour dégager les traces de ma blessure sous mon slip... avec des jeunes et moins jeunes filles. La plupart, elles s'en foutent, s'en marrent. C'est une aimable diversion quand elles vous caressent les miches... Plus tard mon périple en tubardise m'a laissé sur la carcasse des traces autrement inesthétiques. Je ne m'en plains même pas... Ce fut, c'est que ça ne pouvait être autrement.

On est partis dans l'autocar que l'aumônier avait spécial affrété. Stèphe m'avait convaincu d'en être, surtout qu'un caporal-chef de la légion, un espingoin blessé à l'épaule, nous avait promis de profiter de l'occase pour visiter un petit bordel tout à fait sympa dans les environs. Il avait eu là, autrefois, une fiancée qui lui ramenait son bœuf gros sel après la guerre d'Espagne, quand il était réfugié en France sans un flèche. D'après ce qu'il nous bonissait ça semblait de bon augure sa taule. Il est vrai que s'il y avait possédé des billes, il avait intérêt à vanter la boutique et ses marchandises.

À Pau, le claque c'était *Le Select*, les grivetons de partout l'assaillaient. La région avait été libérée par des pléiades de FFI et FTP tous galonnés jusqu'à la braguette, qui restaient encore les patrons de ville. Comme ils avaient dû se sucrer un peu partout à la foire d'empalme, ils se la faisaient crapuleuse dans tous les rades où l'on s'amuse avec les putasses du coin et, au *Select*, c'était l'abordage des pirates dès l'ouverture en fin d'après-midi. Quelques blessés légers s'y étaient risqués. Pas de priorité pour les éclopés... à la branlette les héros ! Quand il s'agit de cul y a plus de foi, ni loi, ni privilège. Tire qui peut, celui qui est là, qu'est le plus fort et qui bouscule tout. La taulière risquait pas de se plaindre. Elle engrangeait les piécettes sans trop se rendre compte que ce beau temps n'allait pas durer... Mâme Richard veillait au grain.

Fallait tout de même s'échapper, s'éclipser du pèlerinage pour aller voir son *Val Rose*, ainsi s'intitulait le bobinard de notre légionnaire. Le matin on a tout de même été jusqu'à la grotte le long du gave... Je décris pas... la basilique du Rosaire... style byzantin, revu par les architectes fin XIXe. Je crois pas que les amateurs d'art sacré se l'arrachent, pas eux cependant qui font fructifier le bisness. Nous étions je ne sais au juste fin février, début mars... c'est pas une période d'affluence au sanctuaire, mais y avait tout de même assez de pèlerins... tous mêlés, curetons, frangines, infirmières, les malades sur leur brancard, les paralytiques sur leur fauteuil roulant. La grotte où pendent les béquilles comme des stalactites... les milliers de cierges qui brûlent...

Je suis resté un peu à l'écart, ma plaie soignée aux sulfamides était presque refermée, je n'allais pas aller me tremper le fion dans la piscine. Je suis un impie, un athée, un païen plutôt, puisque je crois qu'aux divinités gonzesses, à Diane pécheresse, à toutes les Vénus... et à Bacchus, Castor et Pollux qui ne me demandent pas de m'agenouiller.

J'en reviens à ce *Val Rose*. Il nous avait pas bourré le mou, l'espingo... dans le genre maison close, c'était vraiment exceptionnel. On a dû prendre un autobus à gazogène pour y arriver, il pouvait pas être au cœur de la ville, consacrée exclusivement à Bernadette, à la Vierge... à ce commerce de bondieuseries d'une laideur qui défie le temps. Ces statuettes en plâtre rose pâle, bleu pastel, des Notre-Dame genre sucre candi... J'ai revu exactement les mêmes, l'an dernier, de passage dans le secteur pour une promotion de film. Les unes sur les autres... un entassement de magasins, d'étals... des centaines, des milliers de petites horreurs... Et les chapelets en grappe... les images... les souvenirs sous globe... la basilique sous les étoiles. Bernadette Soubirous en grand, en modèle réduit, en médaillon à bénir... les photomontages des apparitions... Tout y passe ! Un spectacle, les rues de la ville, à vous dégoûter à tout jamais de la religion. Mais ça produit l'effet inverse si on en croit les statistiques... Lourdes est la deuxième ville de France pour le tourisme. Il est vrai que lorsque nous y sommes, c'est encore la guerre. Les trains roulent au ralenti... quand ils ont du charbon, que les voies ferrées ne s'effondrent pas. La SNCF subit encore toutes les séquelles de la pénurie et des bombardements de l'été précédent.

Sur Lourdes, je ne risque pas de vous apprendre grand-chose. Que tous les grands malades, les bancalos espèrent le miracle, on ne peut les en blâmer. Dans les sanatoriums j'ai rencontré de drôles de tubards qui se fiaient à toutes sortes de médicaments de sorcière, qui croyaient en la vertu curative de l'absorption de limaces vivantes... La Vierge Marie peut-être qu'il suffit d'y croire... la foi qui anéantit les microbes...

En allant se traîner au *Val Rose* on risquait plutôt d'en attraper nous des microbes... des gonocoques et la vérole qui, en ce temps-là, ne se soignaient pas de façon si radicale. Curieux d'ailleurs qu'on ait jamais entendu parler de syphilitiques guéris dans la sainte piscine. Peut-être qu'ils osaient pas y aller... leur mal étant la sanction d'un vilain péché. Bien bénin pourtant ce vilain péché... tout à fait légitime. On se posait aucune question en allant le commettre, sauf de savoir qu'on risquait la chtouille. Ce bocard c'était un pavillon, une grosse villa couverte de lierre sur la façade. L'entourage, un jardin fleuri... tout ça coquet, entretenu fallait voir. Nous étions à la fin de l'hiver, n'empêche on pouvait se rendre compte des joliesses, des bonheurs du printemps qui s'approchait, de l'été, de l'automne avec ses rouillures de feuillages. Y avait un grand potager derrière le pavillon. C'était Madame et les filles qui s'occupaient... pendant les trêves, les moments où le client se fait rare... de sarcler, biner, arroser, couper les branches mortes des arbres fruitiers. Ça leur faisait, nous a raconté le légionnaire, une ressource non négligeable. Les pouliches étaient logées, blanchies et fort bien nourries sur place... avec les haricots verts, les petits pois, les asperges si évocatrices qu'elles pouffaient en les dégustant, les poires, les pêches... les cerisiers et pommiers blancs.

Tout ça très écologique avant la lettre. Le maréchal Pétain aussi avait prêché l'écologie... la terre qui elle ne ment pas. Rien de neuf sous la lune.

On a été accueillis par la taulière elle-même, sans façon dans son salon douillet... toutes les tentures, les rideaux, les fauteuils dans les teintes Louis XV... pastel, rose bonbon. Avec tout de même un bar moderne où l'on pouvait s'étancher la soif quand les demoiselles étaient *en conférence...* tel était le terme, l'euphémisme pour signifier qu'elles besognaient de la minette, de la langue et du téton dans les piaules du premier étage.

– Asseyez-vous, mes enfants.

Tout de suite j'ai eu un flash, cette gonzesse je l'avais déjà vue. Elle avoisinait facile les quarante-cinq balais. Un peu lourde dans sa robe à fleurs qui lui boudinait les fesses... et au balcon y avait du monde, de la presse dans le soutien-gorge. Elle me disait quelque chose... son tarin en pied de marmite... ses bouclettes blondes... sa façon de rire en pouffant. Depuis 1939 la direction avait chanstiqué, le légionnaire ne la connaissait pas.

– Non, c'est plus madame Arlette. Elle a pris sa retraite avec son arthrose, la pauvre madame Arlette. À la mort de m'sieur Léon elle pouvait plus assumer toute seule les responsabilités d'un établissement de cette classe.

Non, il n'avait pas appris, votre Espagnol, la mort du taulier Léon. Il était aux Afriques pendant la galère infernale. Régiment de marche de la Légion... le fameux Remeleu.

– Grâce à vous on est enfin libérés !

À tout trac elle vous balance le compliment. Ce que tout le monde disait aux grifftons, ceux de Leclerc et de Lattre... Sans doute que son artisanat des sexes avait dû tourner sans trop d'anicroches sous la botte. Elle avait dû elle aussi s'offrir l'*Assimil d'allemand sans peine* pour recevoir les occupants avec, je suppose, autant de grâce et gentillesse que nous autres à présent.

– J'avais ici une amie. Janine vous l'avez peut-être connue ?

La réplique de son bon sens... que des Janine dans la corporation putassière y en a autant que des Martin chez les ânes. Bien dommage que ça soit pas madame Arlette la patronne qu'il avait connue l'Espingouin, je me berlurais peut-être qu'elle nous aurait offert une rouille. Puisque nous l'avions si bien libérée en répandant notre sang dans la neige, ça valait bien une petite boutanche de Moët et Chandon. On se contentait d'une fine a l'eau... c'était la boisson dans les bars avant la mode du scotch lancée avec la Série noire... Callagan... les bouquins de Peter Cheney.

– Je vais vous faire venir ces demoiselles, ça tombe

bien, elles sont trois et elles sont toutes libres en ce moment.

Elle nous a ajouté le tarif des étreintes... que pour nous c'était un prix d'ami en reconnaissance des services rendus à la France. Ça nous faisait tout de même assez chéro au regard de nos soldes... qu'on avait beau être casqués à l'américaine, les caporaux et hommes de troupe pouvaient pas s'envoyer en l'air à des prix de *One Tow Two*. Enfin, on avait sérieux le gourdin depuis la campagne alsacienne, les hostos de Saint-Dié, Épinal. Ça urgeait qu'on se dégourdisse le poireau. Pas de miracle, même à Lourdes les putes il faut les douiller.

Toujours je frimais cette taulière en chanfrein, certain que je l'avais déjà vue. À Paris je fréquentais pas tant les claques. Ça me tracassait... Les mignonnes ont radiné... Ces demoiselles au salon ! La formule, le sésame ouvre-toi des joies d'haulte braguette. Le bonheur par l'obscénité... les quelques moments où l'on touche un peu au divin... enfin, selon ma religion. Les trois grâces sont venues nous faire la révérence. De l'excellente qualité sous un empaquetage de lingerie adéquat... porte-jarretelles... guêpières... des combinaisons transparentes ras du fion. J'étais surpris dans le bon sens... tout était à redouter dans ces boxons de province. Ceux où j'avais enquillé avec la colonne Fabien, puis ensuite à Besançon libéré par l'Armée... c'était un cheptel de la gravosse en socquette, de la viande pour les tirailleurs affamés... les bas morceaux de la luxure.

– Mesdemoiselles Lucette, Carmen et Gaby.

Bien entendu je vous avance ces prénoms au pif... pour vous recréer l'ambiance. Stèphe en tout cas, il s'est précipité comme un morfale sur Carmen. Il avait hâte de monter dans la carrée pour atteindre le septième ciel. Nous les copains, on ne comptait plus, tellement il était excité. Ce qui me revient à l'esprit pendant que ce prêtre ramollo nous convie au Pater noster. Je revois Stèphe, filer le train, clebs fébrile, à la brune, celle qui pouvait passer pour une Espagnole... une fille qui se donnait le genre Viviane Romance, vedette alors de nos bandocheries de cinéma. Le légionnaire a opté pour Gaby, j'avais plus le choix j'ai donc suivi Lucette... une svelte catiche qui donnait le change, qu'on pouvait s'illusionner qu'on était en voyage de noces avec une jeune personne presque de bonne famille, une héroïne de roman... Yvonne de Galais, la fille fée du *Grand Meaulnes*, je précise. Je crois qu'on ne lit plus tellement Alain-Fournier chez nos ados fin de siècle. Ça a tourné *Nuits fauves* leur livre culte... les enculades tout terrain... rapport multi-sexes et le sida en prime romantique.

Je vais pas vous détailler menu ma partie de jambes en l'air avec la jolie Lucette dont le nom rime avec sucette. Elle vous la faisait sans colorant, du travail pour ainsi dire écologique. Mais dans ce domaine, comment sortir du déjà vu, déjà tringlé en levrette, à la paresseuse ou à la papa ? Simplement en ces temps anciens, je me livrais à quelques prouesses qui sont plus de mon répertoire. Je voulais épater un peu les nanas, on a la vanité placée où on peut, quand on n'a pas encore l'âge d'être élu à l'Académie française.

C'est seulement au retour, quand on a rejoint le peloton du pèlerinage dans l'autocar, que ça m'est revenu, l'endroit où j'avais aperçu la tenancière du *Val Rose*. C'était une des amies de Paulette ma marraine, une de ses modistes... Ça remontait à plus d'une dizaine d'années, elle, elle ne pouvait pas me reconnaître, le bambin blondinet était devenu ce griveton maigre, mon pif s'était allongé... ma pomme d'Adam avait poussé ainsi que mon poil au menton. J'ai regretté de ne pas l'avoir retapissée sur place, elle m'aurait peut-être fait une fleur quant à l'addition ou bien offert le champagne. Le monde est petit, enfin celui-là. Chez Paulette j'en avais vu pas mal des modistes... de toutes les tailles, les formes... les couleurs de cheveux... j'avais quelques excuses de les confondre malgré mon excellente mémoire.

Stèphe en tout cas, son pèlerinage spécial à Lourdes, le vrai, sûr qu'il ne le raconterait pas à sa dabuche... Blanche de Castille. Enfin, là, en caisse ça lui restait dans le positif de l'existence, *Le Val Rose*. Il m'en reparlait par la suite.

Toute sa vie il n'a jamais manqué de me faire des signes d'amitié. En Allemagne on a eu encore quelques bonnes aventures ensemble, on se partageait les Gretchen, les Fräulein zig-zag, si faciles qu'on a du mal ensuite de retour en France à reprendre les rames pour emballer les mignonnes... leur jouer un peu la sérénade qui était de rigueur en ces temps d'avant la pilule. On se transpirait des tangos, la moustache et les cheveux lisses... les boniments appris par cœur, les idées reçues du clair de lune même à Maubeuge.

Il s'est marié Stèphe après la guerre avec une nana d'une famille protestante. Des gens aisés, de bonne réputation bourgeoise, mais ça a pourtant provoqué une rupture avec les siens qui en étaient encore à la révocation de l'édit de Nantes. Ça existe ça aussi. Par la suite, il a divorcé d'avec sa parpaillote. Il s'est remarié... s'est encore séparé... Une vie banale en quelque sorte. Il aurait pu s'écarter, m'oublier lorsque je fus dans les basses fosses... cadènes aux poignets... gibier de poulagas. Il m'a toujours fait signe, une petite bafouille pour les bons vœux. Au sanatorium à Rigny il est venu me rendre visite quelques fois... et puis il a été vraiment heureux de me voir publier des livres... que je me sorte enfin de l'ornière. C'est pas si courant, les copains de jeunesse qui se réjouissent vraiment de vos succès. Le plus souvent ils vous font grise mine... la jalousie étant la chose la mieux partagée du monde. Encore du temps a passé... Stèphe s'est retiré à la campagne à l'âge de la retraite et il a bu en attendant que ça passe... la vie ! Maintenant on l'emmène dans je ne sais quel cimetière, dans un caveau familial. J'ai pas envie de l'accompagner jusque-là. Plutôt rester avec ce bon souvenir de bordel. *Le Val Rose* ça nous avait fait déjà une petite heure de paradis.

9.

Chantage

« L'oubli c'est ce qui reste quand on a tout cultivé. »

Il me faut encore et encore y revenir. C'est une autre obsession, après l'enfance plouc, les rues du XIIIe, la guerre et l'amour... Ça me taraude le bruit de la clef du maton dans le gros verrou extérieur. Clic ! clac ! Il referme, m'enferme. Que de jours... de mois, d'années se sont fait la paire depuis les heures joyeuses de Pau... Me voici seul engrillagé... tout à fait seul dans le plus grand dénuement... juste une couvrante, ma gamelle en fer émaillé... une brosse à dents, un bout de savon de Marseille. Les biens de ce monde se sont envolés. Je finis par y trouver mon compte dans cette solitude. La nuit va descendre. C'est bruyant une prison. Les autres singes enfermés crient aux fenêtres. On s'insulte et on entend les chariots de soupe qui roulent sur leurs rails.

Ils m'ont cloqué là, en attendant demain matin que je passe au prétoire. Je me suis fait prendre une lettre à la fouille, planquée dans la doublure de ma veste. C'te bonne paire on m'a balancé, un nouveau dans ma cellule... une petite frappe qui ne mérite pas autre chose que de se faire enfoncer un fer rougi à blanc dans le trou du cul. Ainsi le ton... Rupture !... je vous change de gamme. Ma chère grand-mère, le papa Auguste le bon laboureur ancien poilu de la Marne et de Verdun sont loin... si loin !

Ici on est dans la maudissure et c'est bien ainsi. Me débectent tous les apôtres rénovateurs... les miellemerdes qui me veulent paraît-il du bien... que je retourne un jour radieux dans les rangs de la sainte société du travail. Je ronge tout... mon frein, ma fringale, mes pensées ! Ils sont pas prêts de m'avoir, les tantes... aucune sauce... je me veux seul, la tête appuyée entre les barreaux. Je reste immobile et j'éprouve comme une espèce de volupté pas plus facile à expliquer que l'autre celle de la bibite à Dudule dans la connasse à Gertrude.

Ils vont venir demain me faire descendre au mite. Garanti pur règlement. Je me pose même la question de savoir pourquoi ils ne m'y ont pas cloqué préventivement. Sans doute qu'ils ne me jugent pas assez dangereux ou qu'ils n'ont plus de place. Ça arrive, on est au cœur de la guerre d'Algérie, la taule est pleine de FLN... MNA... de poseurs de bombe, d'idéalistes islamo-marxistes... Ils fomentent des révoltes, des grèves de la faim... des empoignades entre partis. Il règne dans leur rang une discipline de fer qui me laisse pantois. D'habitude, en carluche, les groupes se délitent, ça tourne au pugilat interne. Là, le FLN simplement a décidé de liquider les MNA, les partisans de Messali Hadj, mais dans leur mouvement à eux, celui qui déconne, ça lui arrive de se faire basculer par ses frères de la rambarde sur la coursive du quatrième étage. Et puis personne n'est responsable, le ben Ahmed il est devenu fou... *g'noune*, disent les camarades responsables.

Je les entends qui entonnent leur hymne. Ça commence un peu comme *Sambre et Meuse*, comme une rumeur sourde, et puis ça s'enfle et ça devient tout à fait arabe et d'une tonalité de plus en plus violente, de plus en plus rauque.

En 48, c'était les collabos qui étaient en 1re division... j'étais déjà à la 2... avec les droicos... Au petit jour, parfois ils nous réveillaient, lorsque l'un d'eux partait à Montrouge se faire flinguer. Ils se mettaient tous aux fenêtres à chanter « Ce n'est qu'un au revoir mes frères ». Beau ne pas être de leur coterie, d'avoir été leur adversaire mitraillette en pogne, c'était déchirant. Le poète n'a pas rimé juste lorsqu'il a écrit qu'il n'y a pas de plus belle aurore que le matin où le traître succombe. Faut être dans une cellule derrière des barreaux pour entraver ça. Toujours une abomination d'emmener un homme seul, les mains liées derrière le dos pour l'exécuter. Même le pire des salopards, ce matin-là, on se sent une sourde solidarité humaine, vitale...

Le mitard dans ce temps-là c'était sérieux, on n'y allait pas pour musarder. Régime gamelle tous les deux jours, la demi-boule de pain quotidienne et c'est marre. L'eau fraîche l'hiver et tiède l'été. On piquait le dix... c'est-à-dire qu'on arpentait la cellule d'un bout à l'autre longue de quatre mètres, comme tout animal en cage. Les tigres au zoo, les enfants vont regarder ces pauvres gros chats au mitard. C'est du divertissement dégueulasse pour peu qu'on veuille réfléchir.

Le directeur m'a collé quinze jours pour m'apprendre à écrire un mot à mon ami presque Pierrot pour qu'il arrange quelques bricoles à l'extérieur. Rien n'est précis. À qui était destinée cette bafouille ? J'ai rien voulu dire... et les clefs dont je parle, c'est quoi ces clefs ? Je suis devenu amnésique soudain devant m'sieur le directeur, un gros homme aussi quelconque qu'un chef de bureau à la Caisse des dépôts et consignations. Avec ces quinze jours, il a pas été trop dur, considérant mon attitude fermée, goguenarde... persifleuse pour tout dire.

On vous emmène en face de lui dans une salle prévue pour ce genre de cérémonie. Il est derrière un bureau surélevé par une petite estrade... À ses côtés le sous-maque et le brigadier-chef qui lit le rapport. Le prévenu, deux matons l'escortent en le tenant chacun par un bras jusqu'à la barre... Une barre comme celle des tribunaux. Ça fait fissa, les décisions... le verdict... pas d'avocat... le couperet tombe aussi sec. On vous transfère en 4e division... celle des cellules de discipline.

Vu les circonstances j'y suis pas plus mal qu'ailleurs. J'ai pas trop de goût pour la compagnie des autres loquedus, assassins et voleurs. Ma dose. Ça fait des mois que je me les visionne matin et soir, j'ai fait mon étude comparative des mentalités et mœurs en milieu carcéral. Je vais pouvoir écrire une thèse, faire des conférences sur le sujet. C'est mieux que je sois seul, bien seul, vêtu d'une chemise rêche sans col, d'une tenue de droguet guenilleux... des savates gluantes aux pieds.

Ma mère c'est fini, elle se meurt à l'hosto. L'aumônier l'abbé Entraives est venu me prévenir. On sait plus pour combien de temps elle en a. Son cancer se généralise, elle peut vivre encore dix jours, trois semaines ou bien mourir la nuit prochaine. Je mérite pas mieux que d'être là, dans mon glacial mitard, tandis qu'elle agonise dans une de ces salles communes d'hôpitaux que je connais si bien pour les avoir pratiquées en phtisiologie. J'en ai vu un qui crevait tandis qu'un poste de radio hurlait des publicités débiles derrière lui... qui gémissait, abandonné de tous... que les soignantes regardaient à peine tant elles avaient de travail ailleurs. Je sais. Voilà... maintenant je voudrais être avec elle. Ça s'est mal goupillé tout ça. Comme elle, j'ai joué, mais encore plus risqué qu'à l'hippodrome de Vincennes... joué au con avec le Code pénal. On a encore moins de chance qu'aux courtines avec lui. Perdu... le bookmaker était nase. J'aurais réussi ce dernier coup, certes j'aurais remis la gomme un jour ou une nuit l'autre, mais ça m'aurait permis de passer le cap de sa mort.

Me dire, t'aurais pu faire autre chose, travailler, prendre de la peine... vivre chiche et attendre la fin du mois, la fin de l'année... la fin des fins... bien d'autres, des milliers, millions d'autres sont à cette enseigne... ils grignotent leur pitance quotidienne sans se plaindre ailleurs qu'au syndicat qui répercute lorsque ça lui améliore son programme.

J'aurais pu ! J'aurais dû ! Ça s'est embringué autrement avec mon caractère, mon peu de bagage professionnel, ma folie d'indépendance... de dire merde à tout le monde ! On partage les responsabilités avec ma pauvre mère, mais je n'aurai pas la bassesse de lui reprocher quoi que ce soit. Même de m'avoir mis au monde. Elle avait pourtant essayé de me faire passer... avec des méthodes de fortune (ou plutôt d'infortune). Son accouchement a mal tourné, on a dû lui mettre les fers...

Je peux pas me détacher de cette première apparition à la Dezonnière... la décapotable arrêtée devant la maison... toute la marmaille, les poules, le clébard en alerte... et puis Blanche qui me prend par la main.

– Embrasse ta maman !

... J'ai cru que je menais ma vie sans elle... que je volais vite – au propre comme au figuré – de mes propres ailes... bernique, illuse ! Elle est tout de même venue à Pau et puis à Fresnes. Elle nous apportait rue Paul-Dérot de quoi vivre... de quoi tenir dans cette traversée de presque famine. Elle est venue aussi à l'hosto. Là, elle avait déjà vieilli, elle s'efforçait... n'est-ce pas... l'irréparable outrage, ça lui permettait encore d'emballer quelques fiers michetons, puisqu'elle s'était fait accompagner jusqu'à la lourde du sanatorium des Colombes à Rusigny par un mec que j'ai vu au loin, près de sa voiture, une Dina Panhard.

On entend les heures sonner au mite sinon on perdrait un peu la notion du temps. J'oublie qu'il y a la soupe, la boule de bricheton qu'on vous passe par le guichet dans la porte. Depuis l'après-guerre les choses s'étaient un peu améliorées. Très peu, mais à Fresnes il n'y avait plus de prévôt... l'engeance la pire dans un pénitencier, les détenus qui font le sale boulot des gaffes. Ceux qui frappent, qui crachent ou qui jettent une poignée de gros sel dans votre gamelle de soupe pour la rendre immangeable, ceux qui se font sucer sous la menace d'une lame, ceux qui enculent les faibles. Ceux... ceux... J'arrête et je sais qu'on en trouve toujours des lascars de cet acabit... dans les camps nazis c'était les kapos... au Goulag les *blatnoïs* ils s'appelaient, nous dit Soljenitsyne. Ils sont toujours là, serviles et féroces jusqu'à la fin des temps. L'existence de pareilles ordures humaines, ça vous taraude la tronche... Ils sortent bien de quelque part, ils ont été bambins joufflus... ils ont ri avec les autres. Peut-on croire que des êtres soient comme ça dans le noir absolu, voués au mal... La réponse Dieu vous la donnera mes chers frères, après votre mort, ça vous évitera de nous la communiquer.

Pendant que ma mère était à l'agonie à l'hosto, se poursuivait toute une enquête concernant mes activités truandesques. Un juge envoyait des perdreaux en commission rogatoire pour instruire ma petite affaire. Aujourd'hui elle est si loin qu'elle me paraît ridicule, en tout cas entachée d'inconscience, de sordide. Bref une simple histoire pour alimenter le bon fonctionnement de la machine judiciaire et les rubriques de faits divers.

Alors voilà... on m'arrache de ma cellote mitardeuse. Extrait PJ ça s'intitule en langage pénitentiaire. Vous sortez de là comme un oiseau nocturne qu'on plonge en pleine lumière. C'est en 403 qu'ils m'attendent les condés de la Territoriale. Je les ai déjà pratiqués comme partenaires dans ma précédente séquence... un gros et petit maigre, des Laurel et Hardy qui eux ne font pas rire du tout. On se fait le minimum dans les politesses. Clac ! Ils me passent les menottes et en route Alphonse.

– Si t'y vois pas d'inconvénient on va chez toi.

C'est le maigrichon qui me dit ça. Il a des yeux de batracien, je me le surnomme le Globuleux et son coflic c'est Bon Papa. Ça doit être prévu dans leur sketch... chacun son rôle, celui qui vous prend avec un pot de miel et l'autre avec un pot de fiente. Comme tu veux, tu choises !

Dehors c'est le froid sec. Le soleil qui tape sur le sol gelé sans pouvoir lui faire crier grâce. Ils m'ont redonné mes fringues au greffe. Ça l'aurait sans doute foutu mal, pour le bon renom de la maison d'arrêt, de me promener en ville avec la tenue abjecte des mitardés. Le froc trop court retenu par une ficelle, la veste rapiécée, graillonneuse qu'on n'enfile pas sans un mouvement de dégoût. On m'a rasé pour la circonstance. Au mitard on ne vous rase qu'une fois par semaine, j'avais du poil de trois jours. Aujourd'hui je serais au dernier cri de la mode. Il paraît que c'est ce qui fait se pâmer les gonzesses... la tronche de voyou en cavale. J'ai pas si chaud, je suis avec mes sapes d'été, ceux de la nuit où les agents de la force publique m'ont posé la patte dessus...

Je m'intéresse aux femmes, aux filles qui passent le long du parcours... les emmitouflées de fourrures, les moins riches avec leur gros manteau, leur petit bonnet. Elles ont des bas à couture, de hauts talons, c'est encore de mise. Je m'en tape de ce que dégoise Bon Papa... oui, oui... je m'emmagasine des images féminines pour mes longues soirées pogneuses du chtard. D'après ce qu'ils me promettent mes escorteurs de choc, je vais m'en payer un sacré bail à déguster les spécialités culinaires de nos établissements carcéraux. Ça vous éduque le visuel, on s'aperçoit qu'on passait souvent devant des spectacles qui valaient vraiment le coup d'œil... qu'on s'y arrête, qu'on s'en fasse un petit album de souvenances. Ils s'efforcent de me ramener à l'essentiel, qu'ils sont pas venus m'extirper de ma quiétude encellulée pour que je me gave les chasses de cette blonde avec sa chevelure choucroute, ses cannes élancées, son valseur de toutes les promesses, qui attend l'autobus le long du trottoir.

Une perquisition bien sûr. Ils ont averti mon avocat... que tout se passe dans la plus stricte légalité. Ils ont encore du temps à perdre, je me dis intérieur. Ma piaule, ils l'ont déjà retournée fond en comble... qu'espèrent-ils y trouver ? Le trésor du maréchal Rommel ? Le bordereau de Dreyfus ? Une ultime fiancée de Landru enterrée dans la cave ?

Le principe pour s'en sortir au mieux, ou plutôt au moindre mal, avec les lardus, ne jamais engager le dialogue. Même le plus anodin en apparence peut vous conduire à un mot de trop... une bribe de confidence et l'adversaire en profite pour vous l'enfoncer jusqu'à la garde... ras des couilles pour les amateurs de jolies métaphores.

– T'as tort de t'enfermer dans une attitude pareille... me dit Bon Papa...

Je pourrais lui répondre qu'enfermé pour enfermé autant que ce soit dans une attitude... Je me retiens, je fais une moue qui veut dire que j'y peux rien, que c'est la vie quoi... qu'ils peuvent pas toujours faire parler tout le monde ces joyeux serviteurs de la mère Loi.

Ce qu'ils veulent au fond c'est un nom, même un prénom... dites seulement un sobriquet et leur travail sera fini. Ça rime à quoi ce voyage à Vincennes... cette troisième perquise ?... Simplement l'occase de me mettre encore sur le gril. Ils se figurent peut-être que la paillasse humide du cachot m'a mûri pour entrer dans la voie de la collaboration avec mes ennemis, comme le Maréchal à Montoire. Que fifre ! Le régime pain dur, eau froide, c'est l'erreur de croire que ça vous ramollit la fibre. Le contraire. Bouclé dans un palace, gavé de caviar, de langoustes, abreuvé de Dom Pérignon, servi par les filles du

Crazy Horse nues sous leur tablier de soubrette... ma vigilance aurait plus de chances de défaillir. On dirait qu'il lit mes pensées le Globuleux... à tout trac il me grogne :

– Si c'était que moi, c'est de la merde que je te ferais bouffer. La soupe aux navets c'est encore trop bon pour ta gueule.

Pour toute réponse, je lui adresse mon sourire le plus suave. Je lui en veux pas excessif... il ne sait pas ce qu'il dit. Il rabâche son rôle, l'évidence.

D'ailleurs nous jouons tous, comme à l'école, aux gendarmes et aux voleurs. Je suis bien à ma place entre eux... cadènes aux poignets, le maquillage pâle des cachots... j'ai faim aussi, ces messieurs de Fresnes ne m'ont pas porté ce matin mon café au lait-croissants chauds sur mon bat-flanc. Pas le moindre petit morceau de pain, je pars avec ce handicap... la fringale qui vous terrasse les meilleurs grimpeurs cyclistes sur les sommets des cols alpins.

Ma concepige nous attendait avec mon demi-maître... un assistant de mon avocat Lubary. Elle n'en est pas encore revenue la pauv' femme de sa déconvenue à mon sujet. « Un homme qui me paraissait si bien élevé ! » Surtout que je lui allongeais de royaux pourliches. Il y a encore vingt ou trente ans la concierge avait des fonctions essentielles. Hormis de cirer les escaliers, elle était en quelque sorte l'auxiliaire, la représentante de la police dans un immeuble. Elle surveillait tout, elle écoutait aux portes... elle comptait vos pas... vos économies... tout elle enregistrait, mieux que vos ordinateurs chéris. On l'a bordurée de la cité... ne cherchez pas plus loin pourquoi votre ville est muette... en ruine de surcroît. Tout se tient.

– Ayez du courage, me susurre ce maître Watteau que je n'ai jamais encore rencontré...

C'est le dernier stagiaire au cabinet Lubary... Pas possible il est louf cézig, je vais pas à la guillotine, je n'ai tué ni veuve, ni orphelin... même pas une rentière cousue d'or. Dans mon genre j'étais un artiste sans flingue, sans lame... rien que de l'astuce, mesdames et messieurs... pour atout la ruse et l'ombre complice. Nous étions sous la IVe République, m'sieur Coty à l'Élysée. Très brave pépère, mais ça ne badinait pas dans nos prétoires. Trois quatre fois condamnés dans la loi, c'est-à-dire à plus de trois mois et un jour de prison, on se retrouvait à la relègue... le reste de son existence au chtib. Ça peut vous paraître moyenâgeux comme sanction, ce fut la règle naguère.

Je passe sur mes réflexions rentrées à propos de ce jeune débarbot à lunettes... sorti tout neuf de sa faculté. On est parvenus à ma lourde sur laquelle les scellés étaient posés. Bon Papa les a fait sauter... en toute légalité par-devant la concierge et mon conseil maître Watteau. À l'intérieur tout est resté en l'état après la dernière visite flicarde... bordel indescriptible... tout éventré, cassé, épars et piétiné avec rage.

Cette fois le Globuleux il se met à soulever les lattes du plancher avec une pince-monseigneur. Il a amené tout un outillage de casseur. L'autre, pendant ce temps, sonde le papier mural de la chambre... arrache carrément des lambeaux... slaf! par pans entiers.

Maître Watteau pour justifier son déplacement, sa présence, ses honoraires, il émet des doutes sur la légalité de ce dépeçage de ma cambuse. Il a une voix de fausset cézig, dans les cours d'assises ça va pas l'aider à sauver la tête de ses clients assassins. Ses protestations le jeune maître, il peut s'en faire des papillotes, ce que lui rétorque en gros le Globuleux. Il est là pour signer le procès-verbal, il a pas à se mêler du travail de la police.

N'importe... je n'ai rien à craindre de leur remue-ménage. Ça leur fait une occupation à ces branques, je n'imagine pas alors que c'est de la frime... qu'ils ont une petite idée bien à eux, bien soignée dans leur musette... je me rassure un peu trop vite.

Dans ma cuisine en allant boire un verre de flotte, j'avise une boîte à sucre où je laissais toujours de la menue monnaie pour les télégraphistes, les coursiers... leur donner la pièce. Le Globuleux qui a ses gros yeux derrière la tête a vu mon geste, il bondit pour le stopper. Il m'écarte, il ouvre la boîte avec un sourire triomphant. Un billet... des pièces... j'allais me voler moi-même, il me prend en flag. Il appelle Bon Papa à la rescousse... ils comptent... mille huit cents balles... d'anciens francs ça fait pas lerche !

– On va pas faire une saisie-arrêt pour si peu remarque le gros.

De nature il est un peu moins bourrique que son collègue, il se met de temps en temps en roue libre. Il m'autorise, comme c'est généreux ! à prendre ce fric pourvu que je le dépense avant de rentrer dans ma résidence secondaire des Rungis. Ça va me permettre de me payer un petit casse-dalle, ils vont m'accompagner dans la brasserie à côté de leur siège place Saint-Lambert. Voyez s'ils sont généreux ! Mille huit cents francs en 57 ça faisait pas de quoi s'offrir des gâteries chez Fauchon. Il fait remarquer Bon Papa à maître Watteau qu'il ne fait que son métier, il ne veut pas la mort du petit cheval de retour.

Tout finit bien. La perquisition n'a rien donné... mais c'est le juge Elbrou qui l'a exigée...

– Nous autres policiers, nous ne sommes que des auxiliaires de la justice.

Voilà. Il remercie à ma place, maître Watteau, pour les mille huit cents balles, il a été bien éduqué dans son enfance à Auteuil, les bonnes manières c'est chez lui une seconde nature. Il signe le procès-verbal, je contresigne. On est restés là, quoi... une demi-plombe !... Le temps de saccager encore un peu plus ma cambuse. Les frais de remise en état à mes basques bien entendu. Comme ma bagnole à la fourrière même pas sur cales qu'on va refourguer deux ans plus tard au prix de la ferraille. Tout à l'avenant. Vous casquez tout, toujours, partout... au maximum. Ce déplacement là, inutile, il sera compris dans mes frais de justice. Une époque où j'étais malade, une veille de Noël, les chats fourrés m'ont remis au trou pour trois semaines, un reliquat de peine que l'administration avait mal calculé. Une peccadille que j'ai proposé d'accomplir après les fêtes. Bernique. La machine une fois en route vous ne l'arrêtez plus.

J'ai salué maître Watteau qui repartait en sa 4 CV, non pas pour Cythère mais pour le Palais de justice où se retrouvent les robes noires pour palabrer, délibérer, se déguster du Code pénal aux petits oignons. On m'a reconduit à mon carrosse après m'avoir bien cadenassé les pognes. Sans doute à présent allaient-ils me ramener dans leurs voluptueux locaux de police. Au violon sans âme qui sert de salle d'attente pour les prévenus dans leurs sous-sols. Une chiotte, un bat-flanc... la porte grillagée et un bel agent en uniforme qui surveille les cellules assis sur un tabouret. On marine là deux trois heures, ça vous met en condition pour aller ensuite affronter les interviews de ces messieurs.

En ce moment j'y gagne plutôt, ça me change un peu les habitudes, le mitard est encore plus noir, plus dégueulasse que leur trou de garde à vue. Ici, au moins, on peut y fumer, on vous met, selon les circonstances des compagnons d'infortune, on peut bavarder, quelquefois s'y faire des relations voyoutes d'avenir.

Je me rends pas compte du chemin qu'ils prennent... tout à mes gamberges et puis à regarder la rue avec ses gonzesses comme pendant le voyage d'aller. Je viens juste de dépasser mes trente piges... un âge où l'on s'érectionne au moindre morceau de jupon. Enfin, je parle pour ma gouverne, il en est qui... il en est queue ! Au placard c'est ce qui vous manque le plus... Le temps perdu qui repassera plus où l'on aurait accommodé quelques mignonnes sur canapé... à la sauce levrette... hussarde ou à la duc d'Aumale. Ça c'est le réel châtiment, le reste je peux m'en passer... la bouffe et le picton c'est secondaire.

Curieux, ils passent par la Bastille et le pont d'Austerlitz... Ça leur fait un détour pour rejoindre leur Territo rue Léon-Séché. On remonte le boulevard de l'Hôpital et c'est là qu'il me cueille au foie, la salope de Bon Papa.

– Et ta mère?

Ça me fait mal, il le sait... On approche de l'hôpital de la Pitié. Qu'est-ce que ça peut lui foutre ma mère à ce gros lardu putride! C'est pas ses oignes... qu'il me cuisine, me perquisitionne, me tarabuste, c'est dans les règles. Je ne mérite pas autre chose puisque je me suis fait cravater... que j'étais assez con pour m'embringuer avec une bande d'arcandiers minables qui se sont tous évaporés, les ordures. Je suis le plus beau joueur possible, mais j'ai droit à ma mère pour moi tout seul.

Qu'est-ce qui leur prend? Sans qu'on lui en donne l'ordre le chauffeur ralentit... tourne à gauche et stoppe devant l'hosto.

– Elle va mourir ta mère. Ce n'est plus qu'une question de jours.

Il me place sa banderille. Il a étudié mon dossier dans les tréfonds, il connaît ma biographie ce sale con!

– Y paraît que le curé a été la voir.

À l'article de la mort, ma pauvre mère se raccroche à Dieu. Elle a communié, m'a dit l'abbé Entraives, l'aumônier, lorsqu'il est venu me voir au mitard. Au bout du désespoir et de la souffrance, elle s'est rappelé sa communion, les sœurs pourtant pas si tendres qui l'avaient éduquée chrétienne dans leur pensionnat. Oh! je la comprends, j'ai pas le sens de la religion mais ça me paraît normal qu'elle écoute les paroles feutrées, consolatrices de ce prêtre qui dans son genre me semble un homme infiniment respectable. J'en oublie mes croa croa de base. Comme quoi il ne faut jurer de rien!

Cette fois c'est son dernier visage qui me revient, pas celui de la jeune femme qui a ébloui le petit garçon à la Dezonnière. Elle faisait semblant de croire à ce que lui disaient les toubibs qui baptisaient son cancer, polype, ulcère... petite chose bénigne... mais elle avait compris, elle était lucide.

Sa dernière silhouette c'est au bout d'une allée fleurie... un petit geste de sa main déjà décharnée. Elle est dans une maison de repos près de Saumur après sa première opération. Elle est voûtée, tassée, méconnaissable, flottant dans une robe grise. J'avais annoncé ma visite, alors on lui a donné des cachets... du palfium, je crois, pour qu'elle me fasse pas trop mauvaise figure.

Il faisait beau ce jour-là dans le Val de Loire. C'était sur la fin septembre, ce qu'on appelle l'été indien. Tout était calme, le ciel bleu à peine traversé de petits nuages... une curieuse transparence de l'air... le paysage accordé, paisible... nul accroc... pas de fausses notes... Elle était si fatiguée qu'on marchait lentement. On est sortis de la propriété... Tout près il y avait une auberge où on s'est installés à la terrasse près d'une petite rivière. J'ai commandé une friture arrosée d'un clos du château, un petit blanc sec de la région. Ça ressemble au bonheur de vivre notre tête-à-tête... ce qu'on appelle ainsi... une approche. Seulement, elle a du mal à manger ne serait-ce qu'un petit poisson frit... elle trempe juste ses lèvres dans le verre de blanc. Pourtant elle aimait le vin, maman... la bonne chère, fallait qu'elle surveille sa ligne à ce sujet. Tout à coup, comme ça, je prends conscience que la mort rôde... qu'elle est inscrite au programme. Tout prend alors une autre couleur. On est trompé par le ciel. Il ment lui aussi, comme les docteurs.

Restait entre nous toujours cette gêne. Je pouvais tout entendre, tout comprendre. Ça s'est développé chez moi cette faculté de compréhension, de ne jamais juger. Ma mère je ne lui reprochais rien... elle avait vécu comme bon lui semblait... elle avait eu mille fois raison si on considère sa fin, le mal qui la ronge. Qu'est-ce qu'elle y pouvait de ma naissance. Étais-je un accident brutal, une fantaisie d'un soir... une bêtise comme on disait alors ? Oh, je ne cherchais plus à savoir, mais si on s'était parlé là à la terrasse de cette auberge saumuroise ça nous aurait sans doute libérés chacun d'un poids.

Moi je m'étais toujours interdit de poser des questions. Je trouvais que ça se faisait pas... ma petite moralité, ma politesse. Elle, elle ne savait peut-être comment s'y prendre. Et puis, même malade, maigrie de quinze kilos, on croit encore qu'on est éternel... c'est la faiblesse de tous les humains. Un miracle ! Encore une minute monsieur le bourreau. Je croyais que j'allais revenir la semaine suivante... que j'étais dans une période de veine... le bon numéro à chaque fois. On envisage mal les périodes de grande scoumoune.

Ma mère se paye un petit sursis... s'efforce de sourire. On se ment, on parle de l'avenir... qu'elle va rentrer bientôt à Paris.

– Avec ce que je vais encore gagner...

Elle rit... elle a acheté des tickets de PMU. C'est un infirmier qui fait le book. Avec un temps pareil à Longchamp, même les perdants y gagnent quelque chose. Elle s'inquiète un peu de ce que je fais et je mens bien sûr... Je peux pas lui avouer que je ne vis vraiment que des pires expédients... sur les cordes les plus raides. Elle se doute... elle aussi fait semblant de me croire... On a toujours été comme ça entre nous... porte à faux. On sait et on dit rien. Une situation impossible.

Mais bordel ! pourquoi se sont-ils arrêtés devant la Pitié, ces emmanchés de flics ? Qu'est-ce qu'ils me mijotent encore ? Je leur demandais rien... j'étais juste avec mes pensées gaillardes à la vue des jolies derrières de filles qui passaient. Je leur ai jamais rien pleurniché. Je garde tout pour moi... ou alors, des années et des années plus tard, sur le papier, là... parce qu'il faut bien arriver à tout raconter un jour où l'autre... tout dire... que ça vaut peut-être la peine. Savoir ? Tous ces morts qui m'accompagnent, les témoins de ma jeunesse... c'est sans doute une façon un peu ridicule, dérisoire de les faire revivre encore un instant bien fugitif dans un livre... ces quelques pages imprimées en guise de stèles funéraires. Je commence à entraver la coupure... pas diable possible, ils ont tout manigancé, la grotesque et inutile perquisition, c'est eux qui l'ont demandée au juge... eux, pour en arriver là.

– Tu voudrais bien aller la voir, ta mère... hein ? Ça te ferait plaisir ! Et à elle encore plus !

L'autre en rajoute, le Globuleux.

– On est pas des enculés, va pas croire !

Il regarde son compère comme pour quémander un acquiescement. Ça va être tout simple, ils vont me retirer mes bracelets d'acier chromé et puis on va sortir de la 403... ils vont m'escorter, ils peuvent pas faire autrement... si j'esquisse le moindre geste pour me cavaler, ils ont chacun leur arme de service, dans le holster planqué sous leur lardeus... je risque pas d'aller bien loin. Mais enfin, il suppose, Bon Papa, que je n'ai pas l'esprit à ça... Que ça serait folie et saloperie à la fois. Ils feront semblant dans la salle d'être des copains et ils resteront à l'écart du lit.

– Faut que tu nous donnes ta parole d'homme que tu feras pas le con !

Je fléchis, perds ma sainte méfiance... le b.a.-ba de mon existence truandesque. Tout à coup je les crois ces lardus... qu'ils vont me faire une fleur... tout un bouquet même si c'est déjà des chrysanthèmes. Tu te berlures, Phonphonse, tu crois au miracle ! Comme ils m'ont touché au cœur, je marche... bien sûr que je vais pas profiter de l'occase pour me faire la levure.

Difficile d'analyser ce que je ressens, c'est à la fois douloureux et une espèce de joie. Oui, ils vont me retirer les cadènes, on va aller vers le pavillon, ils savent où elle est... l'étage, la salle... le numéro du lit. Dans quel état je vais la retrouver ma pauvre maman. Que reste-t-il de son visage ? J'ai peur... je vais affronter quelque chose d'atroce, de terrifiant. Aujourd'hui lorsque je rapporte ça au bout de ma plume je suis beaucoup plus âgé qu'elle ne l'était alors. Avant sa maladie elle avait encore du répondant... de la coquetterie... des aventures comme on dit... plusieurs mecs en même temps me révélera sa correspondance.

– T'emballe pas...

Le Globuleux repousse mes pognes que je lui tendais pour qu'il me retire les pinces. Il me souffle pleine poire son haleine à la nicotine en se marrant. Mais je ne l'ai pas très bien compris...

– On est peut-être bons, mais faut pas nous prendre pour des truffes.

Il jacte ainsi, en argomuche, comme beaucoup de flics, ils aiment aussi imiter un peu les voyous. J'ose pas trop penser plus avant.

– Tu peux pas mettre en balance ta mère avec l'enfoiré que tu couvres.

Bon Papa intervient. Je suis comme pétrifié, incapable d'ouvrir la bouche pour parler. Il développe son ignominie. Je l'écoute, ça me parvient un peu irréel ses paroles. Pas possible, ils ont tous les vices de l'enfer, ces enfoirés ! C'était mieux l'époque où ils nous avoinaient la gueule pour obtenir des aveux. En les enfermant dans les droits de la personne humaine à respecter, ça les force à s'investir l'imagination dans une vacherie beaucoup plus sophistiquée, beaucoup plus vicelarde.

– Ton lascar on sait qui c'est. Un jour ou l'autre on va l'attraper dans notre épuisette...

Le pire c'est que c'est vrai. Ils se relayent pour me donner des détails, faire son portrait à mon admirable complice. Une fieffée salope... Depuis des mois que je suis au placard, que je me tape tout seul l'addition, il n'a pas trouvé le moyen de se manifester, ne serait-ce que par un coup de fil à mon avocat. Il ne remuera pas sa panse tant qu'on ne lui mettra pas une lame aiguisée, pointue sous la gorge... un canon de flingue sur la tempe. Il appartient à ce genre de lascar qui ne comprend que le langage des parabellum... les dialogues au Beretta. Je sais tout à fait ce qu'ils dégoisent mes enquêteurs. Plus la peine qu'ils s'escriment. J'ai décidé une fois pour toutes de dire non. Je crois que c'est important de savoir dire non.

– On rentre ?... On doit passer à la brigade, je suppose.

J'ai du mal à articuler... j'ai la gorge sèche. Je voudrais maintenant qu'on s'arrache vite d'ici... que la 403 fasse marche arrière et tourne sur le boulevard.

– Comme tu voudras.

Globuleux fait signe au chauffeur de manœuvrer. Je serre les dents, je me retiens pour ne pas chialer, merde ! il faut tenir, ne pas me laisser aller devant ces dégueulasses. On n'entendrait pas une mouche voler, certes avec les mouvements de la rue... mais intérieurement c'est ça, une sorte de silence lourd, pesant. Je vis un de ces instants où les choses se cristallisent, où tout devient d'une intensité extrême... un de ces moments qui vous marquent... dont on garde la cicatrice.

J'arriverai en bout de parcours, l'âme bardée, couturée. Ça doit être dans l'ordre naturel des choses de mourir complètement désespéré. Ça doit nous aider en un sens... on s'en va en ne regrettant que le goût du pain et de la fesse. C'est déjà beaucoup.

Bon Papa, aux entournures il est gêné. Il doit pas être si fier au fond de son boulot d'argousin. Je devrais avoir des envies de meurtre à son égard et à celui de son sale petit compère. Même pas. Je suis à vide. Je n'arrive pas à faire le point. Je me suis fait coincer par ma faute. J'aurais dû m'attendre à tout... je suis encore beaucoup trop naïf.

Il m'offre une Gauloise... le remords peut-être. Je fumais à l'époque et je crache dans mon mitard depuis qu'on m'y a enfermé. Je me paye tout de même le luxe de lui refuser sa cigarette ! Pas mordre la poussière... que mon orgueil soit le plus fort. Tout ça va me servir, je me trempe le caractère au jus de taule... il faut que j'encaisse toutes les ordureries, les enfoirades des uns, des autres... poulets, matons, complices et même de mes compagnons d'infortune... Que je sorte dans quatre, cinq ans, de ce cloaque, aiguisé comme une lame.

Sans commentaire ils m'ont cloqué au violon mes fiers perdreaux. Fallait qu'ils aillent se sustenter, leur petit chantage ne leur avait certainement pas coupé l'appétit. Avec mes dix-huit cents balles j'ai pu demander au gardien de me faire parvenir du bistrot voisin un jambon-beurre, une bière et un paquet de cigarettes.

Dans la cellule... dans l'ombre, ça remue, ça grogne... je distingue une forme humaine dans le coin. Un clodo puant... un débris humain qu'ils ont enfermé là, on ne sait trop pourquoi. Il se redresse...

– T'as pas une pipe ?

Je vais le faire fumer cet affreux... et puis j'ai plus faim du tout, il va hériter de mon casse-dalle. Qu'il me remercie pas surtout, qu'il retourne dans son coin. J'aurais vraiment besoin d'être seul. Je suis comme un boxeur sonné, KO debout qui s'accroche aux cordes, qui veut tenir jusqu'au gong, jusqu'à la fin du round. Je m'appuie contre la lourde. Je reste sans bouger. Il fait froid ici, mais ça ne m'atteint pas.

– Ça va pas mon frère ?

... Eh oui, je suis son frangin à ce malodorant cloporte. Il est là comme l'incarnation de mon châtiment avec ses effluves d'urine, de crasse, de dégueulis. Il s'en fout si je vais ou pas. Comme toujours dans les taules et les hostos et même un peu partout les êtres ce sont leurs malheurs qu'ils veulent vous raconter... Y a que ça qui les intéresse. Lui il a ouvert sa légitime en deux ou quasiment d'un coup de couteau... plein ventre ! Elle est à la morgue cette pourriture ! Il m'explique, il avait picolé, mais elle aussi et en plus elle le faisait trop chier. Tout ça pour un litre qu'il avait bu avec une autre. En somme un crime passionnel. À jeun il est pas méchant... à la guerre il était brancardier, la preuve.

Il me jacte dans le nez. Ça me devient de plus en plus difficile de tenir, pas m'effondrer, aller me vautrer avec lui dans sa merde. Et pourtant si je veux m'en tirer, il n'y a pas d'autre solution il faut que je me raidisse, que je tienne envers, contre tout et tous... les remugles de chiottes... les criminels des nuits brumeuses... le froid, l'humidité... la gamelle ignoble du chtard... les coups de latte, les coups de bambou ! Dire non. Ne pas m'abaisser au mégot pour fumer. Leur odieux piège aux poulagas, je ne pouvais pas faire autrement que de refuser leur proposition... c'était pas possible sans me ravaler, tomber si bas que je n'aurais pu jamais me redresser.

– Ça suffit, ferme ta gueule !

Faut parler comme ça, hausser le ton pour qu'il entrave cézig. C'est ça la promiscuité. En chanson, les clochards sont poétiques, chères auditrices... Tant qu'il y aura des étoiles. Tout devient différent lorsqu'il s'agit de se les coltiner, de se les respirer. Ça me soulage de l'envoyer caguer celui-là. Assassin pour assassin autant qu'il ait pas de clochette au cul, qu'il se lave les dents. Un assassin bien élevé ne bâfre pas les paluches encore pleines du sang de sa dernière victime. On arrive à se contenter de peu en carluche. Ce peu qui vous est compté avec tant de parcimonie.

– Qu'est-ce qui se passe là-dedans ?

Comme j'ai gueulé, l'habillé... son képi surgit de derrière les barreaux. Je l'ai réveillé de son demi-sommeil.

– Je pourrais pas être dans une autre cellule ?

Oh ! je me branle pas trop des fois... merde ! Y a le règlement... le saint règlement le patron des flics, des militaires, des agents de l'État. Il a pas le pouvoir, comme ça, de me déplacer selon sa guise. On se figure pas en liberté, combien cet univers est sous la férule d'une administration tatillonne, apeurée et rigide à la fois. Les hommes ne sont pas obligatoirement féroces, mais la machine administrative les décervelle, les transforme en parfaits robots.

– Tenez-vous tranquille, sinon moi je vais faire un rapport au commissaire.

– J'y ai rien fait, m'sieur l'agent ! Il est malade ce mec-là !

Exact. Il m'a rien fait, simplement il me pèse ce meurtrier clodo ! Il pue trop ! Il me sort par le trouduc. J'ai eu tort de lui demander une faveur à ce flic en uniforme. Dans ma situation, il faut rien, jamais rien réclamer... quémander... « solliciter de votre haute bienveillance » selon la formule, elle aussi réglementaire, obligatoire lorsqu'on écrit au directeur d'une prison.

Je me recroqueville sur le bat-flanc pour attendre. Il a compris mon frère criminel, il se retire dans son coin au fond, je vois plus que la lueur de sa cigarette dans l'ombre.

L'après-midi je me suis farci leur séance habituelle... le feu roulant des questions dans un petit bureau au premier étage du siège de la XXe Territoriale. On répétait tous inlassablement les mêmes choses comme dans une pièce de théâtre. Un théâtre sans spectateurs... un texte ras des pâquerettes... menaces, promesses... pièces sans conviction. Enfin, il fallait bien justifier mon déplacement... nourrir les machines à écrire de rapports en double ou triple exemplaire. J'ai eu droit à tous les partenaires de l'équipe. Des nouvelles tronches, pas plus avenantes que celles de la dernière fois... des menaçantes, doucereuses, postillonneuses. Plus aucun témoin, ils sont tous venus me charger depuis plusieurs mois. Ils reviendront on me le promet, lorsque je répondrai de mes actes de banditisme devant Mame Thémis. Que branle ! Je prends tout sur mon matricule. L'homme au courant d'air, le rouquemoute, je n'ai pas le déshonneur de le connaître. S'il y avait encore une chance que je le leur balance, c'était ce matin, l'occase, à l'hôpital de la Pitié. Trop tard. Tout est trop tard quand on y pense, on a toujours loupé le meilleur. N'importe, ils ont leurs rapports à taper... à corriger... des paperasses à me faire signer ? Ils doivent accomplir leur besogne... le ministère de l'Intérieur les paye pour ça, pour paperasser.

Si on m'avait prédit un jour que je serais sinon heureux, du moins soulagé de rentrer dans l'auberge fresnoise, ça m'aurait franchement surpris. Pourtant le cas ce soir-là, même le voyage de retour me paraît interminable, toujours dans leur 403 avec Bon Papa et cette fois un autre, un petit nouveau de la basse-cour. Ils m'accompagnent jusqu'au greffe, c'est là que finit leur travail légalement. Je repasse au piano... La cérémonie rituelle des empreintes digitales... que le brigadier vérifie si c'est bien moi et pas un autre qui voudrait des fois entrer en taule pour le plaisir.

Bon Papa, le brigadier lui signe un reçu, il s'est délesté de son fardeau. Il m'a rendu sain de corps et peut-être d'esprit, à la stricte surveillance de monsieur le directeur de la maison de correction et d'arrêt. Maintenant s'il m'arrive des bricoles, qu'on m'éborgne ou m'émascule, il est hors de cause... Dix-neuf heures six, il se lave les pognes de ma personne humaine. Depuis l'intermède de la Pitié, il est moins ferme à mon égard, le Bon Papa. Pendant les interrogatoires, je lui sentais moins de cœur à l'ouvrage. Il range ses menottes en poche.

– Tu sais, des fois dans notre métier, nous autres, on trouve les truands plus sympathiques que les plaignants.

Ce qu'il me lâche comme une excuse. Je suis en train de m'essuyer les doigts à un chiffon crasseux prévu à cet effet près de la plaque enduite d'encre pour vous prendre les empreintes. Il ouvre la porte du greffe, remet son galure et il se retourne encore une fois.

– Bonne chance tout de même!

Je lui en demande pas tant. Je réponds juste avec les yeux. Ce matin il a pas eu le meilleur rôle de sa carrière et il en a conscience, il voudrait se rattraper un peu, ne pas rester dans mon esprit tout à fait ignoble. Ça l'empêchera pas sans doute de me fader dans ses rapports. Me reste cette minuscule satisfaction de le regarder, de le défier encore, avec aux lèvres un léger sourire qui s'efforce d'être méprisant.

Je retourne au mitard ensuite, retrouver les fringues puantes de l'Administration. On me reboucle... la grille d'abord et puis la lourde, avec une gamelle de soupe aigre et froide. C'est à six plombes la distribution... je me figurais pas tout de même qu'on allait me la faire réchauffer au bain-marie!

Le maton referme hargneux derrière moi. La hargne, c'est sa seconde nature. Ça doit pas lui rendre l'existence radieuse à cézig! C'est un borné aux châsses enfouies sous d'épais sourcils dans l'ombre de la visière de sa casquette. Il claque les portes le plus fort possible, il tourne sa clef avec rage. Sans doute a-t-il rêvé d'autre chose comme carrière dans son enfance... qu'il serait pilote comme Jean Mermoz... vedette de cinoche comme Gabin... et voilà, il est gardien pire qu'au zoo de Vincennes où au moins il prendrait l'air. Il s'éloigne... le silence s'installe... Puisque je parlais de zoo, je me mets à marcher dans ma cellote... me fatiguer le plus possible pour trouver un peu de sommeil cette nuit.

Ma mère, à quoi pense-t-elle dans son lit à l'hosto ? Peut-être qu'on se retrouve, je ne sais comment... par l'âme pour ainsi dire. À moins qu'elle ne souffre trop pour fixer son esprit... ou bien qu'ils l'aient ensuquée suffisamment pour qu'elle atteigne les rives de la mort en douceur. Aurait-elle été capable de me reconnaître si j'avais accepté le marché des flics ? J'aimerais croire que non... ça me rassure d'une certaine façon. Et qu'est-ce que ça aurait changé pour elle ? Incapable de répondre. Mais ça me torture... je remâche sans cesse, je retourne le problème. Peut-être que j'aurais dû pour la revoir une dernière fois devenir une vraie salope... une donneuse.

– Personne le saura, me disait Bon Papa. Ton mec on s'arrangera pour le coxer sans qu'il puisse se rendre compte que c'est toi qui l'as balancé.

Ainsi des bonnes mœurs et conseils de la police. À présent, il paraît qu'avec les progrès de la science, les écoutes téléphoniques... toutes sortes de gadgets investigateurs dus aux performances de l'informatique, ils obtiennent des résultats plus performants qu'avec les indics. Nous n'en étions pas encore là.

L'orgueil m'aide à rester debout. Il me reste de ces instants, des souvenirs très nets, comme si ce temps perdu dans le fond de ce cul-de-basse-fosse ne l'était qu'*apparemment*. Se sont effacés de ma mémoire des moments de quasi-bonheur et ces heures emmitardées me restent comme gravées à l'eau-forte. Toute cette période, cet hiver au trou, me marquera plus profondément que la guerre, la maladie, l'angoisse de crever lorsque j'avais craché du sang à Cochin... l'hémoptysie d'un 15 août. Là, j'ai l'impression de *toucher le fond* comme on lit dans Dostoïevski.

Me restent des détails, des instants... un jour de grand froid dans une cour de promenade où en cercle nous fumions l'unique cigarette que nous avions pour six, en se passant la touche. Se partager comme ça, un peu de fumée, une goulée d'une pauvre drogue, c'est peut-être ça la véritable fraternité. Rien. Personne y a pensé, mais là on ne fume pas seul voilà tout.

Dans mon mitard, je suis peut-être avec ma mère comme je ne l'ai jamais été. Me hante cette apparition à la Dezonnière, Blanche qui me tient par les épaules, qui me pousse. La boucle est en train de se refermer... du bleu pastel, des senteurs de dahlia et de jeunes femmes parfumées... d'un seul coup je suis en pleine fiente... dans l'ombre... épuisé, je vais m'écrouler tout à l'heure sur le bat-flanc. Pleurer m'apaiserait mais mon être s'y refuse comme si c'était une marque de faiblesse insigne. Je ne pleurais pas souvent étant môme tout le monde me l'a répété, soit comme preuve que je n'avais pas de cœur, soit pour vanter mon courage. Ça ne veut pas dire grand-chose tout ça. Je ne sais même pas si j'y ai un mérite quelconque à me crisper, serrer les dents. C'est peut-être la marque d'un orgueil mortel... un poison qui vous ronge.

Je poursuis ma marche infernale... sans but... je rencontre le mur et je tourne vers la porte. Dans ma tête j'essaie de retrouver des images, des scènes. Le soir chez les Chaminade, sous la lampe à pétrole... Auguste qui flippe lappe sa soupe... longtemps j'ai lappé comme lui, il a fallu aussi que je lutte pour me débarrasser de cette mauvaise manière. Ma grand-mère me trouvait péquenot, butor... elle a eu du mal à m'apprivoiser.

Me reviennent aussi des propos, paroles de Blanche, de drôles de réflexions à propos de ma condition... de ces types qui accompagnaient ma mère en voiture. Dans son esprit elle réprouvait tout ça. Mais heureusement il y avait aussi des affaires de fric... des billets qu'elle avait reçus. J'avais vu... de grands fafiots comme ceux qu'elle mettait dans une boîte de fer-blanc au-dessus de la cheminée... une boîte de cacao, en revenant de Bellegarde quand elle avait vendu ses poulets.

– Et toi alors! Faut te coucher... grouille-toi!

Le gaffe vient cogner du pied dans la porte. Après ce qu'on appelle la fermeture, la remise à chaque puni de sa paillasse et de sa maigre couvrante, le règlement, le sacro-saint, nous enjoint de nous pieuter... qu'on ne bouge plus que pour pisser. Certains matuches s'en foutent qu'on déambule dans la cellote, ça les dérange pas... celui de ce soir, je vous ai affranchi, c'est un mauvais fer, un teigneux.

Il précise avec son humour bien à lui :

– Tu veux peut-être que je vienne te border?

Bien obligé d'obtempérer. La paillasse est moite... beau me recroqueviller sous la berlue, j'arrive pas à me réchauffer, je claque des dents, je frissonne de partout. Ça devient difficile comme ça de poursuivre mes songeries. Pour ma mère, à présent, il vaudrait mieux que ça soit déjà fini. Arrivé à un certain stade de souffrance, de diminution physique... le corps lutte on ne sait trop pourquoi. À peine trente ans séparent la belle fille qui sort de la voiture devant la maison des Chaminade de cette femme qui ne peut plus que souffrir... toute une vie s'est déroulée. Je suis tout ce qui reste d'elle, moi, dans cette cellule du bout de la taule, guenilleux, grelottant avec mon écuelle de soupe froide que je n'ose pas toucher.

10.

D'une plume l'autre

« Ainsi avançons-nous barques luttant contre un courant qui nous rejette sans cesse vers le passé. »

Scott Fitzgerald

Vendre les roses de mon rosier... dans un joli... dans un joli... Vendre les roses de mon rosier dans un joli panier d'osier.

Me remonte cette comptine brusque... comme ça peut-être parce que depuis des pages et des pages, je suis encore, enfin je m'y efforce, à la Dezonnière quand je m'éveillais à l'existence. Je revois des petites filles en tulle avec leurs robes du dimanche... de jolis rubans dans les cheveux qui chantent en faisant la ronde dans la cour de l'école à Bellegarde...

Vendre les roses de mon rosier... Sans doute Blanche avait embarqué toute sa marmaille pour le jour des prix à la fin du mois de juillet. Ça devait être la Bébête qui était de la fête... notre petite Élisabeth qui tournait avec les autres... *dans un joli panier d'osier.* Me revient qu'à Bellegarde du Loiret ils ont un peu la spécialité des roses. Pourquoi Blanche cultivait plutôt les dahlias que les roses ? Elle n'est plus là pour me répondre. Mais il me semble bien qu'il y avait quelques rosiers dans son jardin.

Les souvenirs me reviennent souvent avec des chansons... pourquoi cette comptine ?... *les roses de mon rosier*... a-t-elle surgi brusquement dans ma tête ? Elle était enfouie, engloutie dans le passé... elle est là, obsédante tout à coup, mais les images ont du mal à suivre. La Bébête en robe du dimanche, il me faut un peu d'effort pour la reconstituer. J'ai la mémoire auditive plus fine que la mémoire visuelle. Je voyage en tout cas avec ces musiquettes... Au moment de crever, rendre comme on dit l'âme, j'entendrai peut-être une chanson, quelques notes de musique... il ne me restera que ça... *Vendre les roses de mon rosier.*

Tout se mélange... bien duraille de faire la part entre ce qu'on a vécu vraiment, ce qu'on rêve, ce qu'on vous a raconté... ce qui s'est déformé avec le temps... votre nouvelle perception des choses. Rien à foutre, après tout du charme rétro... bon vieux temps... etc. Nous sommes arrivés, il me semble, à l'ère du robot, alors il faut encore rêver un peu pour survivre... lutter contre le programmateur, le logiciel. Ça me sert de support l'écriture... la main à la plume physiquement. Elle seule compte... le rythme... question d'oreille avant tout... qu'il n'y ait pas de couac...

Les roses de mon rosier me ramènent encore à cette terrible enfance qui ne veut pas mourir, disait Georges Bernanos. Dans mon mitard... une nuit froide d'hiver sans chauffage, il ne me restait que ça, ressusciter encore mon enfance et ça se mêlait forcément avec l'évocation de ma mère dans son lit à l'hôpital de la Pitié. Dans mon trou je n'avais plus aucune nouvelle, ça faisait partie du châtiment. Pas de lettre, pas de tabac, pas de cantine. On pouvait juste demander le toubib si on se sentait mal. C'était un fonctionnaire lui aussi, on savait que dans tous les cas qui se présentaient, il ordonnait l'aspirine... un cachet le matin, un le soir. J'aurais pu le voir, lui argumenter ma tubardise encore récente, ma semi-guérison par un double pneumothorax. Pas vraiment envie de tenter cette démarche. J'allais rechuter quelques mois plus tard au

Centre d'orientation... une hémoptysie, la replongée dans les hostos et sanas quand je m'extirperais du placard.

C'est là, comme ça, au fond de la plus noire chtourbe, promis à rien d'autre que des années de pain dur, que je me suis mis dans la tête d'écrire... de me raconter puisque je le faisais déjà oralement depuis l'école communale. Un moment ça m'est venu à l'esprit... que je n'avais plus d'autre issue. Ça s'est imposé, je me souviens net, dans cette cellule de mitard tandis que je m'épuisais à marcher, marcher pour me réchauffer... les pas de plus en plus rapides. Me venaient, les mots... les phrases... de ce qui sera un jour *Les Combattants du petit bonheur*. Ça se bâtissait dans ma tête. Je me remémorais tous ces événements de mon adolescence sous l'Occupation... j'entendais en écho les fifres de la parade allemande aux Champs-Élysées. Je n'étais pas le seul à les avoir vus défiler, mais dans mon coin dans mon XIIIe, je pensais avoir quelque chose d'un peu différent à rapporter sur le papier... d'une certaine façon surtout... avec la langue de ma rue... J'ai pensé aussi à Julien Blanc, un auteur aujourd'hui dans les oubliettes littéraires, mais qui m'avait bouleversé avec son récit *Joyeux fais ton fourbi*. D'une terrible expérience dans les bataillons d'Afrique... les bagnes militaires d'avant-guerre, il avait tiré un livre unique. Une espèce de *Maison des morts* à la française. Pour s'extirper de la fiente pénitentiaire... de toutes ses séquelles, il avait choisi le porte-plume et il lui avait fallu du temps, de la patience... un courage de fer. Voilà... ce qu'avait fait Julien je pouvais en faire autant.

Tout ça s'éloigne, se mêle, s'imbrique puisque j'évoque ces moments du mitard vieux de trente-cinq ans où j'étais en compagnie des fantômes de mon enfance. Ça a duré jusqu'à ce qu'on me sorte... à l'improviste un matin. Sans explication on m'a rendu mes fringues et un gaffe m'a conduit encore au prétoire. C'était pour m'annoncer la mort de ma mère. Mû par son extrême bonté Monsieur le directeur me faisait grâce des cinq ou six jours qui me restaient à tirer en cellule disciplinaire et j'allais avoir, en accord avec mon juge d'instruction, l'autorisation d'assister à l'enterrement. Tout ça assené par le surveillant-chef d'un ton monocorde... administratif comme de bien entendu. Fallait bien que je me foute dans le chignon qu'il y avait aucune animosité des agents de la pénitentiaire à mon égard... que j'étais dans leur machinerie... que ça roulait et que je n'avais pas plus d'importance qu'une feuille de papier à cul.

Le temps s'était adouci depuis ma dernière promenade sentimentale avec les condés de la Territoriale. Au froid sec succédaient de ces jours de pluie fine, de brouillasse, de vent assez parisien pour tout dire et adéquat pour des obsèques, ça contrastait d'avec celles de ma grand-mère qui s'étaient déroulées un après-midi de juin sous un soleil de plomb. À ce moment-là j'étais à l'hosto. Ça s'enchaînait prisons... hôpitaux, sanatoriums... et les morts... à se demander quand ça finirait... comment? Il m'a fallu cette idée d'écriture chevillée à l'esprit pour m'en sortir. Ce fut la remarque de mon premier lecteur Michel Tournier... le salut par l'écriture! Je n'en étais pas encore là en arrivant à la Souricière... avec la voiture cellulaire.

On m'a cloqué dans un de ces trous immondes dont la grosse porte est ajourée de neuf rangées de quatre carreaux... ce qui donne trente-six pour peu qu'on sache multiplier... Dans le langage des habitués quand on dit *le trente-six carreaux*, on a résumé la situasse. C'est l'attente des heures, entassés dans un espace des plus réduits, avant d'aller voir en haut dans le Palais, ces messieurs les juges. Celui d'instruction, le curieux... ou ceux des chambres correctionnelles... ou encore mieux pour l'élite du crime, de la fausse monnaie ou du braquage, les hauts guignols des assises.

Pour nous mettre bien en condition... nous déstructurer comme disent les psy, on respire là à pleins poumons des effluves de chiottes mêlés de désinfectant. L'hygiène réglementaire est à ce prix. On est dans le brouhaha des conversations... plutôt de gueulements des détenus qui s'interpellent d'un côté l'autre de la coursive. C'est le dernier salon de la vermine... le dernier cri. J'y ai passé nombre de journées à mariner dans ce jus sordide. On en ressort le soir avec les fringues imprégnées d'odeurs de tinettes, de crasse... les parfums anti-Dior de la misère. Ça serait une idée à lancer... l'eau de toilette *Misère 4 ou 3*... *Fragrances d'ergastule* pour les gens qui ont des idées avancées et n'en sont pas moins riches... de la classe des nantis !

J'ai entendu dans ces cellotes du *trente-six carreaux*, des récits à vous clouer, vous figer dans l'horreur. Les hommes lorsqu'on les rassemble dans l'opprobre, ils finissent par s'y complaire, se délecter morose de leurs forfaits et ils en sont fiers. Dans ce monde des taules, la mythomanie s'exerce sur le terrain approprié du crime et de la délinquance. Tout un chacun en rajoute... les filles qu'il a mises sur le turf... les vols de Joconde en série... les attaques de Banque de France... les évasions latudesques. On s'y fanfaronne des plus noirs forfaits, escroqueries, guet-apens... sacrilèges... que sais-je... les plus beaux assassinats ! Une société à l'envers fait de ses vices des vertus. J'ai fréquenté là toute la maboulerie inhérente à l'extrême pauvreté tant morale que physique des êtres au ban de la société. De quoi vous remplir quelques volumes... la mythomanie étant souvent la matière brute du romancier.

Ce jour-là, où j'attendais l'heure où les flics viendraient me chercher pour m'escorter à l'enterrement, j'étais pour une fois seul avec un maigre fiévreux, un peu édenté il me semble. Il s'est mis à me faire des confidences assassines... à voix basse un peu rauque, la bouche en coin... qu'il était là pour le moins grave, qu'il allait *s'arra-*

cher chez le juge. Non-lieu *in the pocket*, mais que s'il savait ce con de juge... il ricanait.

– Je peux te le dire à toi, j'ai tué...

Pourquoi à moi, là sous la lumière glauque de notre cage ? Je me suis gardé de lui poser la question, j'essayais de recevoir ses paroles sans les entendre... comme ça vous arrive dans un lieu public où les conversations forment une espèce de bouillie de mots... mais il arrivait tout de même, ce chabraque, à me détourner de mes pensées sur la mort de ma mère.

– Dans un cinéma, rue aux Ours, au balcon... j'ai étranglé un pédé. J'aime pas les pédés.

Un motif tout à fait valable n'est-ce pas. J'allais pas lui rétorquer que s'il fallait étrangler tous les pédés ça serait une Saint-Barthélemy quotidienne. Et qu'il n'y aurait plus d'élite artistique en France.

– J'y ai quand même tiré son lazingue quand il a été mort... normal ?

Oui, oui normal... lazingue ne doit plus s'employer beaucoup en argot. C'était un porte-feuille, un lazingue... un morlingue. Le porte-monnaie c'était le crapaud, le crapotard... ne pas confondre. Bref, mon maboule après sa strangulation de pédéraste, où il s'invoquait comme circonstance atténuante qu'auparavant dans ce cinéma d'avant-garde la tante en question lui avait fait une pipe. C'est tout de suite après la turlutte qu'il lui avait serré le kiki.

– Le soir même à Barbès j'ai déglingué une pute... Une salope qui balançait comme elle respirait.

Sur cette confidence, il s'est arrêté pour se rouler une minuscule cigarette de mégots qu'il décortiquait soigneux sur un morceau de journal. Il émanait de sa triste carcasse une odeur tenace de cloche. Question fringue c'était au bord... un costard élimé, brillant au genoux et aux coudes.

J'aurais bien voulu qu'il se taise, ce barjo. Qu'une

seule façon de lui faire boucler son claque-merde, hausser le ton... lui dire de fermer un peu sa gueule... Un conseil de ce genre, mais ça comportait le risque d'une rebiffade, qu'on en vienne aux poings. C'était pas le jour, je m'étais efforcé d'être le plus net possible... Je me posais plutôt la question de la gueule que j'allais faire derrière le cercueil... quelle attitude prendre. Depuis l'annonce de cette mort, je n'arrivais pas bien à réaliser. Me restaient en tête que des images de vie... des sourires, des rires... même des engueulades. Ça nous était arrivé de nous accrocher dur, surtout pour des choses concernant l'existence que je menais... toutes les cagades qui en découlaient... enquêtes de police... cavales... combines à la mords-moi pour les alibis.

Elle n'était pas très armée, ma mère, pour me driver sur le bon chemin, elle ne vivait pas assez selon les normes de la bonne société pour me prêcher la morale... Elle se rattrapait comme elle pouvait aux branches du bon sens... que je me gâchais la vie, que j'étais sur une voie sans issue... qu'il y avait tout de même d'autres moyens de m'en sortir sans me mêler d'affaires de fausse monnaie ou de débridage de coffres-forts.

Vrai... tout à fait vrai, mais extrêmement duraille lorsqu'on a mis son doigt ganté dans le mauvais engrenage et qu'on a vécu toute son enfance, sa jeunesse dans une espèce de marginalité... dans les mystères, les choses qu'on ne doit pas dire... une sorte de règle du silence implicite. Au cas où je n'aurais pas réussi ma reconversion par l'écriture, je suis formel, j'aurais replongé. J'étais devenu à présent un professionnel assez averti dans la malfaisance.

Des relations, je m'en étais fait de sérieuses avec des arcandiers de poids. J'allais quelque temps plus tard me tailler une réputation d' « homme » comme on dit, en me mouillant dans une complicité d'évasion. Je raconterai ça un jour, je pourrais dès maintenant, il y a prescription... l'anecdote vaut un déplacement de plume sur le papier.

Inconnu au fichier des flics ce gage de truanderie. N'empêche qu'ils avaient flairé la poloche ceux de la Territo et certains autres plus tard qui se donneront la peine d'analyser, décortiquer mon cas. À savoir que j'étais tout à fait entré dans le circuit de la grande délinquance... que je me comportais, raisonnais en asocial, conscient et organisé. Passé un certain âge, une certaine dose d'expérience, on est plus difficile à faire tomber dans la trappe... Vieux renard on déjoue tous les pièges, ceux que vous tendent les argousins et aussi ceux que vous vous fabriquez vous-même par incurie, goût du jeu, passions diverses qui peuvent vous conduire à la catastrophe plus certainement que les indics ou le Code pénal.

L'autre, le plastronneur assassin, il a repris son psaume, ses litanies noires... À y gamberger ce pauvre type, à sa manière, célébrait le même culte que Jean Genet.

– La guillotine moi je m'en balance ! S'il faut y aller j'irai et je leur cracherai tous à la gueule avant d'aller sur la bascule.

Il n'envisage que le pire... après m'avoir avoué encore deux trois meurtres... encore un pédé qu'il a estourbi après l'avoir, proprement si l'on peut dire, sodomisé dans une tasse.

Ça n'existe plus les tasses... nos précieux édicules... hommage de la ville de Paris à Vespasien... les pissotières pour tout dire. Il se passait là-dedans de drôles de fiestas de la brioche infernale. Un abcès de fixation pour ce genre de sexualité. Ce qu'il invente l'autre, l'édenté loquedu, est arrivé souventes fois réellement. Il fantasme là-dessus... de s'embourber un pède et de lui planter ensuite en guise de petit cadeau un surin entre les omoplates. On a les rêveries qu'on peut, certains c'est Venise en gondole... Lamartine sur son lac... voir les jardins de Babylone. Ici dans ce cloaque on patauge au fond de l'égout, tout est fait pour nous conditionner dans cette sorte du culte des actes les plus inavouables... dans toutes les souillures... les recoins crasseux de l'âme. Ça urge que je m'en dégage, que je me crispe pour échapper de cette géhenne... Les livres vont m'aider... la pointe Bic et les petits cahiers d'écolier à remplir chaque jour, d'une écriture qui, de plus en plus, va se raffermir, s'affirmer, s'affirmer comme pour témoigner de la métamorphose du cloporte.

– Arrête un peu... je suis fatigué... j'ai mal au crâne.

Il ne prend pas ma réplique en mauvaise part mon sinistre compagnon. Ça a l'air simplement de le surprendre que je ne sois pas vif passionné par sa confession. Il murmure :

– Je t'ai dit tout ça, rapport que j'ai vu que t'étais pas une balance.

De ricaner... on rencontre dans notre univers des lascars à la limite de la débilité mentale. Se les appliquer au quotidien dans une cellule... la torture. Faudrait être seul. Et pourtant j'enregistre tout ça... tous leurs délires, leurs dégueulis d'existence. Ça va me revenir plus tard, ils vont me faire les gargouilles de ma petite porte de l'Enfer.

On en entend qui crient, s'interpellent d'une cage l'autre. « Fais gaffe à Marcel c'est une salope. Il a donné Albert ! » Ça s'insulte aussi... les plus gras morceaux du langage. On est comme dans les cales d'un bateau... dans les sentines... un peu le *La Martinière* qui conduisait autrefois les bagnards sous les tropiques guyanais.

La porte s'ouvre pour moi, je quitte sans regret ce pauvre minable en lui souhaitant tout de même bonne chance ! « J'espère que t'échapperas à la Veuve »... Je lui glisse en ironie. Il doit en réalité tout au plus risquer six ou huit mois de cabane pour avoir dévalisé quelque amateur de terre jaune dans une de ces tasses qu'il a l'air d'affectionner particulièrement.

Celui qui est venu prendre livraison de ma précieuse

personne, pour une fois c'est un type en civil, d'habitude on ne circule dans les couloirs sous le Palais de justice qu'escorté d'un garde municipal. *Les cipaux qui n'ont pas de cœur*, dit une naïve chanson de prison. Mon civil c'est un homme de la Grande Maison, sise dans le même corps de bâtiment... au 36, quai des Orfèvres, où se mitonnent les plats cuisinés de la flicaille... prêts, si possible, à consommer tièdes par les fonctionnaires de la magistrature.

Faut jamais poser de questions aux flics, c'est leur domaine réservé. Je me laisse trimbaler pour aboutir dans un bureau où ils sont plusieurs avec des canettes de bière et des sandwichs.

– C'est toi qui vas à l'enterrement de ta mère?

Ce que demande l'un de ces gentlemen... un gras du bide en bras de chemise et bretelles. Tout à fait l'ambiance du film de Clouzot. Plus les odeurs qu'on ne peut pas apprécier dans les salles de cinéma... le mégot froid... la sueur du poulaga au travail... un peu il me semble les panards pas si propres du jour, voire de la semaine!

Sur ma réponse affirmative, ce petit chef donne l'ordre qu'on m'accroche par la menotte au radiateur et il me gratifie d'un coup de bibine et d'un casse-dalle saucisson à l'ail. Ça vous met pas dans les haleines à emballer les mannequins de chez Fath, n'empêche j'apprécie... depuis le jus dégueulasse de Fresnes ce matin avec un morceau de pain sec, mon estomac crie famine.

– Tu bouges pas. On doit t'emmener à la Pitié à trois plombes.

... Ne pipe. Je mâche mon sandwich lentement... ne pas en perdre une miette. La galtouse de nos établissements de pénitence, c'est à l'époque des carottes et des navets qui flottent dans un jus jaunâtre... quelquefois des nouilles à l'eau de vaisselle... des haricots de quoi entretenir tous les concerts de pétomanie dans nos cellules. Peut-être qu'aujourd'hui on nourrit un peu moins toc les taulards... je l'espère... là, on était au régime prétuberculose.

J'en perds pas une de ce que je visionne dans ce bureau. La fenêtre donne sur la Seine... au-delà c'est la *Rôtisserie Périgourdine...* un peu plus loin, je devine la place avec son saint Michel qui terrasse le vilain dragon. Encore le flash-back... Il ne pleut plus... au contraire, la place est sous un soleil de plomb. C'est le mois d'août et c'est 1944 où je jouais à la guéguerre avec un flingue, chaussé de sandalettes et coiffé d'un bizarre casque plat de travailleur du métro. Ça me faisait une petite célébrité, ce casque étrange dans les environs... On me posait des questions... si je sortais... de l'armée anglaise ou quoi. Impossible de répondre exact, on me l'avait donné dans un poste de secours, une grosse dame « Prends ça mon petit, ça t'empêchera peut-être de mourir ». Heureuse époque qui me vagabonde dans la tronche tandis que j'attends accroché à mon radiateur. Il faisait beau. J'étais encore presque un môme, je me figurais que j'allais becter tout le monde... De temps en temps on se précipitait pour tirer quelques coups de pétoire sur les Allemands en déroute qui s'efforçaient de passer au travers de nos barricades.

Enfin, je sauvais un peu la France. Impression extraordinaire qui ne dura que cinq ou six jours, mais peut-être me fallait-il vivre ces moments d'ivresse pour me sortir de l'enfance.

Et voilà, en fait de tout becter, je me grignote juste un casse-graine à la charité des flics. Ils passent, repassent, ils ont des dossiers... parfois ils accompagnent un type au costard frippé, mal rasé, un peu hagard et lui aussi menotté. On se croise les regards, ça nous fait comme une fraternité de chaîne en acier chromé.

– Qu'est-ce que c'est que çui-là ?

De temps en temps un condé de passage interroge ses collègues à mon endroit. Les autres lui grognent que je suis un lycéen de Fresnes qui va enterrer sa maman. Mine désabusée du questionneur... ça le déçoit, il se demandait déjà sans doute si je n'étais pas un punching-ball en perspective... un sale enfoiré de truand sur lequel il pourrait s'offrir un peu de bon temps. Je dis ça parce que j'entends d'une pièce voisine des ahanements, des cris sourds. C'est un bique qui déguste, j'aurais le temps de le voir passer tout à l'heure... la tronche un peu rectifiée, boursouflée. Rien à chiquer, nous sommes en pleine guerre d'Algérie et c'est pas encore la paix des braves, alors on se fait pas de cadeaux de part et d'autre. Les lardus justifient leurs interrogatoires musclés pour faire avouer où se cachent les bombes, les flingues... les grenades des attentats du FLN.

Tout ça m'empêche de me concentrer sur les raisons de ma sortie impromptue du placard... cette cérémonie funèbre tout à l'heure. Ils se bidonnent les gardiens de l'ordre... leurs plaisanteries, on se doute que c'est pas du Sacha Guitry. Ils ont un humour bien à eux... à propos d'un de leurs clients, ils prétendent qu'ils lui ont offert une nuit de Bagdad. Formule allégorique qui vous laisse en suppositions bastonnantes.

Si je détaille cette journée, c'est qu'elle m'est restée coincée dans les replis de la mémoire. Un peu en manque de bouffe... les nuits blanches à la gambergeade, j'avais une sorte de perception des choses, une lucidité exceptionnelle. Je devinais, je pressentais... j'avais l'âme en berne mais aux aguets. Ce qui se disait autour de moi je l'enregistrais comme sur un second plan, je ne cherchais pas à tout comprendre mais ça me restait dans l'esprit.

Je résume cependant, ils ont fini par me décrocher de mon radiateur. « En route, toi ! » Transport dans une vieille traction avant. Ils en avaient encore à la PJ à cette époque alors que les voyous ne circulaient plus qu'en 403... en voiture américaine. Toujours ils sont en retard d'une guerre nos joyeux drilles de la Grande Maison.

Qu'ils arrivent à des résultats somme toute assez performants, ça prouve que les chevaux-vapeur ne peuvent rien contre les balances... un réseau tissé soigneux de renseignements de première pogne. Ils n'ont plus ensuite qu'à appréhender le malfrat à domicile... aux heures légales comme on dit.

Ce que je me demande sur le trajet qui nous conduit à l'hosto, si une fois sur place ils vont me laisser les cadènes aux pognes... Je n'ose leur poser la question des fois que ça les indispose.

Ils sont neutres ceux-là... deux chapeaux mous, deux impers américains et plus de moustaches depuis des lustres... ni de chaussettes à clous... c'est des modern's flics, ils fument des Craven.

– T'es tombé pour quoi ? m'interroge l'un d'eux.

Son alter ego me laisse pas le loisir de répondre, il se marre et il me balance un vanne.

– Il n'a rien fait. On l'a arrêté par erreur.

Je me permets tout de même d'ajouter pour rester dans le ton.

– Vous avez raison, je suis innocent.

Franche rigolade. Après cette déclaration, s'installe entre nous cette espèce de complicité douteuse qui s'établit entre les poulets et leurs clients. À mon corps défendant, certes, je suis pas en état de poursuivre ce dialogue fait d'allusions, de plaisanteries à usage interne de ceux qui se trouvent sur les mêmes champs de bataille. Je profite tout de même de cette détente pour leur demander s'il me serait pas possible de me retirer les bracelets une fois arrivé à l'hosto.

– On peut pas, on a des consignes...

Et les consignes ils les respectent à défaut d'autre chose. Ils sont navrés, ils me disent, ils se mettent à ma place...

On m'a conduit devant un cercueil en bois blanc... on n'attendait que moi pour refermer le couvercle. Ils auraient dû le faire... je n'aurais vu que cette caisse. Le corps à l'intérieur, c'était pas ma mère... un visage tout émacié... réduit, presque momifié... jaune... des cheveux tout blancs. Rien qui puisse me la faire reconnaître. Ils auraient pu mettre à l'intérieur de la bière un autre corps de femme, c'eût été pareil... une impression abominable... insoutenable. La mort avait déjà fait sur elle ses ravages irréversibles avant qu'elle ne rende son dernier soupir. Elle ne pouvait pas s'être décomposée de la sorte en deux jours.

– Vous avez le droit de l'embrasser.

Une voix derrière, de je ne sais quel croque-mort. Je me suis penché pour baiser le front de cette étrangère. Ça ne pouvait pas être ma mère ce cadavre. Je me suis reculé ensuite... autour il y avait quelques personnes, des amis ou des inconnus. Il ne me restait plus qu'à me plier aux rites... aux derniers bons usages qui entourent la mort.

Je me revois ensuite dans une chapelle... À quel endroit ? Dans l'enceinte de l'hôpital de la Pitié, si je me souviens exact. L'abbé Entraives s'était déplacé spécial pour donner la bénédiction... dire quelques mots. Tout ça reste brouillardeux. J'étais la proie de tous les regards toujours avec mes deux flics qui me cornaquaient. Je ne pleurais pas, on a dû me juger sans cœur, tout mon chagrin me restait à l'intérieur. Ma honte aussi d'être comme ça désigné fils maudit avec les menottes aux poignets. Qu'on imagine un peu le défilé pour les condoléances... ma gêne pour serrer les quelques mains qui se sont présentées. Il y avait combien de personnes au juste dans la chapelle ?... j'ai reconnu quelques dames, quelques voisines et puis des visages que je ne connaissais pas... deux ou trois hommes assez âgés. Une vieille amie de Paulette est venue m'embrasser... une qui devait être à mon baptême ce qui la rangeait à présent dans la catégorie des tout à fait viocardes...

Le front ridé, les cheveux gris
Les sourcilx cheus, les yeulx esteints
Qui faisaient regars et ris.

Les éternels regrets de la Belle Heaulmière de notre cher François Villon. Lorsque son nom vient sous la plume ça me rassure un peu. C'était un frère de mauvaise compagnie... Coquillard... homme de sac et de corde... il a fini probablement sous les fourches patibulaires... Nous restent ses Ballades, ses Lais, ses Complaintes qui nous émeuvent à travers les siècles... de joie, d'amour et de pitié. Ses juges que nous ont-ils laissé ?

– Viens...

Les flics m'entraînent vers leur traction. On va suivre le convoi mortuaire jusqu'à Thiais. La pluie n'a cessé depuis ce matin... Dire ce que je ressentais, ce que je pensais... difficile de me souvenir. Mes deux accompagnateurs se taisaient, fumaient... Ça devait être pour eux une corvée sinistre cet enterrement de quelqu'un qu'ils ne connaissaient pas... ils pouvaient plus se mettre à blaguer, raconter leurs exploits sexuels ou même leurs dernières sublimes arrestations. On s'enfonçait dans cette pluie qui brouillait le paysage... les rues... le Kremlin-Bicêtre où j'avais traîné les galoches de mon enfance... hanté ce marché aux puces pour fourguer je ne sais quelle saloperie... camelote de mon petit marché noir pendant l'Occupe.

Ce temps, cette purée grise c'était bien ce qu'il fallait pour la circonstance, j'étais coincé dans la chtoube... dans le coaltar. On est jamais à la fête quand on suit l'enterrement d'une personne qu'on aime, mais là j'en rajoutais avec mes argousins de protection rapprochée.

On a pénétré dans l'immense cimetière parisien... celui des pauvres, les autres vont au Père-Lachaise ou à

Montmartre avec les célébrités. Tout est en ordre pour le dernier acte, la descente au trou définitive. Quelques personnes avaient suivi... des gens que je ne connaissais pas, qui ne cessaient de me dévisager. Un gros homme, une femme. L'homme est venu vers moi... « Je suis monsieur Génibrel... le cousin de Thérèse. » Ça me revenait ce nom... Génibrel... elle avait deux ou trois cousins, une tante, maman... une famille à laquelle on m'avait caché comme une tare... un péché... Comment étaient-ils venus là ? Prévenus par qui ? Ça m'avait l'air, ce couple sous son grand parapluie noir, des gens tout de même à l'aise, sortes de petits-bourgeois de province.

Me sont revenues, assez lointaines, des bribes de ce qui se disait à leur propos entre ma mère et ma grand-mère. Il était question d'une tante Marthe à Albi et de sa fille Lucienne qui avait épousé un beau parti... un médecin je crois. Ils s'envoyaient des cartes à la bonne année... des petites choses de politesse... ça n'allait pas lerche plus loin. La tante Marthe, sœur de ma grand-mère, devait être morte... d'après ce que j'avais compris fallait jamais rien attendre d'elle. « Radine à gratter les miettes de pain sur la table. » Lors de sa période de noire mistouille, quand Alphonse Ier s'était fait la malle.... Annette n'avait même pas fait signe à sa sœur tant elle était certaine de recevoir une réponse courtoise en forme de non-assistance. C'est jamais le moment dans ces cas... fallait venir hier... ou faudra nous refaire signe l'an prochain.

Avec mes poulets, nous on n'avait pas de pébroque pour s'abriter de la pluie qui tombait maintenant de plus en plus dru. Nous étions autour de la fosse pour assister aux dernières phases de l'inhumation... les croque-morts avaient passé le relais si je puis dire aux fossoyeurs. Pour améliorer encore la scène l'un d'eux avait dû siffler maintes bouteilles depuis les aurores... il était tout à fait paf... il titubait... hoquetait tout en descendant le cercueil avec sa corde. Un faux mouvement, il a glissé dans la terre molle... quatre fers en l'air... Ses collègues s'empressent pour l'aider à se relever... il les repousse « Faites pas chier! bande de connards! ». Failli tourner au pugilat. « Sois poli Edmond! Moi je vais te foutre dans le trou, tu vas voir. » Les croque-morts les ont séparés... Edmond, le biturin, ils l'ont repoussé non sans mal, il se débattait, continuait à brailler... un peu plus loin, il s'est affalé sur une tombe tout en continuant à éructer, à insulter ses collègues... les traiter de pourris, de vendus aux trusts!

Le cercueil descendu, on a été jeter quelques fleurs dessus... dérisoire adieu. L'ivrogne s'est tout à coup mis a chanter : *Prenez garde, les bourgeois... les curés... à la jeune garde qui descend sur le pavé.* Une rengaine révolutionnaire bien oubliée depuis le grand fiasco de l'URSS patrie des travailleurs, mais qui fut, dans les années 30, comme un cantique des damnés de la Terre. Pour déconner de la sorte, ce biturin fossoyeur, il aurait pu choisir un convoi plus smart. Ici c'était le bout du parcours d'une vie de pauvre, dissolue, semée d'embûches. Avec l'héritier repris de justice on trouve difficilement plus toc.

Je ne me suis pas rendu compte que je suis trempé jusqu'aux os, sans imper, sans galure, en veste. Je reste planté devant la tombe, complètement hébété. Les fossoyeurs commencent à pelleter... recouvrir la petite caisse en bois blanc.

– Allons, viens.

Les flics m'entraînent vers la traction garée dans l'allée près de l'ivrogne qui s'est mis à dégueuler à présent.

– ... Celui-là, dit un fossoyeur, sans doute le chef, le responsable... il va savoir de quel bois je me chauffe.

Perdu sa place... sans doute en retrouvera-t-il une facilement, on ne se dispute pas tant pour creuser, piocher la terre.

J'ai hâte de regagner la bergerie fresnoise... Aller

prendre un bol de liberté dans de pareilles condisses, autant rester emplacardé. Je ne sais trop où j'en suis... ce que tout ça signifie. La visite à la Pitié que m'avaient proposée Globuleux et Bon Papa c'était quelque chose de palpable. Là, je suis dans une suite de scènes douloureuses, éprouvantes, sans signification. Ma mère elle est à présent uniquement dans ma tête... sa dernière forme de vie... un lien affectif... un souvenir qui ne s'effacera que lorsque à mon tour je tournerai les coins. C'est ce qu'on disait encore de ce temps pour parler de la mort dans un euphémisme argotique... dévisser son billard... fermer son pébroque...

Et puisqu'il est question de pébroque, ce monsieur Génibrel s'approche et m'abrite.

– Vous permettez, il demande aux flics... Deux mots...

Les flics eux ils ont hâte de se tirer, d'achever leur triste mission. La dame de monsieur Génibrel est juste derrière lui, c'est une quinquagénaire d'assez belle allure, au chaud sous un manteau de fourrure. C'est donc elle la cousine de ma mère... me reviendra par la suite qu'elle se prénomme Lucienne... c'est ça. « Ta cousine Lucienne », disait la Mémé.

– Tenez, voici ma carte...

Il la montre d'abord aux flics pour les rassurer.

– Écrivez-moi. J'espère que vous allez vous en sortir très vite. Si je peux faire quelque chose pour vous n'hésitez pas...

J'acquiesce... oui oui... comme ça... mais je sais déjà que je ne lui écrirai jamais à ce docteur d'Albi qui me surgit là sous la pluie, dans ce cimetière. J'imaginais à peine son existence. Madame se précipite et m'embrasse au moment où je monte dans la tire. Tout ça n'a aucun sens, ils n'ont pas envie, ces gens, de m'aider. Au fond de leur province, les préjugés sont tenaces, féroces... un môme né comme ça hors du mariage, de père aussi inconnu que le soldat de l'Arc de Triomphe, ça ne mérite pas d'exister. Leurs gestes d'amitié, l'embrassade et la carte de visite... l'offre de me venir en aide, je sais qu'ils vont les oublier sitôt rentrés dans leur appartement bourgeois avec des tapis, des meubles de style... des portraits d'ancêtres... Après tout je ne vois pas pourquoi il en serait autre... leur caste se protège des intrus, le jour où elle laissera – ce n'est pas demain la veille – ses portes ouvertes à tout venant, elle sera foutue... estourbie. C'est la loi de la jungle... de la vie tout court.

– Elle aura pas eu beau temps ta mère pour son enterrement.

Voilà ce que me dit un de mes anges gardiens... tout à fait stylé constatez. Je sens tout de même que je les intrigue... qu'ils se demandent ce que tout ça signifie. C'est plus si loin la prison... de Thiais, on rejoint la N 186 et les portes s'ouvrent pour entrer plus facilement que pour sortir.

– Tu le connaissais pas... c'est quoi ?... c'est ton oncle ? La bonne femme, c'est ta tante ?

Je n'ai pas du tout envie de jacter. Que répondre... que non... que je suis sans famille... orphelin à partir d'aujourd'hui.

– Ta mère t'avait pas parlé d'eux ?

Que dire... oui... vaguement... qu'elle ne voyait cette famille que d'une façon sporadique... Je ne sais pas au juste. Ça leur paraît bizarre à ces deux perdreaux, ils doivent se demander si je ne suis pas des fois le fils d'un assassin. Ça leur donnerait l'explication du pourquoi j'ai les menottes... ça serait logique, je serais la résultante d'une hérédité criminelle.

Enfin j'écourte... bientôt je vais retrouver le greffe et ses greffiers... puis repasser encore et toujours à la fouille, voir si j'ai pas un flingue planqué dans le fion. Accompagné d'un seul matuche, je vais rejoindre la 2e division. C'est déjà presque ce qu'on appelle ici la *fermeture*... juste après la soupe, tout rentre dans l'ordre pour la nuit. La grande allée centrale qui traverse la taule de bout en bout est déserte... le plancher ciré par les détenus, tellement lisse que c'est à s'y casser la gueule. J'ai entendu naguère les condamnés à mort avec leurs chaînes qui faisaient un cliquetis de fantôme sur ce plancher.

Je ne passe plus dans ce couloir sans y penser. Certains je revois presque leurs gueules... des lascars que je rencontrais à la visite médicale ou que j'avais côtoyés aux *trente-six carreaux* quand ils étaient encore prévenus. Mille excuses, je deviens tout à fait lugubre. Ma tronche est barbouillée au noir. Le maton m'ouvre plusieurs grilles avant que je retrouve ma cellote. C'est l'heure où le paquebot immobile s'endort... on est éclairé chichement... le froid s'est installé chez lui. Dieu nous l'envoie pour nour punir...

– C'est un garçon intelligent et sa responsabilité n'en est que plus évidente. Il préparait ses méfaits méticuleusement, il préméditait toutes les phases de ses opérations, je serais tenté de dire criminelles, oui, car si cet homme est seul devant ce tribunal, il n'en est pas moins vrai qu'il est coupable d'association de malfaiteurs. Il couvre ses complices en fuite, circonstance aggravante. Cette association de malfaiteurs est une réalité.

Vous êtes dans le box, vous vous faites le plus impersonnel, le plus loquedu possible... les épaules rentrées, la vue basse. Seulement le substitut m'a taxé d'intelligence, dans les enceintes de justice c'est une tare, une flétrissure... Là, plus encore qu'ailleurs comme l'a écrit Courteline, il est voluptueux de passer pour un idiot aux yeux des imbéciles. En tenant compte du fait que les magistrats ne sont pas toujours des imbéciles. En tout cas, j'ai chaud au fondement... l'association de malfaiteurs est qualifiée de crime selon le petit livre rouge de Napoléon... c'est-à-dire passible de la cour d'assises. Le proc sur sa lancée il risque de soulever l'incompétence du tribunal, demander un supplément d'information, mon renvoi devant une juridiction appropriée.

Nous sommes encore sous la IVe République. On ne faisait pas alors tant de cadeaux aux malfrats dans les prétoires. Aujourd'hui, il serait pas question d'assises pour une série de casses sans flingue et sans violence... les tribunaux sont débordés, on en arrive à correctionnaliser des braquages pourvu qu'ils se soient déroulés sans violence.

Il poursuit son réquisitoire, le bêcheur... ça me rassure plutôt. Il est pincé, sec... le verbe fiel merde... la voix haut perchée... il assaisonne ma salade à la sauce vacherie. On dirait qu'il m'en veut vraiment, que je lui ai fait du mal à lui... que c'est son coffre-fort qu'on a été décortiquer avec les complices en cavale. Il se prend à son rôle comme un comédien au théâtre. En réalité je suis une abstraction... une incarnation d'un dérèglement de la société... un moins que rien, un puceron, et, lui, il fait ce qu'il est convenu d'appeler « son devoir ».

Il peut dire tout ce qu'il a envie, ce con, me traîner dans la fiente... me glavioter, s'il m'expédie pas aux assiettes, tout ça n'a aucune importance. Il a passé le cap douloureux, me semble-t-il, le triangle des Bermudes, sinon il n'aurait pas poussé plus avant son homélie. Go ! il m'aurait parachuté devant ces m'sieurs-dames les jurés de la Seine.

Puisqu'il me portraiture féroce c'est bon signe... tout est relatif... signe qu'il va demander le maximum... le plafond des cinq pigettes à l'ombre des merveilleux matons et sans doute l'interdiction de séjour pour épicer la note. On appelle ça la trique, entre initiés de la malfaisance... le bâton. On a plus le droit de résider à Paris et dans toutes les grandes villes de France. Pour se réinsérer, se rénover social il vous reste juste l'embauche pour les travaux agricoles. Depuis mon enfance en Gâtinais, je les connais les travaux des champs... j'ai bien failli les pratiquer si la jolie demoiselle qui était ma mère n'était pas venue me récupérer, me prendre par la main pour que je devienne un Parisien tête de chien. Peut-être ce jour-là que ça s'est déréglé. J'étais un petit bouseux, je suivais Auguste à ses labours... j'observais la terre se fendre sous le soc de sa charrue... apparaître les vers coupés en deux « Hue ! Dia ! »... le cheval Fifi qui se cabrait un peu au moment de tourner au bout du sillon. Je faisais pousser mes haricots, mes petits pois dans mon carré de jardin, j'allais pêcher la grenouille. J'avais l'accent, les manières rustaudes et puis crac ! la rupture. Tout à refaire... à apprendre ailleurs à devenir quelqu'un d'autre.

C'est mon bavard maître Lubary qui s'est permis sans m'en avoir averti de faire allusion à mon enfance... et par conséquent à ma mère... Le proc comme prévu avait demandé cinq ans et l'interdiction de séjour. Je me demandais s'il allait servir à quelque chose, maître Lubary. Comme je niais les accusations sur un tas de détails et entre autres à propos de mes complices en cavale que je prétendais ne connaître que par des sobriquets, ça paraissait duraille de remonter le courant.

Bien sûr il allait entonner un peu le clairon patriotique pour terminer sa plaidoirie... rappeler que j'avais quelque quinze ans plus tôt libéré un petit morceau du territoire national en Sologne, en Lorraine ou en Alsace... deux ou trois mètres carrés tout au plus. Ma blessure héroïque dans les miches. Lecture de mes citations. Ça jouait encore un peu à cette époque... bien peu. Mais auparavant il me cherche des circonstances atténuantes dans mon enfance... ma naissance quasi clandestine. Il laisse entendre que chez Auguste et Blanche j'étais presque un enfant martyr et puis que ma mère ne m'a pas donné le bon exemple..., que j'ai poussé sans autorité paternelle. La carence... ça c'est l'antienne des psy. Pas tout à fait faux d'ailleurs si je remémore mes fameux complices évaporés dans les ruelles, je dois reconnaître que c'est notre dénominateur commun. L'un d'eux son papa faisait le julot, l'autre avait le sien à Ville-Évrard chez les dingues... le troisième était carrément orphelin. Tout cela est vrai, on le dit, on l'écrit et ça n'avance pas lerche le jeu. Au bout du compte les enfants trinquent. À la bonne vôtre !

Là, il me met très mal à l'aise, le cher maître Lubary. Je ne voulais absolument pas qu'il parle de ma mère. Sa mort est encore trop récente... quelques mois, nous sommes en automne et j'en suis encore dans ma tête à cette affreuse journée de mars, à l'hôpital de la Pitié et puis au grand cimetière sous la pluie. Il remue le couteau dans la plaie, il a le talent pour, maître Lubary... il palpite de ses manches noires. Je trouve indécent de me servir de ma pauvre maman pour essayer de me faire un peu réduire ma condamnation.

D'ailleurs les guignols à leur siège, ça n'a pas l'air de tellement les sortir de leur torpeur. Ils sont là chaque jour, le cul sur leur fauteuil, ils font une sorte de sieste sinécure. Leur opinion est déjà faite... chante beau merle du barreau, toi aussi, tu remplis ton rôle... Certes, mais il pousse un peu le bouchon dans les marécages, il prétend que je n'ai reçu comme éducation que de mauvais exemples. C'est comme s'il tirait sur la mémoire de ma mère des flèches empoisonnées. Ses allusions se font plus insistantes... Je me suis battu étant gosse lorsqu'un petit salopard m'a traité de fils de pute. Un petit salopard mais plus grand, plus balèze que moi, dans la cour de l'école communale avenue de Choisy. Je n'ai pas eu le dessus ; je me suis récolté un coquard et la lèvre fendue... n'empêche, parfois il faut se battre même si on sait qu'on va perdre.

Aujourd'hui ça va paraître dérisoire... tout le monde se pointe pour se confesser au petit écran. C'est devenu une consécration d'aller tout dire... raconter ses pires dépravations devant les caméras. Ne jamais, je le répète, oublier de replacer les choses, les drames, les comédies, les tragi-comédies dans les décors, les mœurs, les préjugés du moment invoqué. On est passé en quelques lustres d'une époque où l'on guillotinait les faiseuses d'anges comme on disait, à une autre, où l'on fait rembourser l'avortement par la Sécurité sociale.

Je préfère dans mon box m'abstraire, ne plus entendre ce que débite mon défenseur. Selon qu'on se place d'un point ou d'un autre, tout change. De toute façon ma mère, en définitive, ne m'a pas abandonné. Bien d'autres à sa place l'auraient fait. Tout ce que j'ai pu apprendre par recoupement... c'est que dans un premier temps elle était dans le plus complet dénuement. J'ai donc été placé à la Dezonnière. Mais elle n'a jamais perdu le contact. Dès qu'elle a pu, elle a casqué pour ma pension jusqu'à ce qu'elle puisse me faire reprendre par la Mémé lorsqu'elle eut quitté sa dernière place de domestique. Pas si facile de mener tout ça. Et puis elle avait sa jeunesse... elle n'a pas voulu la laisser passer sans mordre un peu dans les bonheurs de l'existence. Ils sont si courts, faits d'illusions le plus souvent... la sagesse c'est de les attraper au coup par coup... mais est-on sage à vingt ans ? On fait avec ce qui se présente, ce qu'on possède. Dans son cas, sa fraîcheur, sa beauté... Autour le monde vous est plutôt hostile... il aime, n'admet que ceux qui sont bien dans le rang, dans les bonnes manières. Il faut ruser... passer à travers les gouttes... bien souvent sans parapluie, ça finit par être tout un art de vivre.

Ce qui me paraît le plus positif aujourd'hui, alors que je peux faire une espèce de bilan avant que ma brève incursion sur la terre s'achève... que ma mère m'a sans doute donné, chose précieuse, un certain goût de l'indépendance, de la liberté. Je fus un caneton dans une couvée de poussins... après tout, ça m'a fait ce que je suis devenu, en bien ou en mal. J'assume... pour prendre un vocable à la mode.

Dans ma cellule au mitard, j'ai lu la Bible. On n'avait droit qu'aux lectures relevant de notre religion. Comme je suis lectivore, que je me repais de tout ce qui est imprimé... ça m'a fait une éclatante découverte, l'Ancien Testament. Je n'avais gardé de ces histoires d'avant Jésus-Christ que les bricoles apprises au catéchisme. Une sorte d'album d'images à colorier. Là, je me suis mis à dévorer les livres poétiques...

... les Psaumes... les Proverbes et je suis tombé sur l'essentiel, l'Ecclésiaste où tout est dit :

Il y a un temps pour tout, un temps pour toute chose sous les cieux ; un temps pour naître et un temps pour mourir ; un temps pour planter et un temps pour arracher ce qui a été planté... La révélation... *Une génération s'en va, une autre vient.* Jamais eu autant le sentiment de lire un texte aussi essentiel. Tous les écrivains les plus lucides, les plus noirs... ce qu'ils écriront par la suite, consciemment ou non, procédera de l'Ecclésiaste.

Le temps était donc venu pour moi de digérer mes truandages... de les expier puisqu'il faut bien appeler les choses par leur nom. Un temps pour *accepter...* je comprenais que je ne progresserais à présent qu'en métamorphosant mes nuits et mes jours de taule, qu'en me dépassant avec mes petits cahiers d'écolier à noircir. Presque en cachette... malgré les matons, les codétenus qui m'envahissaient la tronche. Mais n'étaient-ils eux-mêmes la matière de mes récits ? Tout s'imbrique à un certain moment, tout devient le livre. Les êtres qui nous entourent, ceux qu'on a croisés hier, ne sont-ils pas sur votre parcours pour vous stimuler la mémoire imaginative ?

Tout d'abord je me suis mis à raconter, raconter, je n'arrêtais plus... Je fonçais et puis je me suis pris à la musique des mots et mon récit peu à peu s'est inclus dans cette musique. Alors, à quoi bon les idées ? On plonge dans la nostalgie non pas comme dans une drogue qui vous aiderait à supporter le présent mais pour vous aider à tenir le thème... C'est une cuisine peu ordinaire. Difficile de démêler tout ça, mais sans une certaine façon de tenir sa plume, de la tenir comme un archet à quoi bon faire revivre ses tendres années, ses fantômes familiers... sitôt évoqués ils ne sont déjà plus que cendres. Sortir ses souvenirs sans l'élan poétique... ça consiste à les empailler... les momifier... l'horreur !

Je m'égare... Je reviens à mon banc d'infamie... La séance se termine bientôt. Suspension d'audience. J'ai encore un peu le tracsir que ces messieurs, avec leur grande robe, me reviennent avec une décision de renvoi... blabla... toute une tirade pour me signifier que je vais me retrouver dans une enceinte de justice beaucoup plus sérieuse... enfin si l'on peut dire que la justice est sérieuse. Elle ne l'est pas beaucoup plus que la critique littéraire, la politique ou même la médecine. On est toujours dans l'à-peu-près, le moyen terme... le moindre mal.

Maître Lubary me rassure, il est certain d'un résultat satisfaisant... que sa péroraison sublime aura porté ses fruits. Comme prévu après le récit de mon enfance massacrée, il a terminé avec *la Sambre et Meuse* et *le vol noir des corbeaux sur nos plaines*... que sans des adolescents de ma trempe nous serions peut-être tous dans d'immenses camps de concentration. Tout ce qui est exagéré est insignifiant, dit cette crapule de Talleyrand, mais il est contredit d'une certaine façon par le regretté docteur Goebbels qui affirme, preuve à l'appui, que plus un mensonge est gros plus il a de chance d'être bouffé tout cru.

Lubary avait simplement exagéré mes faits d'armes. En réalité, je l'ai dit, je m'étais lancé sur le sentier de la guerre... L'expression est bien venue, elle rappelle nos récrés, nos terrains vagues de la porte d'Italie lorsqu'on jouait aux Indiens... Par légèreté je me suis engagé... sans bien comprendre que je risquais ma pauvre vie... mon seul bien, le droit de respirer... le droit de picorer à droite à gauche d'infimes satisfactions... de cueillir quelques fruits, si possible défendus, ce sont les plus acides... ceux qui vous procurent en bouche une volupté de bandit.

Légèreté... inconscience... tirez les premiers messieurs les Allemands ! Ça participait aussi du goût du risque... la roulette russe. La gloriole viendra ensuite, je m'y suis jamais attardé... mes médailles sont sur le marché aux puces à Bicêtre ou à Saint-Ouen et aujourd'hui les amateurs paient beaucoup plus cher les décorations hitlériennes.

Il y avait aussi ma tubardise que mon cher maître a exploitée... mes pneumos... mes hémoptysies... que j'avais bien failli crever à l'hosto sans même avoir droit à mon nom sur un quelconque monument aux morts... qu'il fallait que je sois dans une grande ville pour être suivi de près par les bons docteurs. L'argument m'a sauvé de la trique... avec cinq piges je m'estimais sinon heureux, du moins dans une situation qui me permettait de voir un jour la porte s'ouvrir sur ma liberté sans restriction.

J'ai quitté le guignol sans regret... sans me retourner pour regagner le castel de détention par le carrosse cellulaire. Chacun son petit placard avec juste quelques fentes d'aération sur le côté. On rêve de s'échapper sur le chemin comme mon pote René Girier qui a réussi à scier le plancher du fourgon et à se glisser sous les roues pour s'évaporer ensuite dans les rues de la ville. On mesure mal ce que ça représente une pareille évasion... la préparation, la patience, l'attente du moment favorable... véritable exploit. René, au passage, je te salue... Je ne peux plus voir passer un panier à salade sans penser à toi vieux frère des nuits mitardeuses.

Quelque chose de moi restera toujours accroché à ce temps de la taule. Ça vous marque à jamais quoi qu'on dise. On y rencontre des tas d'affreux, des fauves sanglants, de la fine fleur de cruauté, de la vermine immonde, mais il reste quelques malfrats de bonne compagnie qui vous créent une fraternité.

Voilà... je n'ai plus qu'à résister avec ma plume... la nouvelle, celle de l'écriture. L'autre, en argomuche c'est la pince-monseigneur. Pour moi, ça leur fait comme un lien. Je vais affronter les éducateurs, les psy au Centre d'orientation. Ils me veulent l'âme à nu... l'inconscient... Tout savoir sinon tout comprendre, parce qu'il n'y a rien à comprendre, messieurs les savantissimes... Vous n'avez plus de chapeaux pointus, de grandes soutanes mais vous n'en savez pas davantage que les cuistres médicastres de Molière... Y a rien à comprendre, les curetons s'y sont essayés, mais eux au moins ils promettaient le paradis après la mort, c'était du velours. Ce qu'ils voulaient tout bonnement c'était diriger les consciences. Les psy sont devenus, eux aussi, une sorte de secte et ils ont besoin d'un pouvoir pour subsister, se sustenter, proliférer. Derrière toutes ces entreprises politiques, sociales, religieuses il y a un tiroir-caisse... si on a l'oreille assez fine, on l'entend digue... dinguer...

Au Centre national d'orientation ils s'efforcent dès cette époque à donner à leur bâtiment... à l'intérieur, je veux dire, un aspect propre, hygiénique. Les matons sont toujours là, bien sûr, mais ils ne s'occupent que d'ouvrir et fermer les lourdes. Ça sent l'encaustique, le désinfectant... on marche sur des espadrilles et on se retrouve régulièrement dans des salles de classe aménagées au rez-de-chaussée pour passer des tests de toutes sortes. On vous étudie.. observe sous toutes les coutures de l'âme... Je suis assez peu réceptif à ce genre de réjouissances.

Je me pointe à ma placarde, derrière un pupitre... correct... les cheveux coupés presque à ras. Autour les autres élèves, c'est plutôt mélangé comme classe... vieux, jeunes... des vedettes du fait divers... le tueur du Lot-et-Garonne... le violeur du clair de lune... quelques assassins de leurs épouses... de leur bru... les pédophiles... tous les détraqués de la bébête... et puis le tout-venant de la cambriole et du braquage. On se situe, se retapisse, les uns et les autres, d'un simple regard. Je passe les détails, les petits dessins qu'on doit interpréter... pour jauger notre QI... nos dispositions professionnelles. Le Centre a pour première mission de vous répartir dans les prisons centrales selon votre métier... l'apprentissage qu'on peut y faire.

Moi, c'est balayeur ma vocation en taule... ramasseur d'ordures... nettoyeur de chiottes. Dans ce genre d'exercice on me foutra la paix la plus souveraine, afin que je puisse gamberger à mon aise et que je me retrouve le soir dans ma cellule pour y écrire, faire mes gammes, apprendre tout en remplissant mes pages. Mais depuis que les chats fourrés m'ont taxé d'intelligence, mes nouveaux maîtres, ceux qui ne veulent que mon bien, ma réinsertion dans leur admirable société, envisagent un autre avenir pénitentiaire pour ma petite personne.

– Qu'écrivez-vous au juste ?...

Ce que me demande un conseiller... je ne sais exacte sa fonction, sa dénomination. Il est jeunot, blouse blanche, lunettes à monture d'écaille. On est face à face dans son bureau-cellule. Il a des paperasses devant son nez... des graphiques, j'aperçois... des choses bien alignées... des traits... des mots imprimés en rouge. Il va, je sais, employer tous les vocables de psy pour me la faire à l'estomac.

– Ce que j'ai envie...

Je réponds sec, sa question me déplaît.

– Mais encore...

Il sourit... un rien condescendant.

– Vous savez très bien ce que j'écris, pendant que je descends à la promenade on fouille ma cellule.

– C'est pour la sécurité.

Il est bien évident que dans une prison, on peut trouver des traces écrites sur un projet d'évasion. C'est normal que les surveillants s'y intéressent. Il me zyeute, m'affronte...

– Vous n'avez que votre certificat d'études.

– Pour laver les chiottes ça ne suffit pas ?

Ça prend une tournure vinaigre notre entretien. Toujours ma façon à rebrousse-poil... je n'arrive pas posthume à écouter les sages conseils de ma mère... « Sois aimable... sois un peu plus souple. » On se refait pas, encore aujourd'hui dans les belles lettres si je n'ai pas mieux réussi, ne suis pas branché, couronné de cent prix, considéré, adulé... c'est surtout pour ce trait de caractère. Je les observe dans ma confrérie... Le plus zélé lèche-trou de balle émerge... il arrive partout... la langue usée d'avoir tant nettoyé la poussière des pompes, les pourtours de fion, il triomphe.

Mon scrutateur, psy je-ne-sais-quoi... c'est lui qui fait un effort pour m'amadouer. Il ne veut pas la mort du petit malfrat. Je le laisse dire... m'argumenter... qu'il faut que je profite de ce stage au Centre d'orientation pour faire un retour sur moi-même. J'espère quoi en écrivant ? Devenir Gide ? Camus ? Il vaudrait cent fois mieux que je me mette à poursuivre un but plus à ma portée. Ça lui paraît du délire ce que je noircis sur mes cahiers. Il a lu un peu... jeté un œil... il est atterré. Il n'a vu dans ma prose que des mots orduriers... des expressions tout à fait triviales... des vocables argotiques.

– Je veux bien admettre que vous vous défouliez de la sorte, mais je crois comprendre que vous avez le désir d'en faire un métier, de gagner votre vie en publiant des livres.

Il se marre interne... Marre-toi merle savant, je ne sais pas pourquoi à ce moment-là, j'ai soudain la conviction que je vais gagner la partie... qu'il l'aura dans le fondement ce nave!

– On verra bien... je dis. Je demande juste l'autorisation de pouvoir écrire dans ma cellule après le travail.

Pas de problème, si le directeur de l'établissement où je vais aller finir ma peine n'y voit pas d'inconvénient. Il est gêné aux entournures de ses lunettes cézig, il ne sait trop par quel bout me saisir. Il avait son plan, ses graphiques bien en place... J'esquisse un mouvement pour me lever.

– Attendez! attendez... j'ai encore quelques questions à vous poser. Nous avons tout notre temps.

Je respirais la vape, il allait se mettre à explorer mes années de prime jeunesse.

– Vous êtes enfant naturel...

– Comment sont les autres?...

Je lui rétorque, questionne à l'ironie... tac au tac.

Il apprécie pas mon trait... il est sérieux lui, il veut savoir des choses, me fouillasser dans le subconscient.

Il en arrive à ma mère bien sûr. Ça le taraude ça... ma naissance. Est-ce que j'ai eu le sentiment d'être abandonné?

– À quel moment avez-vous pris conscience que votre père, n'est-ce pas, était inconnu?

Je ne sais trop... j'ai vécu les choses à la Dezonnière

comme un petit clébard... Les questions sont venues plus tard quand on me les a posées.

– Avez-vous souffert de cette situation ?

Qu'est-ce que ça peut lui foutre à ce con binoclard ! Je ne peux pas lui répondre, et surtout je ne le veux pas. Il veut en venir où ?...

– Avez-vous pensé que votre mère ait pu être, par exemple, victime d'un viol ?

Là, il m'envoie un uppercut... je m'attendais pas à une question pareille. Cette idée ne m'est jamais venue. Ça, ça serait la catastrophe... je reste sans voix... Il insiste :

– Non... vraiment ?

Ça se bouscule dans ma tronche... Pas Dieu possible... ma mère n'aurait jamais eu ce comportement avec moi. Ni ma grand-mère. Tout ce que j'ai envisagé... le coup idiot... la petite jeunette qui se laisse baratiner aux sentiments par un bellâtre de dancing qui disparaît dès qu'il a obtenu sa coucherie !... Le patron abusif, genre ce qu'on appelle aujourd'hui harceleur sexuel !... Peut-être un beau mec, un voyou qui sait cacher sa voyouterie sous des dehors en costard classique ! Le fric aussi... j'ai retourné le problème maintes fois et je m'en suis tiré sur la pointe des pieds. À quoi bon ! Nous sommes tous un peu le fruit du hasard et, comme dit le professeur prix Nobel, de la nécessité... de l'espèce à reproduire coûte que coûte.

– Non... je ne pense pas... et puis pourquoi me demandez-vous ça ?

Je lui articule... Oh, il me répond que toutes ces questions il me les pose pour m'aider à faire le point, à me découvrir dans mon moi profond.

– Vous refoulez peut-être en vous une idée de ce genre... Ça expliquerait...

Là, je le coupe... expliquer quoi ? Mon comportement... ma dérive vers la délinquance ? C'est lui qui est dingue, de venir me tracasser, me fourrer en tête une idée si dégueulasse. Même s'il y a qu'une chance sur cent, sur mille, ça va tout de même me perturber. Je préfère envisager d'être le résultat d'un coup idiot... la progéniture d'un quelconque bipède plus ou moins scrupuleux que d'un violeur. Mais il est vrai que le violeur ça peut être aussi n'importe quel type taraudé par le désir sexuel. Des violeurs j'en ai rencontré à la guerre. On en avait dans notre vaillante Armée française qui s'est propulsée en Forêt-Noire et dans le Wurtemberg au printemps 45. Quelques Gretchen se sont fait tringler en série pour venger les outrages que les boches nous avaient fait subir pendant quatre ans. « On leur rend la monnaie de leur pièce ! » « Ils ont fait bien pire ! » L'argument, l'alibi idéal. La seule réelle difficulté concernant le viol pendant cette campagne... que les occasions de s'offrir à l'amiable des Teutonnes étaient tellement nombreuses que ça coupait court à nos pulsions sauvages. En tout cas certains de ces violeurs, je les ai bien connus... revus retourner à la vie civile, pères de famille respectables, bien-pensants, bien-votants... mariés à l'église.

On s'aperçoit d'ailleurs que nos actes les plus bas, les plus répréhensibles, si le bras séculier ne s'abat pas sur vous, on les refoule au plus profond de notre mémoire. Les guignols qui vous condamnent le savent d'ailleurs, on paye en général l'addition pour tout ce qui n'a pas été dévoilé. La vérité c'est que les hommes sont ni plus ni moins des chiens... toujours en proie à leurs instincts. On ne pense qu'à ça, tout est fonction de ça... On danse, on chante, on rit, on s'agite mais il ne s'agit que de ça. De sauter à n'importe quel prix sur une femelle. La vie en société nous oblige seulement à y mettre des formes. On invente mille astuces pour parvenir au coït, pour mieux forcer les barrages. Si licence nous était offerte on se flairerait le fion au coin des rues. Sans doute les formes qu'on y met sont-elles les signes les plus évidents du progrès et sitôt qu'on les refuse, qu'on les abolit au nom de la guerre ou de la Révolution, ça devient vite le pandémonium.

– ... Je ne suis pas en prison pour une affaire sexuelle...

Il va m'expliquer ce sentencieux docteur que tout se tient... qu'on chourave un camembert ou qu'on assassine une rentière... il y a toujours un lien avec le sexe. Si vous essayez de les suivre dans tous leurs méandres... que vous vous farcissez leurs études, leurs livres... au bout du compte ça vous avancera pas d'un centimètre. D'instinct je les rejette... je veux bien les écouter... j'y suis à ce moment obligé, mais je garde mes distances, mon quant-à-moi, exactement comme avec les prêcheurs de religion. Et encore ceux-là avec leurs livres saints, leurs chants et leurs vitraux de cathédrale ils vous fourguent de la beauté, de la poésie. On y est plus ou moins sensible... c'est peut-être uniquement ça la foi.

Sur le moment, oui, il m'a un peu occis ce récupérateur de déviants, ce médicastre sauce freudienne. Je l'ai quitté sans que je sache exactement ce qu'il était venu foutre. Les autres ceux qui étudiaient pour connaître nos capacités professionnelles... savoir dans quelles branches et à quel niveau on pouvait nous réintroduire un jour dans le circuit, ça partait d'une saine logique, d'un effort pour échapper au simple système de la répression, mais cézig mon binoclard à la voix molle, au regard un peu vide, il se gargarisait d'une science peut-être encore moins sérieuse que celle des sorciers de villages africains. Il était payé pour. Plus on avance dans le progrès plus on paye des gens pour débagouler à l'infini n'importe quoi.

11.

Terrible enfance qui ne veut pas mourir

Lorsque je suis sorti de cabane à mon dernier séjour, ma mère était morte depuis trois ans. Déjà les gens qui l'avaient connue s'étaient évanouis. Je me demande alors ce qui m'a pris d'aller fouillasser dans son passé. Les psy du Centre d'orientation à Fresnes en étaient responsables, ces naves. Ils avaient fait des recherches en vain. Ça se bloquait à mon acte de naissance. Père inconnu au bataillon. Disparu au champ du déshonneur. Ils m'avaient cuisiné encore, si j'avais quelques lumières sur mes origines, si des fois ça m'obsédait pas ce mystère. Comment pouvaient-ils de toute façon faire un lien entre ma naissance et le fait que je sois devenu quelque peu malfrat professionnel... récidiviste convaincu... sans autre repère de moralité affirmaient-ils, que celle de mon clan, mes complices... tout ça baptisé hâtivement le milieu.

Leurs conclusions relevaient d'une certaine vérité, même si justement ce fameux clan, je le rejetais dans les grandes lignes. Mais peut-on, lorsqu'on est au ban de la société, se passer de liens avec ses semblables ? Seul on ne peut rien, alors on est bien obligé pour se défendre de s'associer.

Les scrutateurs spécialistes, accoucheurs de mon ego, je les ai pas aidés excessif. Je trichais de mon mieux pour brouiller les cartes – mais ils s'en apercevaient – et alors je jouais au con pour me faire répertorier chez les minus. En taule mieux vaut laver les chiottes, faire les peluches que se faire piéger dans la collaboration avec les autorités. Le but de tous ces tests, ces études... c'était paraît-il mon relèvement... pour ce faire on devait m'orienter vers une prison où je trouverais, par un travail approprié, le chemin de l'honnêteté.

L'affaire fut réglée par une rechute de tubardise. Ça m'a conduit d'un sanatorium pénitentiaire à la liberté dans un sana libre. Et c'est à cette époque que j'ai fait la connaissance d'un certain monsieur Trousselier... homonyme d'un ancien cycliste, vainqueur du Tour de France en 1905 qu'on surnommait « Troutrou » à la Cipale.

Le mien de Trousselier c'était un vieux bonhomme... le dernier jules de ma mère. Il avait été la voir tous les jours à l'hosto jusqu'au bout. C'est lui qui fleurissait sa tombe à Thiais. Lui qui avait organisé ses obsèques : « Je voulais que votre maman ait une fin décente. » Une sorte de chien fidèle. Il est venu me rendre visite au sanatorium dans la Sarthe... pour me parler d'elle. C'était un fonctionnaire du ministère des Finances à la retraite. Monsieur à peu près tout le monde, gris d'idée, de teint, de son pardingue. On voyait bien que c'était l'ultime... que ma dabuche à cinquante piges et mèches elle pouvait pas s'offrir ni plus riche, ni plus beau. Son défaut majeur, à monsieur Trousselier c'est qu'il était triste... un œil toujours au bord de la pleurnicherie. Certes, il venait me parler de la mort de Micheline comme il l'appelait... de son prénom de guerre si je puis dire... de sa maladie, ses souffrances... ses derniers moments à l'hôpital de la Pitié.

Je l'ai revu quelques fois par la suite, on avait des bricoles à régler, c'est lui qui avait récupéré tous les papiers, les objets de ma mère rue Paul-Dérot. Il m'a restitué tout ça sans arnaque. Un honnête homme certainement, avec beaucoup de gentillesse, de ténacité... mais dieu que c'est triste un honnête homme ! Ça doit être la raison pour laquelle je me suis toujours complu en compagnie de malfrats, de coquins, de loufetingues artistes approximatifs. En définitive il pouvait rien m'apprendre... il ne savait que dalle ou pas grand-chose. Ma mère elle était comme moi, sur l'essentiel, elle se confiait à personne. Il était très mal dans ses godasses monsieur Trousselier... sa liaison avec ma daronne, ç'avait déjà dû être une drôle d'aventure dans sa vie de bureaucrate. En plus, il lui découvrait post mortem un fiston repris de justice... sortant du placard... Il était tout de même sur ses gardes je sentais.

Le docteur Leroux, le directeur du sana dans la Sarthe... château du XVIIIe transformé en établissement de cure pour les besoins de la Sécurité sociale... il me laissait sortir dans le bourg voisin. On bectait dans une auberge de bonnes assiettes, ça me changeait des galtouses pénitentiaires. Il m'a invité monsieur Trousselier... la spécialité du chef c'était le rôti de porc aux pruneaux. Il avait comme un secret ce chef pour vous donner du moelleux à sa viande. Mais ceci relève de la chronique gastronomique, c'est pas mon rayon et en France il faut pas vous aviser de sortir de votre spécialité.

– Elle vous a rien dit à mon sujet ?

Je me suis permis quand même cette question. Non, elle ne lui avait rien révélé... elle m'aimait bien, voilà. On était dans la gêne réciproque. On y est restés. Avec les tontons je m'étais jamais senti à l'aise, mais depuis lurette j'avais passé l'âge de me coincer l'âme pour si peu. Les dernières années, je ne les voyais plus. Ma mère poursuivait sa vie sans que je m'en mêle.

– On s'est rencontrés aux courses un jour du prix du Jockey-Club.

Ça, il m'apprenait rien de très neuf, si ce n'est que cézig, je l'imaginais pas aux courtines, allant claquer ses appointements de petit fonctionnaire. Il est vrai qu'au

PMU toute la société se retrouve, des plus riches aux plus pauvres... bourgeois, ouvriers, vagabonds, femmes du monde, homosexuels... Arabes, chinetoques ou auverpins.

Si je calcule d'après l'âge qu'il paraissait, il doit être canné aujourd'hui ce brave homme, lui aussi sans laisser une trace quelconque de son passage sur terre.

Voilà... pour vous dire que ça m'a trotté un moment dans la tronche, le mystère de ma naissance. Surtout en décarrant du sana pénitentiaire de Liancourt. J'avais pourtant quelques cloportes à écraser à cette époque. Tout ça se mêlait à ce moment-là... mais j'ai préféré isoler un peu chaque sujet... et aussi la disparition de ma mère était trop récente, je n'avais pas envie d'en écrire. Ni d'en parler non plus bien sûr. Sauf qu'il m'est venu l'idée d'Alice... la vieille Alice, l'amie de ma grand-mère.

Elle vivait à Rouen depuis la guerre. Dans une chtourbe affreuse certainement... toute ratatinée, meurtrie par une existence misérable... au bout d'un rouleau atroce. Lilice le diminutif, comme l'appelait ma grand-mère... je ne peux pas évoquer mon enfance sans parler d'elle. Je lui dois mes premiers émois cinématographiques. Ça remonte à la période de La Motte-Picquet-Grenelle... quand on créchait dans cet hôtel qui ne peut, dans ma remémorative entreprise, que s'appeler l'*Hôtel des Juifs*.

Débarquant de mon trou glaiseux, je n'avais jamais été au cinéma. Le parlant venait de faire son entrée en force. Une révolution plus profonde, bien plus importante que le passage du noir à la couleur. Grand événement. Alice qui m'a pris par la main pour m'emmener dans cette salle devenue à présent le *Kinopanorama*, voir Laurel et Hardy. La joie absolue. Eux, je peux dire, ne m'ont jamais déçu, ce n'est pas comme le général de Gaulle ou le maréchal Staline. Je peux toujours les voir, les revoir même dans leurs films les plus médiocres. Le génie comique à l'état pur. Non écru. Ils apparaissent et c'est gagné. Ils auraient pu tout jouer si on réfléchit. Même une adaptation de Molière... Laurel dans Tartuffe, Hardy dans Orgon.

C'est encore Alice qui m'a fait découvrir *King Kong...* le vrai, le premier, le seul valable selon mon ami Francis Lacassin fin connaisseur des légendes du septième art. Me revient la trouille intense en voyant ce grand singe et toutes les bestioles préhistoriques... iguanodons, diplodocus... etc. Je serrais bien fort la main de la vieille Alice qui me conduisait, le cas de le dire, au pays des merveilles. Je lui garde dans l'éternité une reconnaissance d'enfant pour ces joies, ces émotions.

J'écris : la vieille Alice, elle devait être encore jeune Lilice à ce moment de King Kong, de Laurel et Hardy... Tarzan et sa compagne. Vrai que je garde une image d'elle sans âge. Une petite femme maigre, visage en longueur de chèvre... des cheveux roux tout ébouriffés en pin parasol. Elle devait se priver de quelque chose pour m'offrir le cinéma. C'est les seuls cadeaux qui comptent, ceux où l'on se prive pour offrir.

Elle vivait dans une mansarde rue de la Croix-Nivert... avec un matou et une cage à serins. Si pauvrement que ça se remarquait à l'eau qu'elle ajoutait par économie dans l'encre pour écrire. Le soir très tard, jusque dans le milieu de la nuit, elle cousait des boutons pour les capotes de l'Armée française. Payée au tarif des prisons et des asiles de vieillards. Ça, c'était pour se faire un petit supplément mais sa source principale de revenus c'était la couture à domicile. Un métier que la confection a fait disparaître. Elle allait sur place, tailler les robes, les jupes, les manteaux de ces dames... rajuster, couper, bâtir, piquer les ourlets, retoucher, retourner les vestes. Elle revenait moins cher que les couturiers ayant pignon sur rue. On la nourrissait en plus avec les larbins à la cuisine. C'est ainsi qu'elle avait connu ma grand-mère, qu'elle appelait Annette... sa petite Annette...

Mis à part ses amours avec un sous-officier de la Garde républicaine, le moment formidable de son existence... son bâton de maréchal, sa gloire c'est qu'elle avait cousu, piqué à la machine pour la femme d'André Baugé le baryton... Une star on dirait aujourd'hui. Il fut longtemps la coqueluche des midinettes... des autres aussi, de femmes du monde et des amateurs d'art lyrique. Ça m'est revenu peu à peu tout ce qu'Alice racontait à propos de son grand homme. D'abord qu'il lui avait fallu faire un considérable effort intellectuel pour départager en quelque sorte l'homme de son image, de sa voix, de ses apparences de séducteur sur les planches et même au cinéma. Il avait été la vedette du premier film parlant français *La route est belle* adapté de l'un de ses succès d'opérette. Eh bien dans la vie de tous les jours, il était très mal embouché... tout à fait trivial dans le propos. À faire rougir un corps de garde... De plus il pétait sans vergogne quand ça le prenait... n'importe où. Ce qu'on me défendait bien à moi... avec des baffes pour me faire entraver la politesse... Le Baugé tout en faisant ses vocalises, plof! il balançait des perlouses par colliers. Une faculté prodigieuse il avait de loufer sans cesser de pousser sa romance.

– En scène, je les lâche en hypocrite, plaisantait-il.

Alice elle plaignait sincèrement ses jolies partenaires, ses fiancées des opérettes viennoises, quand il les prenait dans ses bras, pendant la déclaration amoureuse de sa voix d'or, elles dégustaient par les naseaux ses vents méphitiques.

À noter que nombre de grands personnages de la politique, de l'armée et des beaux-arts ont été des pétomanes répertoriés. Le divin Mozart c'est bien connu. La grande Colette, l'écrivaine, on l'a raconté... Le cas de Staline un peu moins, occulté qu'il fut par la propagande. Aux réunions du Politburo il se gênait pas pour perlouser comme un salingue le Petit Père des peuples... *l'horizon tou-*

jours renaissant, comme écrivait le poète... En même temps il éclatait d'un grand rire... ça donnait le signal aux autres ! Kroukrou, Malenkov, Molotov, Beria pour l'accompagner dans sa rigolade. Et gare à ceux qui ne s'arrêtaient pas de se bidonner en même temps que lui.

Sa déception avalée, digérée, Alice était tout de même fière d'avoir approché ainsi son idole. Il ne faisait que passer, tandis que sa femme essayait ses robes. Pas son genre de se répandre en amabilités excessives...

– Comment me trouves-tu, chéri ?

Chéri, il grommelait, grognait une vague approbation... que cette robe était très bien pour elle. D'après Alice il devait copuler un peu ailleurs son sublissime baryton. Avec toutes les occases qu'il avait dans les coulisses mêmes du théâtre, il assouvissait, disait-on ses bas instincts à la va-vite... je te pousse un coup en levrette ! Enfin elle supputait et ne s'exprimait pas aussi crûment que je le fais... mais ce comportement lui semblait dans la logique des choses.

Je vous reconstitue de mon mieux ces propos et anecdotes avec des bribes de souvenirs... des phrases qui remontent à la surface du néant. Longtemps après, elle y revenait sans cesse à ces moments uniques où elle avait vu André Baugé... Elle en oubliait ses incongruités, ses tellement mauvaises manières, elle n'y faisait plus allusion les dernières fois que je l'ai vue, chez nous dans le XIIIe où elle venait passer parfois la journée à coudre avec ma grand-mère. Elle emportait toujours de l'ouvrage pour ne pas perdre de temps tout en cancanant. La madame Baugé, qu'elle surnommait la Baugette, c'était pas un cadeau non plus celle-là. Près de ses pépètes à un point inimaginable, elle la faisait marner presque en échange du privilège qu'elle avait d'apercevoir son idole.

Ça me ramène le flash-back au Châtelet. La grande sortie à peu près annuelle. Le Baugé on allait se le voir, l'entendre, se le savourer dans des fringues éblouissantes, des décors de rêve, avec des machineries tout à fait prodigieuses pour vous faire voyager le bon public dans le bonheur parfait. Celui-là, il arrive sa place louée, il s'installe dans son fauteuil, il est acquis d'avance. Il attend son héros déjà en transe. Ça n'a pas changé remarquez, sauf que ce dernier à présent éructe dans les micros et qu'il est accompagné d'une sono d'enfer dans une ambiance de fin du monde.

En tout cas me voici en 1933 ou 34... fringué du dimanche pour la circonstance entre ma grand-mère et Alice. Musique, lumière... des chevaux sur la scène... des danseuses, des chœurs. J'en prends plein les châsses, les esgourdes... tout ça prodigieux pour mon âge tendre. Longtemps ce genre de spectacle représentera pour moi le fin du fin de l'Art.

Ma mère, elle, curieusement elle préférait les rigolos comme vedette... Milton et Georgius qu'elle allait voir au music-hall. Un beau jour elle nous a ramené à la maison un formidable phono... un dernier modèle de chez Paul Beuscher... à saphir. Alice du coup elle a rappliqué dare-dare écouter Baugé et aussi Georges Thill... *Je t'ai donné mon cœur.* Elle venait le plus souvent qu'elle pouvait de sa rue de la Croix-Nivert avec son petit sac, son matériel de couture. Quand j'étais là, que je traînais pas la rue avec Musique ou le Fernand Neunœil, je tournais la manivelle, je changeais les disques... les lourds 78-tours... Alice, elle-même, achetait les derniers sortis des presses pour se les écouter religieusement à la maison tout en travaillant.

Elle venait au moins une fois par semaine, jusqu'à ce qu'elle rencontre le dernier homme de sa vie... Casimir il se prénommait cet oiseau rare. Un blase qu'on entend plus beaucoup de nos jours. Je désespère pas qu'il revienne à la mode et que les enfants de snob soient fiers de s'appeler Casimir. Le sien à Alice c'était pas qu'il était beau, ni riche, ni costaud, mais il était veuf et il avait sans doute besoin d'une remplaçante. J'ai pas eu le loisir de l'apercevoir souvent. « Il est tellement timide », disait Alice. Ma grand-mère traduisait ça ours... un ours mal léché et pas tellement courageux de ses pognes pour un ouvrier charpentier. Il cherchait de l'embauche en traînant des panards, et lorsqu'il trouvait du boulot, il ne s'y éternisait pas longtemps. Toujours sous divers prétextes, il décrochait, c'est en général la tactique des ramiers de compétition. Petit à petit on l'a mieux cerné... c'était un cloporte quinquagénaire qui prenait sa retraite aux dépens des pauvres ressources d'Alice. Curieusement ça a fini à la mairie du XVe où ma grand-mère était témoin. Y a pas que les jolies histoires d'amour qui se concluent par un mariage... la paresse, la peur de la solitude, la résignation y conduisent aussi.

Peu de temps après ils sont partis vivre à Rouen où paraît-il Casimir avait trouvé une place cette fois de magasinier. Puis la guerre est venue, calamité des calamités pour les pauvres gens. Alice nous écrivait pour la Bonne Année, pour l'anniversaire d'Annette. Ça semblait pas sa situation, monter vers le zénith. Casimir bricolait dans le marché noir, comme tous ceux qui se trouvaient marginalisés, et elle redoublait de menus travaux de couture... les boutons, les rapiéçages, les retournements de costards. En tout cas leur roman d'amour s'est terminé, l'été 44 sous les bombes de la RAF. La ville à moitié rasée... une tornade de fer et de feu.

Par miracle, Alice est ressortie vivante, mais on se doute traumatisée, de sous les décombres de l'immeuble où elle abritait sa misère. Casimir lui on n'a même pas identifié son corps. Des années plus tard, dans les pelleteuses de la reconstruction, on retrouvait encore des ossements, débris humains calcinés. Casimir il attendait là le Jugement dernier, parmi les pertes et profits de la guéguerre...

S'en sont suivis, pour Alice, des jours et des jours d'errance dans les ruines, parmi les cadavres, les bombes à retardement... avec juste sur le dos les fringues qu'on lui donnait dans les services de secours... évacuée d'asile en abri... à la charité du monde. À vrai dire à pas grand-chose... les détritus de la vie.

C'était le moment où je maquisardais en Sologne. Pas idée de ce que pouvaient souffrir les populations victimes des bombardements. Le sort des combattants pendant cette guerre ne fut peut-être pas le plus cruel... Ce n'est que plus tard que j'ai vraiment pris conscience de toute l'horreur de ce conflit. Toutes les haines chauffées à blanc... toutes les volontés tendues pour détruire pour tuer... torturer... souiller. Les déportations en masse, les fusillades... le carpet bombing... l'anéantissement des êtres et des choses. Quel vent de folie nous entraînait tous ? Il faut tout de même croire que ça fait partie de notre sale nature, la guerre... qu'à tout prendre il eût mieux valu qu'on en reste aux arquebuses... à l'arme blanche... que le progrès n'a fait qu'aggraver le mal. Les mercenaires pilleurs, violeurs, assassins, au moins la guerre leur apporte des satisfactions sauvages, pas aux organisateurs de génocide ni aux directeurs de la guerre presse-bouton.

Ma grand-mère n'a eu des nouvelles que l'année suivante, de la pauvre Alice. Toute une période plus rien ne marchait dans notre beau pays... ni les trains, ni la poste, ni l'électricité... Alice a fini par donner un faible signe de vie. Elle était hébergée, entassée avec d'autres malheureux dans un baraquement au Grand-Quevilly, nourrie à la soupe populaire, resapée de vieilles fringues du Secours catholique et des quakers. Ma mère s'est fendue de quelques mandats, quelques colis pour l'aider un peu. Elle n'avait même plus son chat et ses serins pour tromper sa solitude comme naguère dans sa mansarde. En fin de compte elle a trouvé un port d'attache dans une communauté religieuse où elle a repris le dé, l'aiguille et le fil en échange d'un lit et d'une maigre pitance. On a continué à lui envoyer des secours, mais elle était fière, fallait trouver des prétextes... fêtes ou anniversaires... pour les justifier.

Les années ont passé... elles passent toujours vite même en taule, même dans la mistouille. Ma grand-mère est morte, puis ma mère... et j'ai plongé dans l'abîme des ergastules de la République... suivi d'une tenace tuberculose.

M'est venu au sortir du tunnel pénitentiaire, l'idée que la vieille Alice était peut-être encore vivante. J'ai retrouvé une lettre avec sa dernière adresse au dos de l'enveloppe... Maison des Dames-du-Sacré-Cœur-de-Jésus à Sotteville-lès-Rouen... Seine qui était encore Inférieure [1]. Puisque Alice fréquentait ma grand-mère au moment de ma naissance, je me suis dit, elle seule pouvait encore me révéler quelque chose. Initiative absurde... c'était bien la première fois que j'avais quelques velléités de *savoir*. Si j'avais interrogé ma dabe directement, elle m'aurait sans doute répondu. Mais j'ai jamais voulu faire le premier pas. Si elle ne jugeait pas nécessaire de m'affranchir, je trouvais malséant de la questionner.

J'ai donc eu l'idée d'écrire à Alice puisqu'elle était le dernier lien avec mon passé.

Et sa réponse me parvient... une écriture quasi illisible... toute tremblée... bien du mal à la déchiffrer. Je comprends qu'elle ne voit plus très clair, qu'elle souffre de douleurs partout... que bientôt elle sera au ciel et qu'elle aura bien mérité d'aller un peu se reposer au paradis. Je lui avais demandé carrément dans ma lettre, si elle savait qui était mon père. Elle ne peut pas me répondre au

1. Il paraît que les habitants traumatisés par cette appellation dépréciative en avaient le stress. Ça s'appelle désormais la Seine-Maritime... et ça va mieux, le pourcentage des suicides est en baisse constante. C'est pareil aussi pour la Loire et les Basses-Alpes qui sont devenues de Haute-Provence, ça les revalorise.

où l'humidité vous ronge... que de drôles de champignons vous poussent dans les éponges... des bécas on les appelle, une espèce naguère dangereuse.

Je n'ai pas eu la curiosité de savoir ni quand ni de quoi ils sont morts mes parents nourriciers... si c'est Auguste qui a précédé Blanche dans la tombe ou l'inverse. Le délai a dû être des plus brefs, ils étaient en attelage si je puis dire, comme deux bestiaux. Les bonnes unions ne sont qu'animales... on a tellement vécu, trimé ensemble qu'on se ressemble, qu'on est devenu un seul bloc de barbaque, voilà tout.

Bien plus tard, je me suis pointé à la Dezonnière au hasard d'un voyage à Orléans avec ma tire, j'ai fait un détour sur la route de Pithiviers. Je me suis arrêté au coin du petit chemin qui menait chez le père Caillot. La maisonnette des Chaminade était toujours à sa place, blanche de murs et rouge de toit... la même silhouette que j'avais reconnue au loin. Mais, il n'y avait plus que ça, la silhouette. En s'approchant tout avait changé. Le jardin, ce qui était la basse-cour, c'était devenu un beau gazon bien net, bien entretenu, avec quelques fleurs bien sûr, mais où sont nos dahlias d'antan?... la splendeur du parterre de Blanche envolée! Le puits était toujours à sa place mais bouché, cimenté avec au-dessus un petit toit et une statuette... une espèce de nain de Blanche-Neige grimaçant un sourire de Disneyland.

Les nouveaux occupants des lieux, c'était des secondaires... des habitants du week-end. Il faisait beau, y avait un pont de congés, ils étaient là justement. Ma bagnole arrêtée ça les a intrigués, ils sont venus voir si j'étais pas par exemple un agent du fisc en enquête sur leurs marques extérieures de richesse. Heureuse surprise, ils m'avaient vu à la télévision quelques jours avant. Ça vous sert de passe-partout ces passages aux petites lucarnes... immédiat on vous considère comme une sorte de vedette. Aimables ils m'ont fait visiter leur cambuse comment qu'ils avaient tout transformé, modernisé... *Mode et Jardins... Figaro Madame*. Le mari et son épouse... leur enfant sur un modèle réduit de tracteur. Ça sentait plus la même chose alentour... les odeurs de mon enfance s'étaient évaporées... Pas de quoi s'étonner... Les Chaminade avaient disparu depuis si longtemps. Lorsqu'ils ont acheté la cambuse eux, c'était monsieur attendez-voir... Roland Robert, le propriétaire en 1972. Pas difficile de reconstituer le scénario, Roland Robert c'était mon aîné... mon protecteur, mon complice lorsqu'on allait marauder... celui de l'épisode avec le père Caillot exhibitionniste. Vite entravé, il avait acheté la maison, à moins que les Chaminade en aient fait leur héritier.

– Vous savez pas ce qu'il est devenu ?

Ils m'avaient offert l'apéro dans leur living, les nouveaux propriétaires, madame et monsieur Tout-le-Monde... un scotch avec des glaçons... les amuse-gueule du supermarché. Autour la cambrousse était en jachère en signe de progrès probablement. Plus de limites, buissons ou autres entre les champs... rien jusqu'à la voie de chemin de fer elle-même à la dérive. Plus de locomotive à vapeur, plus de garde-barrière... l'herbe folle entre les rails... sur les ballasts. Le vent qui souffle, plus rien ne l'arrête, ni arbre, ni haie, ni vache, cochon, couvée... adieu Perrette et le pot au lait !

– Il est parti vivre en Irlande, il nous a dit... On n'en sait pas davantage.

J'aurais bien aimé le revoir Roland. D'habitude les plus grands, ils taquinent, excitent les plus jeunes, profitent de leur force... lui au contraire, il les aidait, c'était une bonne nature, costaud, trapu. S'il avait voulu profiter de ses biscotos on en aurait vu de durs... je parle de mézig, de la Bébête Genoux... des autres marmots perdus dans les abîmes de ma mémoire. Il me revient que les derniers temps, à l'époque du marché noir... des abattages clandestins de cochons il était parti s'engager en zone Sud dans la marine... Pour un môme comme lui de l'Assistance, c'était la possibilité d'une carrière comme sous-officier mécanicien ou radio... la retraite au bout de quinze piges, plus ensuite qu'à cultiver son jardin. C'est sans doute ce qu'il lui était advenu. Je saurai jamais pourquoi il s'était exilé en Irlande.

Derrière la maison au milieu de ce qui était autrefois le potager, les nouveaux proprios avaient fait assécher la mare où je pêchais les grenouilles... juste avec un petit bâton, un fil, une épingle retournée en crochet et un bout de chiffon rouge. Un jour, j'avais tiré de la fosse un petit voisin nommé Marcelin. Ça m'avait valu toute une page de gloire. Au lieu de brailler, de me sauver j'avais été chercher une gaule à noix, il s'y était cramponné et oh, hisse! peu à peu je l'avais sorti de la vase où il s'enfonçait. De là à dire que je lui avais sauvé la vie... me paraît abusif. Blanche pourtant ne s'en était pas privée. C'était pendant une période de grandes vacances, j'avais dix ou onze ans. Ça s'est colporté partout, le facteur s'en est chargé... Dudule sur sa bécane. Je devrais bien avoir aujourd'hui la médaille de Sauvetage.

Avec Roland on allait aussi chez la mère Jourdieux se glisser dans son poulailler. Dans les nids de poule on remplaçait parfois un ou deux œufs par des crottes de Marquis, le chien, on les transportait dans du papier journal. La mère Jourdieux, presque impotente, avec ses jambes énormes... sans doute atteinte d'une forme d'éléphantiasis, dans la pénombre elle venait avec son panier chercher ses œufs en tâtonnant dans les niches situées à une hauteur un peu au-dessus de sa tête. Elle attrapait les étrons à pleines pognes. On était planqués, nous, à l'extérieur derrière un buisson! On l'entendait pester de tous les diables, gueuler qu'elle allait se plaindre à la gendarmerie. Malgré sa vue basse, elle nous apercevait au loin nous enfuir, ça faisait tout un drame au hameau. Nous bien sûr, on niait ce qui n'empêchait pas Blanche de nous gratifier d'une taloche à toutes fins utiles.

Plaisir d'enfance... il y avait aussi les nids qu'on allait perturber après des grimpettes casse-gueule dans les arbres... on s'enhardissait parfois jusqu'à la petite rivière derrière le manoir des d'Agrèves. C'était poissonneux là... on attrapait des écrevisses. On barbotait dans une eau glaciale des plus roboratives.

Ça me revenait ces petits souvenirs pendant que je m'efforçais à la conversation avec les gens qui étaient là maintenant tout fiers des travaux qu'ils avaient faits pour transformer la maison. J'avais plus rien à leur dire, ils se répandaient en gentillesse, compliments. Ils comprenaient pas bien ce que je venais foutre là, mais comme on était en fin de matinée ça les dérangeait pas dans leur programme de télé. Tout est là. C'est la télé qui drive les existences, les choix, les lectures, les modes. « Touchez pas à la télé ! » Ça ferait un bon titre pour un nouveau romancier épigone de Simonin.

Je me suis aperçu le lendemain que je les avais oubliés déjà les nouveaux propriétaires de la maison de mon enfance. Eux et leurs aménagements, leur gazon anglais... L'image qui me restait était toujours la même, l'ancienne avec son tas de fumier, la cheminée qui fume... la clôture bancale... une carriole capotée qui passe sur la route un jour de pluie... le puits avec sa manivelle... le poulailler là-bas au bout ! On ne devrait jamais revenir, aussi bien sur les lieux de ses crimes que sur les lieux de ses petits bonheurs.

En apparence ça donnait une image de perfection, leur pelouse... tondeuse à gazon... dans leur intérieur de living... frigo, la machine à laver... des choses qui facilitent la vie. Tellement, peut-être qu'elle avait foutu le camp ailleurs la vie !

12.

Un si léger fantôme

J'ai retrouvé une valoche ronde, une sorte de gros carton à chapeaux provenant de notre cave dans le XIIIe. Ça devait être monsieur Trousselier qui me l'avait restituée avec tout un fatras d'objets que j'aurais pu isoler, un à un, mettre en éclairage indirect pour servir de révélateur à mes gamberges. On n'en finirait jamais. Déjà avec ce métier impossible de plumitif-romancier, on passe trop de temps en rétrospective... se triturer les méninges entre les pages jaunies du passé...

Dans ce carton y avait des lettres ficelées en paquets. Pas classées selon un ordre très évident. Lettres de celui-ci, celui-là... un drôle de méli-mélo... un labyrinthe qu'il faudrait des enquêteurs universitaires pour s'y retrouver, démêler tout ça. J'ai remarqué ce sont les plus tenaces, les plus perspicaces... tous ces fouilles-caca à thèse. Aucune énigme ne leur résiste. Bien plus fortiches que les poulagas de la PJ. Eux j'ai pu le constater à mon propos, souvent bâcleurs, flemmards, alcooliques, soucieux surtout de ne pas perdre leur emploi. Le résultat il est vrai n'est pas le même. Du moment qu'ils vous foutent au trou... la vérité est secondaire.

Ma mère au fur à mesure des années, elle s'efforçait de tenir la barre. Passé la quarantaine elle avait encore de multiples aventures... sa vie en tiroirs... y avait des bafouilles très anciennes d'avant 1930... les plus récentes adressées à l'hosto peu de temps avant sa mort. Des écritures de toutes sortes, grossières ou élégantes. Le tampon des postes d'un peu partout de France et des quatre coins du monde. Ça parlait de rendez-vous, de retrouvailles, de fâcheries... mais ça donnait aussi dans les mots d'amour fleuris. Ils se morfondaient certains, versaient des larmes sur le papier... primesautiers, enfantins. Pas tellement de stylistes, d'auteurs potentiels d'œuvres littéraires. Les compliments toujours les mêmes... tes beaux yeux... tes cheveux... ta peau satinée. Très peu donnaient un tour un peu érotique à leurs bafouilles. Assez vite je me suis lassé de lire toutes ces missives d'amour.

« Je suis bien arrivé à Caracas. » Là, ça m'intéressait davantage comme entrée en matière et puis non, ce Léon à Caracas, il me révélait rien qui puisse éveiller mon intérêt... des détails sans importance... qu'il avait chaud... qu'il avait acheté un Panama superbe. Mon imagination un instant sollicitée restait en rade. J'ai lu ses lettres à m'sieur Léon, sans bien comprendre ce qu'il foutait au Venezuela. S'il était jeune, vieux, truand ou simple commerçant.

Tout ça c'était les restes... le tissu de sa vie... Tumultueuse même pas. À l'aune de nos mœurs actuelles, de simples bluettes.

Datant de l'Occupation, des années 42 ou 43, là je m'explique le ravitaillement qu'elle ramenait à la maison. Elle s'était dégauchi un Normand, un zèbre qui avait l'air d'avoir quelques hectares de prairies au soleil et sous la pluie. Il est question de beurre, de fromages dans la correspondance... viande de porc... de calvados. Jusqu'à ce que les Amerloques aient l'idée de débarquer à Utah et Omaha Beach, ce fut le paradis de la France occupée la Normandie... Veaux, vaches, cochons, c'était le rêve des mandibules en mal d'exercice. J'ai été jusque dans la Sarthe à vélo pour becter sur place en 41 pendant les vacances. Près de Connerré patrie des rillettes. Avec mes potes Musique et Milo, on s'était loués pour la moisson... Service civique rural, que ça s'appelait. En échange de notre sueur, on était nourris et logés dans la paille d'une grange... désaltérés il va sans dire... le cidre à volonté et les petits calvas pour la digestion.

D'après ses bafouilles à ce Normand, ça n'avait pas l'air d'un croquant de base. Il écrivait beaucoup mieux que moi à l'époque, je me rends compte en retrouvant dans ce carton de correspondance quelques cartes, quelques lettres de mon écriture encore d'écolier. Je mesure un peu le chemin parcouru par la plume depuis lors... je suis passé de mon époque Néandertal à ma propre Renaissance.

Je perds la trace de ce gentleman-farmer normand vers la Libération. Plus de lettres... Les derniers cachets de la poste : mai 1944... la phrase... « Je pense toujours à toi. Jean. » Que s'est-il passé ensuite ? Il est peut-être mort comme le mari d'Alice sous l'ouragan des bombes libératrices. C'était peut-être un collabo ou prétendu tel, que mes petits copains FFI ont flingoté au coin d'un bois... une pratique courante. On en est encore à faire les comptes dans notre belle histoire de France... les vrais, les faux, les moitiés faux vrais. Simple supposition. La date du débarquement a peut-être coïncidé avec une banale rupture amoureuse.

M'sieur Raoul, de lui j'ai rien trouvé. Avait-il été un mec à maman ? Ils faisaient peut-être chambre à part lorsqu'ils sont venus à Pau. Pas pu me rendre compte, ils étaient juste restés là deux jours. Pas voulu non plus tirer ça au clair. Pudeur... j'aimais mieux m'éclipser... me déguiser en courant d'air. Je touille aujourd'hui dans tout ça, peut-être parce que je suis sur la fin de mon parcours. Vanité de laisser pour quelque temps une trace de mon existence... témoigner comme ils disent.

J'ai fini par m'y endormir sur toute cette correspondance. Curieuse impression... tout ça me provoquait très peu d'émotion. Avec le temps ces choses m'étaient devenues indifférentes...

Il y avait aussi des photos... des types en pied, en buste, en chapeau mou. Une seule retient un peu mon attention... une gueule en longueur... une certaine forme de visage qui me ressemblait lorsque j'avais vingt ou trente ans de moins. Une impression. Je me faisais peut-être encore une idée. Je l'ai chassée en déchirant cette photo et puis celles de tous les autres... tous mes tontons et les hommes sans nom. Il y avait aussi ma mère sur des tas de clichés... à tous les âges... on la suivait avec la mode, les jupes, les coiffures, les petits bibis... dans des lieux les plus divers... des terrasses de café, dans des rues, devant des monuments à je ne sais quoi, je ne sais qui... sur une plage... au bord d'une rivière. Restait une enveloppe avec des négatifs. Certains de photos déjà tirées... et puis, tout de même... la surprise, des photos de nus. Aucun doute ma mère toute jeune avec ses cheveux à la garçonne. Tout un lot de négatifs avec toujours ma maman à poil. Ça ça a piqué ma curiosité, je suis descendu jusqu'au boulevard chez un photographe et j'ai eu les tirages quelques jours plus tard. Le vrai trouble alors comme si j'avais encore dix-huit berges, comme au temps où j'étais jeune griveton, blessé à l'hôpital de Pau. Elle était debout, assise dans un fauteuil... sur un canapé allongée... Peu à peu j'ai reconnu les décors... c'était chez ma marraine, la gaillarde Paulette. Curieux effet d'être devant sa maman nue, en pleine jeunesse... une belle femme avec des formes harmonieusement proportionnées... les cuisses potelées... de jolis petits seins ronds.. Souriante... heureuse on dirait. Certaines poses sur le sofa étaient plutôt coquines, plus voluptueuses. Ça me touchait bien sûr, j'étais ému mais d'une façon tout esthétique... fraternelle en quelque sorte. Trop d'eau avait coulé dans les ruisseaux de la campagne et de la ville, j'étais à même de m'abstraire... de devenir un homme quelconque qui regarde des photos agréables d'une jolie femme déshabillée. Elles pourraient figurer dans un album artistique. Les décors autour font date... la coiffure... années folles... photos d'autrefois. Sans doute qu'à l'époque pour les faire tirer, il fallait connaître un photographe complice. Je faisais confiance rétrospective à la chère Paulette, elle connaissait beaucoup de monde, du demi et du meilleur.

Je me suis arrêté sur ces photos, comme ça, parce qu'il me semble qu'elles sont les meilleures images de ma mère. Sa jeunesse, sa beauté... le reste après, ça devient plus duraille à démêler. Tout s'enchevêtre... mon enfance qui joue encore dans les ruisseaux de la Dezonnière à la pêche aux écrevisses... des choses de rien qui vous reviennent souvent la nuit lorsque tous les chats sont gris et qu'on pense à son anéantissement inéluctable. Pourra-t-on emporter un souvenir... un frisson. Non, hélas, la mort est une salope de plomb !

J'arrive au bout de mon rouleau. Je me suis bien appliqué avec mon porte-plume comme à l'école de l'avenue de Choisy. Ça m'a valu quelquefois de bonnes notes dans les chroniques des belles lettres.

On m'invite à la téloche pour participer à des gaudrioles. Ça m'aide à payer mon vigilant percepteur. Je vois apparaître sur le petit écran un vieux gus un peu empâté. Je reconnais difficilement l'enfant si naturel de la Dezonnière qui courait derrière un cerf-volant que j'avais fabriqué dans l'appentis de papa Auguste. C'est après mon enfance que je cours... je l'ai crue morte et puis elle revient avec un cerf-volant. Il paraît qu'on revoit défiler toute sa vie comme dans un film accéléré, avant d'avaler son bulletin. Le vieux mec que je regarde à la télévise en émission différée, il a perdu irrémédiablement toute la grâce, la gentillesse du petit môme que je retrouve sur quelques rares photographies. J'y avais pourtant l'air un peu triste avec ma blouse noire d'écolier.

Est-ce une nécessité que je raconte tout ça ? Je me pose sérieux la question... J'aurais peut-être dû vous écrire une histoire d'amour dans la jungle entre un ethnologue et une belle Indienne d'Amazonie. Avec une fin roborative. Au lieu de vous embrumer les idées avec la camarde, mais Georges Brassens le faisait bien, lui aussi, et l'essentiel n'était-il pas que sa chanson sautille allegretto dans les allées du cimetière marin ? Il faudrait s'habituer à l'idée de la mort. On n'y arrive pas bien malgré tout ce qu'on peut écrire. Heureusement sans doute, mais si on est pas fauché subito par une bagnole en furie, un *fractus* de la cocarde pour les anciens combattants, un coup de flingue d'un vieux rival malfrat... on est pas lerche mieux loti. On meurt par petits morceaux... un œil... le conduit auditif... les incisives qui se font la paire... les jambes qui s'attristent en montant les marches de la butte Montmartre, la tronche qu'on a de moins en moins envie de se contempler dans un miroir... et puis et puis la quéquette qui ne veut plus que faire son petit pipi à compte-gouttes. On lit tout ça dans le regard des belles, elles vous devinent la bite en froc recroquevillée par les inexorables outrages du temps.

Vous reste alors l'Académie pour les écrivassiers. J'ai beau avoir œuvré de plume de mon mieux pour égayer la langue française... je me vois pas doré sur tranche avec un bitos de croque-mort... une épée qui ne peut plus servir à tuer l'ennemi. Il me semble d'ailleurs que mes origines délictueuses, toutes les fioritures judiciaires m'interdisent d'espérer une fin de règne dans un fauteuil du quai Conti.

Je suis né comme un chien dans un jeu de quilles...

Quand je serai mort, qu'on me creuse un trou comme le fit Auguste dans le fond d'un jardin pour mon chien Marquis... un jardin où les petites filles du village viendront chanter le jour des prix... *Vendre les roses de mon rosier dans un joli panier d'osier*... Un jardin de mon cœur d'où je pourrai voir la route... Une torpédo s'arrêtera... en descendra une jeune, une très jeune femme, en robe courte, coiffée à la garçonne... Un léger léger fantôme... rien que pour moi au royaume des ombres...

17 décembre 1994

Table des matières

Cet ouvrage a été réalisé par la
SOCIÉTÉ NOUVELLE FIRMIN-DIDOT
Mesnil-sur-l'Estrée
pour le compte des Éditions Pocket
en mars 2000

POCKET - 12, avenue d'Italie - 75627 PARIS CEDEX 13
Tél. : 01-44-16-05-00

Imprimé en France
Dépôt légal : mars 1997
N° d'impression : 50637